人权的哲学基础

熊万鹏　著

商务印书馆
创于1897　The Commercial Press

2018 年·北京

图书在版编目(CIP)数据

人权的哲学基础/熊万鹏著. —北京:商务印书馆，
2013(2018.12 重印)
ISBN 978 - 7 - 100 - 10164 - 6

Ⅰ.①人…　Ⅱ.①熊…　Ⅲ.①人权—哲学—研究
Ⅳ.①D082

中国版本图书馆 CIP 数据核字(2013)第 177099 号

本书出版得到中国公法研究基金资助

人权的哲学基础
熊万鹏 著

商 务 印 书 馆 出 版
(北京王府井大街 36 号　邮政编码 100710)
商 务 印 书 馆 发 行
北 京 冠 中 印 刷 厂 印 刷
ISBN 978 - 7 - 100 - 10164 - 6

2013 年 8 月第 1 版　　开本 880×1230　1/32
2018 年 12 月北京第 2 次印刷　印张 12¾
定价:33.00 元

深入开展中国特色人权理论研究（代序）

罗豪才

　　人权是一个伟大的名词，也是人类的共同理想。在当代中国，人权是良法善治的重要内容，是国际交往的重大议题，也是学术研究的重点领域。我们对中国人权理论的研究，可以有不同的视角，但都应站在人类价值共识的制高点，扎根于中国改革发展的生动实践。

　　比如，我们可以从民生的角度来研究人权。民生就是人民的生计，是人的全面发展与幸福尊严。保障和改善民生，与人权事业的发展有着密切的关系。民生既是集体权利，也是个人权利。它要求一个国家、一个地区、一个群体成员的整体生活条件得到改善，生活水平得到提高；也要求每一位社会成员的正当权益得到保障，人格尊严得到尊重。民生既是积极权利，也是消极权利。它要求政府整合社会资源，营造公平环境，提供公共服务；也要求政府尊重人权，鼓励人们用自己的努力实现幸福生活。民生既是共时性的，也是历时性的。从横向来看，保障和改善民生同民主、法治、人权是相互依存、共同促进的；从纵向来看，在不同的发展阶段，民生有不同的重点和表现形式。当前，中国社会由生存型向发展型转变，要求民生工作既要为人们提供公平发展的机会，满足基本生活,又要着眼于让每一位社会成员共享改革发展的成果,提高生活质量;要求人权事业既要保障人们的经济、社会和文化权利,又要重视民主政治权利,保障人们的知情权、参与权、表达权和监督权。保障民生,发展人权,是当代中国的时代主题,也是世界各国的共同目标。

我们也可以从哲学的角度来研究人权。哲学作为一种"爱智"之学,归根到底是研究人的问题,社会科学的许多理论都可以归结到哲学问题。人不同于动物的伟大之处就在于人有思想,人能够对自身与自然界进行思索。哲学的首要目的就是认识自我。一个人也许对自然界的物有着全面深入的了解,但不一定能认识人本身。只有通过哲学的思索,才能提升精神境界,塑造美好心灵,实现人生幸福。人权是以人的名义提出的权利要求,具有根本性和普遍性,因而是哲学思考的重要内容。在哲学的视野里,人的自由和权利、人格和尊严必须受到应有尊重。只有思想的自由,才有哲学的思考;只有哲学的提炼,才有人权的自觉。哲学既是历史的,也是现实的。在人类历史上,哲学流派精彩纷呈,哲学思想灿若繁星。许多哲学流派都有关于人权的论述,不同的人权思想都有其哲学的基础。我们研究人权的哲学基础,就是要从本原、历史中来深入探究人权的理论与实践问题,就是要从对人的终极思考中来全面理解人权的内涵与外延问题,就是要从对真、善、美的准确把握中来客观分析人权的观念与制度问题。

《人权的哲学基础》一书就以上问题进行了有益探索,是近年来关于人权基础理论研究的一部力作。本书全面阐述了西方自由主义、社群主义、国家主义、马克思主义、中国儒家学说和中国特色社会主义的人权思想，并在此基础上总结提炼了人权保障的"中国模式"，有许多新的概括和独到见解。全书观点鲜明，论证有力，逻辑严密，资料翔实，体系完整，文笔流畅，具有较强的学术性、思想性和可读性。

本书作者熊万鹏是人权理论研究领域的一位年轻学者，但他接触公法与人权理论也有十多年的时间了。2000 年前后，我在北京大学给博士研究生讲授公法课程时，他就开始旁听，认真做笔记，广泛阅读相关著作，打下了较好的学科基础。他对学习和研究公法理论有浓厚的兴趣，积极参与课堂讨论，并参加了北京大学宪法与行政法研究中心举办的许多学术活动。2008 年，在徐显明教授的指导下，他开始攻读中国政法大学人权法博士学位，系统学习人权理论。在此期间，他发表了数篇学术论文，都得到了较好的反响，参与起草的几篇有关人权的讲话也受到好评。作为中国人权研究会理事，他还积极参加研究会举办的一些活动，在"北京人权论坛"上提交学术论文，开展学术交流。值得一提的是，他虽然在党政机关工作且工作出色，但一直没有放弃学术思考和研究，这种关注现实、潜心学术的精神是难能可贵的。

希望更多的年轻学者从不同的角度研究公法和人权理论问题，坚持道路自信、理论自信、制度自信，为形成具有中国特色、中国风格、中国气派的人权理论贡献智慧和力量。

目　　录

导论……………………………………………………………… 1

　　一、问题的提出 ………………………………………… 1

　　二、研究的思路 ………………………………………… 16

　　三、本书的结构 ………………………………………… 20

　　四、研究的意义 ………………………………………… 24

第一章　自由主义人权思想 ……………………………… 28

　第一节　自由主义人权思想的发展历程 ……………… 29

　　一、从自然法到自然权利 ……………………………… 30

　　二、从自然权利到人的权利 …………………………… 42

　　三、从功利主义到新自由主义 ………………………… 59

　第二节　自由主义人权思想的主要内容 ……………… 79

　　一、个人主义 …………………………………………… 80

　　二、自由原则 …………………………………………… 84

　　三、权利本位 …………………………………………… 89

　第三节　自由主义人权思想的基本特征 ……………… 94

　　一、人权思想的抽象化 ………………………………… 95

　　二、人权内容的片面化 ………………………………… 99

　　三、人权价值的普遍化 ………………………………… 102

第二章 社群主义人权思想 …………………………… 110

第一节 从新自由主义到社群主义 ………………… 111

一、社群主义的个人观 …………………… 116

二、社群主义的社群观 …………………… 122

三、社群主义的公益观 …………………… 127

四、社群主义的国家观 …………………… 130

第二节 社群主义人权思想的主要内容 ………… 136

一、善优先于权利 …………………………… 137

二、权利和义务相结合 …………………… 140

三、法律权利优先于道德权利 ………… 143

四、积极权利优先于消极权利 ………… 146

第三节 社群主义人权思想的基本特征 ………… 149

一、人权来源的社会性 …………………… 149

二、人权主体的综合性 …………………… 153

三、人权内容的公益性 …………………… 156

第三章 国家主义人权思想 …………………………… 160

第一节 国家主义哲学思想的发展历程 ………… 161

一、古希腊国家主义哲学 ………………… 161

二、马基雅维里的国家主义哲学 ………… 167

三、黑格尔的国家主义哲学 …………… 171

四、吉登斯的新国家主义 ………………… 177

第二节 国家主义人权思想的主要内容 ………… 182

一、国家至上 ………………………………… 182

二、义务本位 ……………………………… 186

三、公共利益 ……………………………… 192

四、实有权利 ……………………………… 195

第三节 国家主义人权思想的比较研究 ………… 199

一、国家主义与自由主义的融合 ………… 200

二、国家主义与极权主义的分野 ………… 204

第四章 马克思主义人权思想 ………………………… 210

第一节 马克思主义对资产阶级人权思想的剖析 …… 210

一、资产阶级人权思想的历史进步性 ……… 212

二、资产阶级人权思想的本质局限性 ……… 215

第二节 人权的基本理论 …………………………… 220

一、人权的本原 …………………………… 221

二、人权的基础 …………………………… 223

三、人权的性质 …………………………… 226

四、人权的目的 …………………………… 228

五、人权与公民权 ………………………… 229

六、人权与国家 …………………………… 231

第三节 人权的主要内容 …………………………… 233

一、自由权 ………………………………… 234

二、平等权 ………………………………… 235

三、民主权 ………………………………… 237

四、生存权 ………………………………… 240

五、财产权 ………………………………… 241

六、安全权 ……………………………………………… 243

第五章　儒家学说与人权思想 …………………………… 246

第一节　儒家学说与人权的关系 ……………………… 248

一、儒家学说对西方人权观念有重大影响 ………… 250

二、儒家学说中有丰富的人权内涵 ………………… 254

三、儒家学说与人权观念互为补充 ………………… 256

第二节　儒家学说人权思想的主要内容 …………… 257

一、唯人为贵的人生观 ……………………………… 258

二、仁者爱人的伦理观 ……………………………… 262

三、重义轻利的价值观 ……………………………… 265

四、民惟邦本的政治观 ……………………………… 267

五、天人合一的宇宙观 ……………………………… 271

第三节　儒家学说人权思想的比较研究 …………… 274

一、儒家学说与自由主义人权思想的比较 ………… 275

二、儒家学说与社群主义人权思想的比较 ………… 285

三、儒家学说对人权思想的丰富与完善 …………… 295

第六章　中国特色社会主义人权思想 …………………… 301

第一节　中国特色社会主义人权思想的发展历程 …… 302

一、邓小平理论与人权 ……………………………… 304

二、"三个代表"重要思想与人权 ………………… 311

三、科学发展观与人权 ……………………………… 317

第二节　中国特色社会主义人权思想的主要内容 …… 322

一、个人人权与集体人权的结合 …………………… 322

二、基本人权与首要人权的统筹 ……………… 325

三、权利与义务的对等 …………………… 328

四、公权与私权的平衡 …………………… 330

五、法律与道德的兼顾 …………………… 332

六、人权与主权的协调 …………………… 334

七、国内保护与国际合作的并行 …………… 336

第三节　中国特色社会主义人权思想的基本特征 …… 338

一、人权价值的多样性 …………………… 338

二、人权制度的广泛性 …………………… 345

三、人权机制的互动性 …………………… 348

结语　人权保障的"中国模式" ………………… 355

一、关于"中国模式" …………………… 355

二、人权保障的"中国模式" ……………… 360

三、中国人权理论的哲学基础 …………… 370

主要参考文献 …………………………………… 374

后记 ……………………………………………… 393

导　论

改革开放以来,特别是进入 21 世纪以来,我们对人权的重要性有了更深刻的认识,对中国人权建设的成果有了更真切的感受,对中国人权发展的未来有了更迫切的期盼。与此同时,一些问题和困惑需要我们做出满意的回答。比如,西方人权观包括哪些内容,它是一种普世价值观吗？如何超越西方人权观念,系统阐述中国对人权的理解,增强中国在人权领域的话语权,增进国际人权的交流合作？如何总结提炼人权保障的“中国模式”,构建中国特色人权理论体系,形成人权自觉与人权自信,推动中国人权事业的健康发展？要回答这些问题,必须从人权的本原、历史中来思考,必须从哲学的高度和深度来探究古代和现代、中国和西方的人权理论问题。

一、问题的提出

当今世界,人权是一个备受关注的热点话题,也是与每一个人息息相关的重要问题。人们广泛使用这一概念,但是要给人权下一个广泛认同的定义,却是十分困难的。不同国家、不同学者对人权都有不同的理解。英国《牛津法律大辞典》认为,人权“指人们主张应当有或者有明文规定的权利。这些权利在法律上得到确认并受到保护，以此确保个体在人格或精神、道德以及其他方面的独立得到最全面、最自由的发展。它们被认为是人作为有理性、意志自由的动物固有的权利，而非某个实在法授予的，也不是实在法所能剥夺或消减的"①。这是典型的"天赋人权"观。《中国人权百科全书》将人权理解为是"人依其自然属性和社会属性所享有或应当享有的权利"②。这是典型的"历史人权"观。可见，人权是一个复杂多义的概念，我们只有从历史学、法学、伦理学、政治学、社会学、哲学等不同的角度进行研究，才能较为全面地理解它的含义。

（一）人权是一个历史学概念

马克思主义认为："人权不是天赋的，而是历史地产生的。"③人权的观念与制度同其他社会意识和制度一样，都脱离不了历史条件的限制；人权的理论与实践也是一个不断发展的历史过程。现代意义上的人权话语是在西方历史文化背景下最早产生的，人权在开始时只是西方文化关于世界和人的价值符号。著名天主教神学家佛尔丁曾指出，近世以来西方道德政治理论的一个基本演变轨迹是从所谓"自然法"（natural law）转为"自然权利"（natural rights），而在"自然"这个词贬值以后，"自然权利"就变成了"人的

---

① 〔英〕戴维·M.沃克:《牛津法律大辞典》,李双元等译,法律出版社 2003 年版,第 537—538 页。

② 刘海年、王家福主编:《中国人权百科全书》,中国大百科全书出版社 1998 年版,第 481 页。

③ 《马克思恩格斯选集》第 2 卷,人民出版社 1957 年版,第 146 页。

权利"（human rights）即今天的"人权"。① 这一观点有一定道理,本书将在第一章进行详细论述。古代人权思想源自古希腊、古罗马的自然法理论。根据古希腊哲学家的解释,自然法反映的是宇宙的自然规律,尤其是神的旨意。人是自然的一部分,在宇宙客观规律面前,人们生而自由、生而平等。苏格拉底的权利契约论、柏拉图给每人以公平对待的主张、亚里士多德关于公民权与平等权的理论、西塞罗的理性自然法思想等,② 这些自然法的观念构成了西方人权理论的重要渊源。17 至 18 世纪,是西方人权思想和学说形成与鼎盛时期。正是这一时期,"人权"一词正式出现,并成为反对封建君权、神权和特权的一面旗帜。霍布斯、洛克、卢梭等人为人权学说的形成做出了重要贡献,美国的《独立宣言》、法国的《人权和公民权宣言》则鲜明体现了人权思想。第二次世界大战结束后,全世界人民对法西斯反人类暴行的愤恨以及对世界和平的要求,特别是第三世界国家民族解放运动的兴起,极大地促进了人权思想和人权运动的发展,人权成为一项国际适用的法律体系的核心内容。③ 值得一提的是,1979 年,时任联合国教科文组织人权与和平处处长的卡雷尔·瓦萨克（Karel Vaska）提出了三代人权的概

---

① 参见〔美〕列奥·施特劳斯:《自然权利与历史》,彭刚译,生活·读书·新知三联书店 2006 年版,导言,第 47 页。值得注意的是,"natural right"一词足以对中文翻译造成困难,可以译作"自然正义"或"自然权利",而复数"natural rights"在中文世界一般译作"天赋人权"。夏勇曾对汉译"天赋人权"一词进行过深入研究,参见夏勇:《人权概念起源——权利的历史哲学》,中国政法大学出版社 2001 年版,第 167 页。

② 参见杜钢建:《外国人权思想论》,法律出版社 2008 年版,第 1—2 页。

③ 参见沈宗灵:"二战后西方人权学说的演变",载《中国社会科学》1992 年第 6 期。

念,即公民权利和政治权利是第一代人权,经济、社会和文化权利是第二代人权,集体权利是第三代人权。对于这一概念,学术界有很多分歧,但它表明了人权的内容是随着人类历史的发展,不断得到充实、完善和发展的。

人权概念是西方人最先提出的,但是,人权思想不是西方文化所独有,而是人类社会共有的文化现象。人权概念是在 20 世纪初传入中国的。徐显明撰文就人权观念在中国的百年历程进行了论述,他认为,20 世纪初叶由梁启超、康有为、黄遵宪等志士仁人播撒下的人权思想种子,在 21 世纪初叶终于开出了人权制度之花,其标志就是"国家尊重和保障人权"这一人权的纲领性条款写入宪法。① 就人权思想而言,中国古代文化中虽然没有明确提出人权概念,但在浩如烟海的经典文献中处处闪耀着人权思想的光辉。中国人权思想的形成正是经历了从中国古代的人本思想到近代西方资产阶级人权思想,再从新民主主义人权思想到中国特色社会主义人权思想这样一个历史过程。历史是一面镜子,我们研究人权的历史,就是要鉴往知今,规划未来。

(二)人权是一个法学概念

德国哲学家哈贝马斯认为,人权概念是法权概念的一种特殊形式,人权就其结构而言属于一种实证法和强制法秩序,它所论证的是可以诉讼的主观权利要求。人权的意义在于:"要求成为在现有的法律秩序当中得到保障的基本权利,不管这个法律秩序是国

---

① 参见徐显明:"人权观念在中国的百年历程",载《社会科学论坛》2005 年第 3 期。

家性的,还是国际性的,还是全球性的。"①从这一意义上讲,人权是法治社会信仰的基础,是一国宪法和法律的灵魂,也是国际法律条约的核心。

在法治精神中处于统摄地位的是人权精神。人权精神是法治社会的最初基因和构成性要素,在一个人权精神未获必要启蒙的社会里便不可能有法治的产生,在一个人权精神未获充分成长的社会里,法治极有可能变质为专制。法律信仰的真正力量源泉是规则理性对人权的充分尊重和切实保障。法治原则并不简单地意味着"法定人权",人权要求法治以个人的应有权利为核心价值和理念,并通过对应有权利的确立和保护来树立和实现法律的权威。所以,"制度性人权才是所有人权研究最终应归之于一的人权,而制度的人权化和人权的制度化,这才是法治原则的终极目标。"②

人权与宪法和法律密切相关。一方面,人权是宪法和法律的基础。现代宪法的基本精神和实践原则都发源于人权理论,宪法在发挥众多功能的同时,始终围绕保障人权这个中心。只有理解人权,才能正确理解权力与权利的关系、宪法与权利的关系等一系列法治方面的重大问题。另一方面,宪法和法律是人权的保障。确认和保障人权是宪法和法律的核心价值和主要功能。英国法学家边沁认为:"在一个多少算得上文明的社会里,一个人所以能够拥有一切权利,他之所以能抱有各种期望来享受各种认为属于他

---

① 〔德〕哈贝马斯:《包容他者》,曹卫东译,上海人民出版社 2002 年版,第 220 页。
② 徐显明:"走进人权的制度化时代",载齐延平:《人权与法治》,山东人民出版社 2003 年版,序言,第 2 页。

的东西,其唯一的由来是法律。"①以宪法的形式确认和保障人权,是近代民主、法治的显著特征。只有宪法首先对人权给予保护,才能使整个法律体系都对人权给予保护。一项人权只有为宪法所确认和保障,才能确立起崇高的地位和权威,才能有效地排除各种势力的侵犯,才能得到真正的实现。

人权是一系列国际适用的法律体系的核心内容。如果说,17至18世纪人权在西方一些国家从理念变成了政治法律现实,那么1945年以后人权已成为国际法律秩序的价值基石。《联合国宪章》(1945年)、《世界人权宣言》(1948年)、《公民权利和政治权利国际公约》、《经济、社会、文化权利国际公约》(1966年)、《发展权利宣言》(1986年),以及一系列专门性的联合国人权条约,共同构成了一整套国际人权法律体系。这种国际法的约束力得到了大多数国家的认可。应当看到,国际人权话语的普遍适用,并不是西方人权观念和法律价值的普及,而是东西方各种人权文化和法律思想的交流与对话。因此,在全球化的时代,如何积极主动地参与全球治理,参与国际人权领域规则的制定,成为摆在我们面前的一个重要课题。

(三)人权是一个伦理学概念

作为国际社会政治与道德的"重叠共识"②的核心,人权既是一

---

① 转引自张文显:《当代西方法学思潮》,辽宁人民出版社1988年版,第357—358页。

② "重叠共识"的概念是罗尔斯在《正义论》一书中提出,并在《政治自由主义》一书中进行了全面论证。罗尔斯认为,尽管人们对正义的理解可能存在相当大的差异,但是"不同的前提可能产生相同的结论。在这种情况下存在着一种我们所谓的重叠性而不是严格的一致意见"。参见〔美〕约翰·罗尔斯:《正义论》,何怀宏等译,中国社会科学出版社1988年版,第388页。

个法律概念,也是一个道德概念。在人权坚硬的法律外壳里面,蕴
含着深厚的伦理内核。人权原则不仅是人类用以塑造国际社会的
法律轴心,而且也是人类全部道德论的价值基点。① 如果看不到人
权的法律属性,人权便会缺少制度的保障,其实践理性可能会成为
空中楼阁;如果看不到人权的道德属性,人权便会沦为一般权利,
其价值理性可能会丧失殆尽。

　　许多西方学者都主张人权是一种道德权利。英国的麦克法兰
认为:"人权是那些属于每个男女的道德权利,它们之所以为每个
男女所有,仅仅因为他们是人。"美国的范伯格认为,人权是"基于
人的一切主要需要的有效的道德要求"。澳大利亚的卡曼卡认为:
"人权原理是提出一种关于在道德上合适地对待和有组织社会的
建议。"美国的韦尔曼认为,"人权是个人作为面对国家的人的一种
伦理权利"。② 美国的杰克·唐纳利认为:"人权是一种特殊的权
利,一个人之所以拥有这种权利,仅仅因为他是人。因此,它们是
最高等级的道德要求。"③西方人权观的逻辑起点是关于共同人性
的设定,只要人一诞生,就有超越文化、超越国家和民族应该享有
的人权,这些权利是普遍的,不因时间地点的变化而改变。这种基
于人性的对人权的理解,决定了他们大多数主张人权是一种道德
权利。事实上,道德人权的出现使人们以超越政治与法律制度的

　　① 参见甘绍平:《人权伦理学》,中国发展出版社2009年版,序言,第1、4页。
　　② 转引自沈宗灵等主编:《西方人权学说》(下),四川人民出版社1994年版,
第8—9页。
　　③ 〔美〕杰克·唐纳利:《普遍人权的理论与实践》,王浦劬等译,中国社会科学
出版社2001年版,第7页。

力量去批判现实状况,由此划出国家行为的界限。这正是道德人权的价值所在。

所谓伦理学,就是关于道德的科学体系。人权的本质特征在于,首先并不要求行为主体做什么,而是向他的基本权利与要求提供一种最低限度的保障。在一些西方学者看来,任何人,无论其处境地位如何,无论是否尽了相关义务,都毫无例外地、无条件地享有人权。从人权与人的最基本的需求是最密切相关的这个意义上讲,人权是最低限度的道德,人权具有绝对的正当性,它不依赖任何实在法,而是通过某种理性分析认为应当坚持的道德原则。可以说,人权原则是伦理学不可摆脱的宿命,是难以逾越的历史界限。正如德国哲学家阿佩尔所言:人权的历史是直至今天唯一的"人类宏观伦理学"的历史。[①]

(四)人权是一个政治学概念

政治是人类历史发展到一定阶段出现的社会现象,是人类社会生活的重要组成部分。自从阶级、国家产生以后,人们总是结成一定形式的政治关系,并围绕着国家政权展开各种各样的政治活动。人权作为一种政治活动,同国家权力、政治民主、政治参与、政党政治、政治发展及国际政治有着重要联系。可以说,人权几乎渗透在政治生活的各个领域,人权与政治之间是无法划出明确界限的,即使是最正直谨慎的人权倡导者也必然怀有其政治偏好。人权的政治性,就是指人权在国家的公共领域内,借助公共权力,进入政治过程,采用现代政治所需要的谈判与妥协手段,来保障和促

---

① 参见甘绍平:《人权伦理学》,中国发展出版社2009年版,序言,第5—6页。

进权利的一系列活动的特点。西方有学者认为："最广泛的看法是，人权是一种政治合法性标准；如果政府保护人权，那么它本身及其活动就是合法的。"①"人权所起的作用是决定某一国家（和其他行动者及机构）在国际社会中是否有合法性，亦即该国家的所作所为是否得到法律或权利的认可或授权。现在对于一个国家而言，成为或被承认为主权国家是不够的；同样，按照自决原则成为一个民族国家也是不够的。它必须还要在国内做到，不侵犯在其境内的个人和集体的基本权利。"②

　　作为一种普遍的政治理论概念，现代意义上的人权是17、18世纪欧洲资产阶级在反对封建专制制度的斗争中提出的。当时，为了对抗和否定被认为是神圣不可侵犯的封建神权、君权和等级特权，资产阶级思想家和政治家举起了"天赋人权"的旗帜，主张将权利诉诸人性，并从人性中引申出自由、平等的人权，以人权的名义宣告了资本主义的诞生。此后，由于资本主义社会制度和发展模式与人权普遍性在本质上的内在矛盾，特别是由于其对广大劳动人民和殖民地、附属国人民的压迫和剥削，导致了社会主义运动与民族解放运动，激发了社会主义国家和发展中国家对现代化发展模式进行新的探索，也推动了人权概念形态和内涵的丰富和发展。

　　第二次世界大战结束以来，国际人权政治化的趋势日益明显。

---

①　〔美〕杰克·唐纳利：《普遍人权的理论与实践》，王浦劬等译，中国社会科学出版社2001年版，第10页。

②　〔美〕R.J.文森特：《人权与国际关系》，凌迪等译，知识出版社1998年版，第183—184页。

一些国家在人权问题上采取双重标准,甚至以人权为借口干涉别国内政。比如,1974年美国众议院外交委员会提出了一份报告,强调人权保障应该在外交政策上占有重要地位。随后,美国国会制定和修改了对外援助法案,限制给予严重侵害人权的政府提供军事或经济上的援助。1977年美国总统卡特上台后,开始比较系统地从美国全球利益的高度来推行"人权外交"。此后历届美国政府都坚持"人权外交",从老布什开始,甚至把"人权外交"同军事干涉联系起来。显然,美国的人权外交具有鲜明的双重标准和为美国国家利益及意识形态服务的本质。正如美国学者沙赫特教授所说:"总的印象是,政府对其他国家侵犯人权的反应,主要的是基于政治而不是法律上的考虑。"①美国人权法专家路易斯·亨金教授也认为:"对于美国来说,有人批评它把人权视为'白人的责任',国际人权仅用于'出口'。国会诉诸于国际人权标准仅仅是为了制裁别的国家。卡特总统诉诸人权协议也是为了批评他国。一句话,人们指责美国自己不接受国际人权标准,却要求别国接受。"②德国《青年世界报》在评论美国2013年人权报告时认为,与美国国务院以往发布的人权报告一样,最新报告中的分析也表明,其对他国人权状况的评判并不能权威地反映该国的真实状况,"报告撰写者只关心一个问题,就是一个国家是否追随华盛顿的外交政

---

① 转引自龚刃韧:"关于人权与国际法若干问题的几点初步思考",载《中外法学》1997年第5期。

② 〔美〕路易斯·亨金:《权利的时代》,信春鹰等译,知识出版社1997年版,第96页。

策方针。"①

在联合国机构关于人权的辩论中,也有一些国家从不同的利益角度出发采用双重标准。可以预见,在人权领域内的国际斗争还将会长期存在,有时候还会比较尖锐。这从另一个方面揭示了人权是一个政治概念。

（五）人权是一个社会学概念

社会学是从综合性、整体性视角,深入解释社会运行和发展规律的科学。社会学面向丰富生动的社会现实生活,其内容与人息息相关。可以说,把握人的属性,是社会学研究的逻辑起点。在社会学研究中,对人的现象和本质的讨论总是离不开两个基本的方面——人的自然属性和社会属性。这两个方面构成了人的本性,而人权首先源于人的本性。李步云认为,人的自然属性包括人的天性、德性和理性,这是人权的目的和价值所在。人的天性是指人的生命不受肆意剥夺,人身安全不受任意伤害,人身自由不受侵犯,思想自由不受禁锢,最低生活得到保障,人有追求幸福的愿望,等等;人的德性是指人是一种有伦理道德并对其无限追求的高级动物,这是人区别于一般动物的一个根本点;人的理性是指人能够通过自己的观察思考和认识能力去认识世界和改造世界,人可以通过理智约束自己的言行,不去谋取不正当的利益。② 许多西方学者都从理性的角度来论证人权的起源。

人的社会属性是指人是生活在人与人之间的各种社会关系之

---

① 〔德〕赖纳·鲁普:"美国的双重道德标准",载德国《青年世界报》2013 年 4 月 27 日。参见《参考消息》2013 年 4 月 28 日。

② 参见李步云:《论人权》,社会科学文献出版社 2010 年版,第 87—93 页。

中。正如亚里士多德所说，人是一种"社会动物"、"政治动物"。马克思主义也认为，"人的本质不是单个人所固有的抽象物，在其现实性上，它是一切社会关系的总和"[①]；"人的本质是人的真正的社会联系"[②]。人生活在各种社会关系中，脱离社会的个人无法生存。人的真正本质在于其社会属性，其价值追求不仅是其自然属性的反映，而且是其社会属性的表现，是自然属性与社会属性的统一。人的社会属性表明，社会关系是人权存在的前提，各种人权思想和观念都是一定社会时期的产物，都受到特定历史时期社会经济、政治、文化条件的制约。

人权是一个社会学概念，还有更深一层的含义，即人权与社会的关系。一些西方古典自由主义者很早就意识到了人权与社会的关系。比如，英国哲学家约翰·密尔在《论自由》一书开宗明义地指出："这里所要讨论的乃是公民自由或社会自由，也就是要探讨社会所能合法施用于个人的权力的性质和限度。"[③]可见，密尔关于自由与人权的论辩不是指向国家而是指向社会。郭道晖则从国家与公民社会相对应的视角来研究社会权力问题，他认为，社会权力就是"社会主体以其所拥有的社会资源对国家和社会的影响力、支配力"[④]。随着现代国家向民主化、法治化演进和现代社会向多元化、组织化发展，国家权力逐步向社会让出地盘，社会权力不断发展壮大。特别是一个多世纪以来，一些国家公民社会迅猛发展，产

---

① 《马克思恩格斯选集》第 1 卷，人民出版社 1995 年版，第 56 页。
② 《马克思恩格斯全集》第 42 卷，人民出版社 1979 年版，第 24 页。
③ 〔英〕约翰·密尔：《论自由》，许宝骙译，商务印书馆 2008 年版，第 1 页。
④ 郭道晖：《社会权力与公民社会》，译林出版社 2009 年版，第 54 页。

生了许多私人团体和组织,作为一种社会权力对国家和社会产生了重大影响,很多社会事务都由社会权力来治理。社会权力对人权也产生了重大影响。一方面社会权力可能会促进人权的发展,另一方面也可能产生对人权的侵害。因此,加强对社会组织与社会权力的研究,对人权保护意义重大。

(六) 人权是一个哲学概念

哲学是一种从总体上把握世界的人类智慧。尽管哲学家们对哲学的解释不同,哲学问题总是关于人与世界关系的重大问题、根本问题。哲学作为理论形态的世界观,既包括对自然以及人与自然关系的总体理解,又包括对历史以及人与历史关系的总体理解,还包括对人本身以及人生意义的总体理解。哲学要解决的都是一些形而上的问题,用英国哲学家罗素的话来说,哲学"乃是介乎神学与科学之间的东西。它和神学一样,包含着人类对于那些迄今仍为确切的知识所不能肯定的事物的思考,但是它又像科学一样是诉之于人类的理性而不是诉之于权威的"①。换言之,哲学就是要用令人信服的方法来解决现实中不能解决的问题,诸如善与恶、美与丑、正义与非正义、心与物等问题。

哲学归根到底是研究人的问题,哲学与人学有着密切的联系。人学是以哲学的方式从整体上思考和研究人,是关于人的哲学。②人权是以人的名义提出的权利要求,因而具有最高的价值。法国

---

① 〔英〕罗素:《西方哲学史》(上卷),何兆武、李约瑟译,商务印书馆1997年版,第11页。

② 参见陈志尚主编:《人学原理》,北京出版社2005年版,第8页。

哲学家马里旦认为:"在理性的解释和论证方面,在纯理论或理论的方面,人权问题展现了每一个人所承认的道德和形而上学(或反形而上学)确实性的全部体系。"①如果不从哲学的角度对人权进行总体理解和价值判断,便不能认清人权的理性基础和真正面目。哲学是一种精神,这种精神是一种内在的力量,给人权提供坚定不移的信念;这种精神也是一种外在的力量,它形成一种人权存在的环境,激励人们为人权而奋斗。

那么,哲学为什么具有这样的力量?德国哲学家黑格尔认为,哲学既是民族精神,也是时代精神。他说,"哲学思想或观点所具有的特性,亦即是那贯穿在民族精神一切其他历史方面的同一特性,这种特性与其他方面有很紧密的联系并构成它们的基础。因此一定的哲学形态与它所基以出现的一定的民族的形态是同时并存的";"哲学并不站在它的时代以外,它就是对它的时代的实践的知识。同样个人作为时代的产儿,更不是站在他的时代以外,他只在他自己的特殊形态下表现这时代的实质——这也就是他自己的本质。没有人能够真正地超出他的时代,正如没有人能够超出他的皮肤。但另一方面从形式看来,哲学也可以说是超出它的时代,即哲学是对时代精神的实质的思维,并将此实质作为它的对象。"②可见,在黑格尔看来,一方面,哲学的目的就是要揭示一个国家的民族精神;另一方面,任何真正的哲学都是时代精神的精华。人权

---

① 〔法〕马里旦:《人和国家》,沈宗灵译,中国法制出版社2011年版,第67页。
② 〔德〕黑格尔:《哲学史讲演录》(第一卷),贺麟、王太庆译,商务印书馆1995年版,第55—57页。

是民族精神和时代精神的产物。人权因有了民族精神而具备了稳定性和独特性,因体现了时代精神而具备了开放性和创造性。我们探讨人权的哲学基础,正是要站在民族精神和时代精神的高度,努力形成既具有中国特色又具有某种普遍意义的人权哲学,让人权理念更加深入人心,让人权之花更加鲜艳夺目。

以上从多学科的角度对人权的概念进行了简要论述,实际上指向人权的历史性、法律性、道德性、政治性、社会性和价值性。唯其如此,才能对人权进行宏观思考和整体把握。夏勇在认真考察人权概念的起源及基础后认为,近代人权概念乃至当今世界流行的人权概念带有明显的政治的、地域的和文化的色彩,还不可能确立一种能够真正为国际社会普遍接受的人权概念。① 为了下文研究的需要,我们不妨给人权下一个简单的定义,即:人权是人在一定的社会历史条件下,依照人格和尊严所享有或应当享有的权利。当然,我们还可以从经济学、心理学、自然科学等方面对人权进行研究,这有待于人权理论的不断创新。

总之,我们在使用人权这一概念的时候,不能只强调人权的某一方面,应把它作为一个整体,努力避免人权概念的碎片化。哲学探讨的正是人权的本质与意义,寻找一种整体观照与稳定根基。而其他学科往往倾向于某一方面的精细分析或某一项人权的精致构造,固然深入却不全面,而且不可避免地具有语境的特殊性、时机的偶然性与视角的偏好性。在当下中国,人权意识日益觉醒,人

---

① 参见夏勇:《人权概念起源——权利的历史哲学》,中国政法大学出版社2001年版,第183—184页。

权话语不断丰富,更需要加强对人权的宏观设计与顶层思考。探究人权的哲学基础,不仅可以为人权的尊重、保障提供理论渊源,而且可以提供实践动力。这正是写作本书的目的所在。

二、研究的思路

正因为人权是一个哲学概念,中西方许多学者都从哲学的角度来研究人权问题,取得了一些研究成果,主要体现在三个方面。一是侧重对人权历史哲学的研究。如美国的科斯塔斯·杜兹纳在《人权的终结》一书中,对西方人权的历史、哲学和精神分析进行了系统阐述,进而指出人权在意识形态方面的胜利与实践中产生的灾难导致了人权走向终结。夏勇的《人权概念起源——权利的历史哲学》一书则从社会与文化的角度研究人权的历史哲学。二是侧重对人权性质与标准的研究。如英国的米尔恩在《人的权利与人的多样性——人权哲学》一书中从道德、政治和法律哲学的角度对人权观念进行了探讨。他认为,人权是一种道德权利,而不是政治权利;人权只是一种最低限度的标准,而不是包治人类百病的万应灵药。三是侧重对人权与中国文化传统的研究。如美国学者狄百瑞的《亚洲价值与人权——儒家社群主义的视角》、美国学者安靖如的《人权与中国思想——一种跨文化的探索》、夏勇的《中国民权哲学》、吴忠希的《中国人权思想史略——文化传统和当代实践》等。赵雪纲的博士论文《论人权的哲学基础》则重点论述了功利主义和康德哲学,并以生命权为例对中国现今人权理论进行了评议。综上所述,这些学者的研究虽然具有深度和广度,但只侧重于人权哲学的某一方面。加强对西方人权哲学的全面梳理、对中国人权哲学的总结凝炼，依然是值得学术界关注和探讨的重大问题，这正是本书的宗旨之所在。

一提到西方人权哲学，人们便会想到自由主义理论，甚至有人将西方人权思想等同于自由主义，如美国哲学家艾伦·罗森鲍姆认为，西方哲学著作中关于人权问题的学说通常是以自由主义观点构造的。① 实际上，西方人权思想是纷繁复杂的，其哲学基础不仅仅限于自由主义。罗纳德·德沃金承认："任何一个社会或社区的传统都不是单一的固体。社区的传统是多元和复杂的。西方的传统不仅包括个人主义，也包括所谓的公有社会主义，个人主义与侧重集体的观点在西方也是相互竞争的。"②美国政治学家 D.福塞希认为，当代对人权的观点来自三大哲学方向：保守主义、自由主义、公社主义。③ 中国有学者认为，对人权根据进行研究的基本立场和方法，从目前世界范围看，主要有自由主义理论、社群主义和马克思主义。④

对人权哲学基础的不同认识源自对人权内涵的不同理解。前文谈到"三代人权"的概念，其中每一代人权都有其相应的哲学基

① 参见沈宗灵等主编：《西方人权学说》（下），四川人民出版社 1994 年版，第23 页。

② 〔美〕罗纳德·德沃金等：《认真对待人权》，朱伟一等译，广西师范大学出版社 2003 年版，第 21 页。

③ 参见沈宗灵等主编：《西方人权学说》（下），四川人民出版社 1994 年版，第55 页。

④ 参见王启富、刘金国主编：《人权问题的法理学研究》，中国政法大学出版社 2003 年版，第 59 页。

础。第一代人权指以"自由权"为核心的公民权利与政治权利,其主题是以个人的自由权对抗公权力的干涉,这一代人权兴起于启蒙运动,在自由资本主义时期达到了顶峰,其哲学基础是自由主义。第二代人权指以"平等权"为核心的经济、社会、文化权利,它要求国家采取积极行动,保障公民平等享有权利,促进人的全面发展,这一代人权形成于俄国十月革命时期,又受到西方"福利国家"概念的影响,尤为发展中国家所提倡,其哲学基础是社会主义、社会民主主义等。第三代人权是以"发展权"为核心的作为国家、民族集体享有的独立权、生存和发展权利,它反映了后殖民时代新兴国家和民族要求独立、维护和平、寻求发展的呼声,又被称为"社会连带关系权利",其哲学基础与西方的社群主义、非西方的民族主义紧密相连。

在政治哲学发展的历程中,西方有自由主义、法团主义、保守主义、共和主义、国家主义、民族主义、社群主义、多元主义等各种理论,每一种理论都对人权有不同的认识。本书认为,从人的地位作用及人权与公权关系的角度看,西方人权思想主要来自自由主义、社群主义、国家主义和马克思主义。此外,中国古代儒家思想中也有丰富的人权内涵,当代中国人权思想也是世界人权理论的重要组成部分。

为了对人权的哲学基础进行全面、整体的研究,本书选用了历史的、比较的、辩证的以及理想类型的研究方法。特别是设定了自由主义、社群主义、国家主义、马克思主义、儒家思想、中国特色社会主义六个理想类型。"理想类型"的方法是德国社会学家马克斯·韦伯提出的一种社会科学的方法论。韦伯认为,理想类型是一种"理想图像"或"思想图像"："这种思想活动的某些图像将历史活动的某些关系和事件连接到一个自身无矛盾的世界之上面，这个世界是由假设出来的各种联系组成的，这种构想在内容上包含着乌托邦的特征，这种乌托邦是通过在思想中强化实在中的某些因素而获得的。"①那么，人们为什么要构建这种理想类型呢？这是因为社会现象是纷繁复杂的，要想对这些复杂的社会现象进行深入研究，首先必须确定一个具体的研究范围，其次必须找到一个研究的出发点，因此必须将这种复杂的社会现象化繁为简。理想类型就是这种化繁为简的研究工具。"理想类型的主要任务是假设地把具体的、混沌多样的个别现象归并为一种'理念的'，亦即一种观念化的事件过程。"②理想类型本身并不是目的，研究的目的是为了认识社会现象。可见，理想类型是人们根据自己的需要主观构建的，因此不同的人会构建不同的理想类型，尽管这些理想类型的名称或相同，但是在相同的名称下掩盖的是不相同的内容。

本书在构建这六个理想类型时，要对已有的理想类型进行分类。那么，以什么标准进行分类呢？本书选择的标准是从人权与公权之间关系的角度来区分的。查尔斯·泰勒认为，现代西方的权利话语涉及两个方面：一方面，权利的观念用来界定某些法律权利，在一些国家的宪法中，权利宪章被特别勾勒出来予以保护。这成为司法审查的基础，各级政府普通的立法可以因为与这些基本

---

① 〔德〕马克斯·韦伯：《社会科学方法论》，韩水法、莫茜译，中央编译出版社1999年版，第39页。

② 〔德〕迪尔克·克斯勒：《马克斯·韦伯的生平、著述及影响》，郭锋译，法律出版社2000年版，第219页。

权利相冲突而被判定无效。另一方面,它又涉及一种有关人与社会的哲学,赋予个人以极端的重要性,这种哲学观对人们的个人自由、对他们依照同意来安排他们生活的权利施以了极大的特权。①与此相适应,西方人权理论是以权利为核心来构建的,比如,关于人权的来源、人权的主体、人权的客体、人权的内容、人权的实施、人权的国际保护,等等。这种以权利为中心的人权理论,固然可以彰显人权的价值,但是也造成了人权与公权、人权与主权、权利与义务的紧张和对立,不利于人权的真正实现。在当前提倡公共治理和良法善治的时代背景下,实现人权与公权的互动平衡尤为重要。因此,本书以人权与公权互动关系为核心,来重构人权理论,探索其哲学内涵。

三、本书的结构

如前所述,人权是一个历史概念,人权理论的发展有其清晰的历史脉络,人权的定义会在历史的进程中不断发生变化。为了理解人权概念及其定义,我们需要运用历史学的方法来对此进行研究,力图在历史中重新再现关于人权的不同认识和更为丰富的内容。人权又是一个哲学概念,人权的哲学意义需要我们从整体来把握。鲍桑葵认为:"哲学的问题并不是要去追溯我们研究对象的历史或分析其因果关系,而是要如实地观察它,弄清它是什么,可

---

① 参见〔加〕查尔斯·泰勒:"关于人权非强制性共识的条件",刘擎译,载许纪霖主编:《全球正义与文明对话》,江苏人民出版社2004年版,第152页。

以说,就是要估量它在世界上自我维持的性质与程度。""当我们根据最恰当的观点,全面、公正地进行研究时,我们的研究对象就会显示出其真实地位及其与人类能够从事和能够了解的所有其他事务的关系。"①也就是说,哲学研究要根据研究本身的价值揭示其全部特征和实质。因此,本书在对人权保障理论进行研究时,要在阐释中西方不同人权思想历史的基础上,努力形成一种整体观照和哲学思考,来对接中国人权保障的理论与实践。

第一章论述西方自由主义的人权思想。自由主义是西方居于统治地位的意识形态。本章通过分析从自然法到自然权利,从自然权利到人的权利,从功利主义到新自由主义的发展历程,可以看出,在一定程度上讲,自由主义的演进史就是西方人权思想的发展史。从总体上看,个人主义、自由原则、权利本位是自由主义人权思想的基础。自由主义的人权思想虽然确立了西方人权思想的主要传统,但其本身并不是一个严丝合缝的思想体系,不可避免地显示出一些局限和不足。因此,自由主义人权思想关于人权观念的抽象性、人权主体的片面性、人权价值的普遍性等特征,也受到了实证主义、文化多元主义、后现代主义等的批评。

第二章论述西方社群主义的人权思想。社群主义在西方文化中有着悠久的传统,在当代的实践研究是从 20 世纪 70 年代开始的。从哲学理论上看,社群主义是在批评新自由主义的过程中发展起来的,因此在个人观、社群观、公益观和国家观等方面都与新

---

① 〔英〕鲍桑葵:《关于国家的哲学理论》,汪淑钧译,商务印书馆 2010 年版,第 46 页。

自由主义形成了鲜明的对照。社群主义的产生与西方兴起的新人权运动(或称第三代人权运动)有很大关系。社群主义人权思想强调"善优先于权利",主张权利和义务的结合,倡导集体权利、法律权利和积极权利,其主要特征体现在人权来源的社会性、人权主体的综合性、人权内容的公益性。可以说,社群主义人权思想进一步丰富了人权理论体系。

第三章论述国家主义的人权思想。国家主义是一个比较复杂的概念。本书所指的国家主义哲学是指关于国家起源、国家主权、国家功能等的理论,它是一种古老的哲学传统,可以追溯到古希腊哲学思想中。本章分别分析了古代的柏拉图、亚里士多德、马基雅维里,近代的黑格尔、鲍桑葵,以及现代的吉登斯的基本思想,来探讨国家主义的人权思想主要特征。国家主义并不是不重视人权,而是将人权理解为"一系列审慎考虑的政治义务"。国家主义人权思想的主要特征体现在国家至上、义务本位、公共利益和实有权利四个方面。国家主义与极权主义有明显的分野,但与新自由主义有融合的趋势。

第四章论述马克思主义的人权思想。人权思想是马克思主义思想体系的重要组成部分。如同马克思主义国家学说、政党学说、无产阶级专政学说等一样,马克思主义人权思想也是一个内容十分丰富的思想体系。本章分析了马克思对资产阶级人权思想历史进步性与本质局限性的剖析,指出了马克思主义人权思想在人权的本原、人权的基础、人权的性质、人权的目的等方面的主要特征,同时论述了马克思主义经典著作中关于自由权、平等权、民主权、生存权、劳动权、财产权和安全权的主要内容。

　　第五章论述儒家学说中的人权思想。儒家学说是中国传统文化的代表,虽然儒家思想中没有产生人权的概念,但是在一些经典的文献中,处处闪耀着人权思想的光辉。本章分析了中外学者对儒家学说和人权关系的相关论述,阐明了儒家人权思想的主要特征,即唯人为贵的人生观、仁者爱人的伦理观、重义轻利的价值观、民惟邦本的政治观、天人合一的宇宙观,并分析了儒家人权思想与西方自由主义和社群主义人权思想的主要区别与联系,阐述了儒家学说在经济全球化背景下对于丰富和完善人权思想的重要意义。

　　第六章论述中国特色社会主义的人权思想。中国特色社会主义是把马克思主义基本原理同中国实际和时代特征相结合而开创和发展起来的,既坚持科学社会主义的基本原则,又具有鲜明的中国特色。本章分别论述了邓小平理论、"三个代表"重要思想、科学发展观中的人权思想,进而论述了中国特色人权思想的主要特征,即个人人权与集体人权的结合、基本人权与首要人权的统筹、权利与义务的对等、公权与私权的平衡、法律与道德的兼顾、人权与主权的协调、国内保护与国际合作的并行,并在此基础上分析了中国特色人权理论的主要特点,即价值的多样性、制度的广泛性和机制的互动性。

　　在结论部分,通过分析"中国模式"的内涵,将中国特色社会主义人权理论归结为人权保障的"中国模式"。这一模式在形成方式上,坚持阶段性与演进性的统一;在路径选择上,坚持普遍性与特殊性的统一;在结构内容上,坚持稳定性与包容性的统一;在评判标准上,坚持合规律性与合目的性的统一。最后本书认为,西方人权思想的有益成果、马克思主义人权思想的基本理论、中华传统文化的合理因素,共同构成了当今中国人权保障的哲学基础。它不同于以往西方的哲学观念,而是既坚持马克思主义的基本观点,又实现马克思主义人权思想的中国化,同时继承了儒家文化的人性伦理和德性伦理,在融合中西、博采古今中实现中国人权观念的创造性改造和超越,既具有鲜明的中国特色,又具有一定的普遍意义。

四、研究的意义

研究理论是为了指导现实。我们讨论人权的哲学基础,不仅是为了正本清源,从整体上认清西方人权理论的渊源脉络与自身价值;更是为了构建中国特色人权理论,丰富国际人权话语体系,推动人权事业全面发展。当代一些非西方国家在阐述本国的人权主张时,不自觉地将普遍的人权等同于西方人权,在这个前提下利用本国文化传统的差异抵消西方人权观的压力,这种立场实际上将本民族的文化置于西方人权文化的批判或审判的视角之下。我们应当厘清文化传统和人权错综复杂的关系,努力构建中国人权话语体系。正是基于以上考虑,本书在以下三个方面进行了探索。

(一)区分国际人权话语与西方人权观

毋庸讳言,现代意义上人权话语是在西方最早产生的,人权在开始只是西方文化的符号,其人权思想背后有相应的文化背景和思维模式进行支撑。一般认为,西方人权观至少反映出西方文明的个人主义、自由主义的内在特征。但西方人权理论也是一个不断解构与建构的历史过程，并没有一个统一的模式，社群主义、国家主义、马克思主义以及后现代主义等人权思想都对自由主义人权思想提出了挑战，甚至从某种角度来说，西方人权思想面临"人权终结"的历史困境。更为重要的是，在人权话语走向国际化之后，国际人权话语不仅仅限于西方人权观，非西方世界也运用人权话语反思自家文化，并不断丰富国际人权体系。在日本的大沼保昭看来，"人权是这种全球化了的欧美思想和制度之一。仅限于这一意义，迄今视欧美等同普遍也并非没有道理。但是，某一制度和思想从发祥地向其他地区普及扩张过程中，其内容都不可避免地发生变化。"①因此，本书认为，国际人权话语的普遍适用并非西方自由主义人权观的普及，而是各种人权文化的交流与对话。

（二）认清中国传统文化与人权的关联性

人权的思想、人权的内涵会随着人类文明的进步而不断发展。人类文化的多样性，决定了人权哲学的复杂性。《中国的人权状况》白皮书认为："人权状况的发展受到各国历史、社会、经济、文化等条件的制约，是一个历史的发展过程。由于各国的历史背景、社会制度、文化传统、经济发展的状况有巨大差异，因而对人权的认识往往并不一致，对人权的实施也各有不同。"②东方世界历史上形

① 〔日〕大沼保昭：《人权、国家与文明》，王志安译，生活·读书·新知三联书店2003年版，第196页。

② 董云虎：《人权大宪章》，中共中央党校出版社2010年版，第16页。

成了自己独特的人权文化,只是没有通过人权字眼表述出来。儒家、佛家、伊斯兰等文明都具有丰富的人权思想,它们对人权的理解具有鲜明的民族文化气质。中国台湾学者李明辉认为,儒家传统为源自近现代西方的人权概念提供了另一个诠释角度与论证根据,这不但丰富了人权概念的内涵,也为它在非西方文化(如中国文化)的落实提供了有利的文化土壤。① 西方一些学者以西方人权观的视角对他国人权理论与实践进行裁判和批评,究其原因,是不了解他国的历史文化,甚或漠视他国的历史文化,维护自身的特权和优越感。本书认为,普遍的人权话语是不同人权文化、不同人权思想都予以认可的人权,国际人权公约应体现这种不同人权文化的共同立场。

(三)丰富和完善中国特色人权理论

当今世界,人权成为国际社会普遍关心的重大问题和国际法律体系的核心内容;当代中国,人权成为治国理政的重要原则和人民追求幸福尊严的现实需要。建立和完善中国特色人权理论体系,刻不容缓,势在必行。本书认为,中国正处于并将长期处于社会主义初级阶段,我们必须从这个实际出发,充分挖掘中华传统人权文化的现代意义,既看到我们的优势,又看到我们的差距与不足,从而以更加博大的胸襟、更加积极的态度,学习借鉴人类社会一切文明成果,包括西方人权理论的优秀成果,深入研究,勇于实践,努力形成中国特色人权理论体系,不断增强人权领域的国际话

---

① 参见李明辉:"儒家传统与人权",载《儒家视野下的政治思想》,北京大学出版社 2005 年版,第 65 页。

语权,共同推动世界人权事业的发展。

　　本书在论述中,不限于具体的观念和制度,而是努力探寻制度、机制背后的理论内涵,坚持理论自觉,提升理论品质,侧重于运用法理学、政治哲学、社会学相关知识,运用历史分析、综合交叉研究等方法来进行宏观论证,以回应时代需求、总结实践规律、探索发展趋势。

第一章　自由主义人权思想

"人权"是一个伟大的名词,也是一个复合的概念。人权有时候指人的自然性,有时候指人的社会性;有时候指个体的概念,有时候指"人类"的概念;有时候指抽象的价值,有时候指具体的权利。当今世界,东西方对人权概念的广泛接纳说明人权的意义已经超越了西方哲学思想的范围。但就其渊源来说,人权思想和实践起源于西方政治思想和实践的自由主义传统。[①] 许多西方学者都认为,西方哲学著作中关于人权问题的学说通常是以西方自由主义的观点来构造的。[②]

自由主义(liberalism)具有悠久的历史和丰富的内涵。李强认为,自由主义有四个方面的内涵,即政治自由主义、经济自由主义、社会自由主义和个人自由主义。[③] 本书主要讨论政治哲学和人权哲学意义上的自由主义,其核心是关于个人、社会和国家的关系。自由主义有很多分支,其观点纷繁复杂,莫衷一是,许多西方自由

[①]　参见〔美〕杰克·唐纳利:《普遍人权的理论与实践》,王浦劬等译,中国社会科学出版社 2001 年版,第 99 页。

[②]　参见沈宗灵等主编:《西方人权学说》(下),四川人民出版社 1994 年版,第 23 页。

[③]　参见李强:《自由主义》,吉林出版集团有限公司 2007 年版,第 15—17 页。

主义学者都提出了自己的不同理解。但是不管如何发展变化,自由主义始终"是西方居于统治性地位的意识形态"①。在一定程度上讲,自由主义的演进史就是西方人权思想的发展史。有西方学者甚至认为:"只有自由主义,被理解为以同等关心和尊重为基础的规则的自由主义,才是以人权为基础的政治制度。"②下面我们通过分析自由主义的演进历史,来探讨自由主义人权思想的形成过程。

第一节　自由主义人权思想的发展历程

自由主义人权思想形成于近代西方社会,它在产生时,表现为与西方传统社会君权、神权和特权的对立。一些西方近代人权思想家大都站在反对封建君权、神权和特权的立场上来阐述人权理论。正如许多现代哲学概念都可以从古希腊、古罗马找到思想源头一样,人权思想也是西方传统思想特别是古希腊、古罗马思想传统哺育出来的。

---

① 英国学者安东尼·阿巴拉斯特认为,自由主义的这种统治性并不意味着它是清楚且刻意强迫接受的,而是通过更加微妙,因此可能更加有效的方式施加影响的。参见〔英〕安东尼·阿巴拉斯特:《西方自由主义的兴衰》,曹海军译,吉林人民出版社 2011 年版,第 7 页。

② 〔美〕杰克·唐纳利:《普遍人权的理论与实践》,王浦劬等译,中国社会科学出版社 2001 年版,第 97 页。

一、从自然法到自然权利

当我们把目光投向地中海,我们会发现,地中海不仅是亚、非、欧三大洲的交界之地,也是人类文明发展的交汇之处。古埃及、古巴比伦文明,古希腊、古罗马文明,基督教、伊斯兰文明,再到后来的文艺复兴、思想启蒙运动——这些人类文明的高峰相继在地中海沿岸出现,呈螺旋式发展之势。从地理上看,希腊半岛和亚平宁半岛从欧洲大陆深入地中海之中,发出了西方文明最早的思想之光。

西方自由主义的历史也可以追溯到古希腊。在古希腊的哲学中,我们可以发现许多现代自由主义观念的萌芽,其中最重要的当属自然法(natural law)的观念。这一观念主张,在现实的法律之上有一个更高的法律,它是自然的法律,也是人的理性所揭示的法律。现实的法律必须以它为归依才能获得其确切性。[①] 古希腊哲学家赫拉克利特就有了自然法思想的萌芽,到亚里士多德特别是斯多葛派才得以完善。斯多葛学派的一个显著特征就是其对自然的重视。作为斯多葛学派哲学的奠基人,芝诺及其追求者把自然的概念置于他们的哲学体系的核心位置。所谓"自然",按他们的理解,就是支配性原则,它遍及整个宇宙,并被他们按泛神论的方式视之为神。芝诺认为整个宇宙是由一种实质构成的,而这种实

---

① 参见李强:《自由主义》,吉林出版集团有限公司2007年版,第35—36页。

质就是理性,自然法就是理性法。① 他认为,真正的法律是一种与自然相符合的正当理性,它具有普遍的适用性,并且是判断正义的标准。而正义是自然和人性所固有的,并且人在本质上是平等的。在斯多葛学派看来,万事万物都是有规则和秩序的,不仅自然界中存在着,在社会之间、民族之间、个人之间同样也存在着这种秩序——自然法。自然法不仅是支配自然的普遍法则,同时也是支配社会的普遍法则。因此,自然法便从自然领域导入了社会政治领域。

　　古罗马的西塞罗和一些法学家继承和传播了自然法的思想。西塞罗认为,存在着一种普世的自然法,它源自人类所具有的理性和社会的本性,这种本性使得他们与上帝相近似,任何违背这种自然法的立法都不能被称作是法律:"真正的法律是与本性(nature)相合的正确的理性;它是普遍适用的、不变的和永恒的;它以其指令提出义务,并以其禁令来避免做坏事。此外,它并不无效地将其指令或禁令加于善者,尽管对坏人也不会起任何作用。试图去改变这种法律是一种罪孽,也不许试图废除它的任何部分,并且也不可能完全废除它。……罗马和雅典将不会有不同的法律,也不会有现在与将来不同的法律,而只有一种永恒、不变并将对一切民族和一切时代有效的法律;对我们一切人来说,将只有一位主人或统治者,这就是上帝,因为他是这种法律的创造者、宣告者和执行法

---

① 参见〔美〕E.博登海默:《法理学:法律哲学与法律方法》,邓正来译,中国政法大学出版社 1999 年版,第 13 页。

官。"①可见,自然法学说一般都把自然本身作为自然法的来源,认为自然法是自然理性支配整个自然界(包括人类社会)的法则,而国家的产生是某种自然必然性的结果。

西欧中世纪自然法学说的代表是托马斯·阿奎那,他把法律划分为四种类型:永恒法、自然法、神法和人法。在他看来,永恒法是指导宇宙中一切运动和活动的神之理性和智慧,只有上帝才知道作为整体的永恒法。虽然凡人无力知道永恒法的整体,但却可以凭靠上帝赋予他们的理性能力认识其中的部分内容。托马斯·阿奎那把理性动物对永恒法的这种参与称之为自然法。② 他从上帝那里寻找自然法的来源,把自然法看作是上帝的理性中支配人类的那一部分理性,认为上帝是社会秩序和政治权威的最终来源,通过人的理性的能力,自然法是可知的。美国哲学家艾伦·罗森鲍姆指出,基督教关于"人的普遍的同胞关系"的信仰认为人是同他的国家成员身份分开的一个个人。这一特点被认为是出现作为一种政治学说的个人主义和"自由"权利思想在概念上的前兆,其中每一种思想对人权概念的形成都具有广泛影响。③

以上论述了古希腊、古罗马时期和欧洲中世纪时期的自然法思想。但是,自然法的概念只为自然权利(natural right)提供了道德存在的依据,而没有提供自然权利本身。如果自然法强调的是

---

① 〔古罗马〕西塞罗:《国家篇 法律篇》,沈叔平、苏力译,商务印书馆1999年版,第104页。

② 参见〔美〕E.博登海默:《法理学:法律哲学与法律方法》,邓正来译,中国政法大学出版社1999年版,第29页。

③ 参见沈宗灵等主编:《西方人权学说》(下),四川人民出版社1994年版,第30页。

义务而不是权利,是群体而不是个人,那么要求绝对服从自然法会为自然义务而不是自然权利提供依据。① 因此,从自然法向自然权利过渡,至少需要有三个条件,即个人独立、人性平等和权利观念。

（一）个人独立

人作为一种社会存在物,既具有自然属性,也具有社会属性。就其自然属性而言,人是一个一个单个的人,每个人都有自己的欲望、要求,都有自己独有的不同于他人的生活与情感体验。就其社会属性而言,人是社会的人,人必须与他人结成某种关系,形成某种社会共同体,社会性是人的本质属性。"人的不同属性,决定了人既有合群的需要,又有独立的需要;人对社会既有归属性,又有相斥性。这就形成了个人与社会之间关系的悖论,人类一直在思考对这个悖论的解决方案。近代人权学说以社会契约理论为基础,社会契约论就是试图解决这一悖论的理论模型之一。"②

从人类历史发展的过程来看,人权概念的形成是个人从社会整体中独立出来的结果。个人的独立取决于个人能力的成长和适宜的社会环境。在氏族社会和城邦社会里,由于人类生产力水平的低下和恶劣的生存环境,人类的生存是首要的问题,单个人必须依赖集体的力量才得以生存,个人几乎完全淹没在整体之中。英国法学家梅因曾指出,"古代法律"几乎全然不知"个人"。它所关心的不是"个人"而是"家庭",不是单独的人而是集团。"每一个

---

① 参见王启富、刘金国主编:《人权问题的法理学研究》,中国政法大学出版社2003年版,第72页。

② 丛日云:"西方政治法律传统与人权学说",载《浙江学刊》2003年第2期。

公民的生命甚至个人的生命并不认为以出生到死亡为限;个人生命只是其祖先生存的一种延续,并在其后裔的生存中又延续下去。"①古希腊城邦时代的公民权与现代的公民权是完全不同的,"对于一个希腊人来说,公民身份始终意味着对政治活动或公共事务的某种参与,只是参与程度有所不同罢了……希腊人的公民身份或公民资格并不是一种占有权而是某种被分享的东西,很像是一个家庭中的成员资格……关键问题并不在于为一个人争取到他的权利,而在于确保他占据或拥有他有资格所处于的地位。"②可见,古希腊时代的公民权并不具有现代意义的权利内涵,而是指一种身份或资格。这种公民权是与其身份对等的,而不是所有人平等享有的。

梅因认为,所有进步社会的运动,是一个"从身份到契约"的运动。③"身份"是一种成员资格,表明个人在共同体中所享有的权利和所承担义务;而"契约"则蕴含平等的理念,是个人与个人之间协商达成的产物。这种契约关系最早可追溯到古代希腊的海外殖民地。这些海外城邦大都是由跨海迁徙的移民建立起来的,跨海迁徙导致了血缘关系的松懈和契约关系的形成。由于船队在海上建立了"同舟共济"的合作关系,当人们在大陆上努力维持来之不易的一块沿海领土时,他们会继续保持原来的思维和行动方式。在海边和岸上,伙伴关系要胜过亲缘关系。这些移民城

---

① 〔英〕梅因:《古代法》,沈景一译,商务印书馆2011年版,第167—168页。

② 参见〔美〕乔治·萨拜因:《政治学说史》,邓正来译,上海人民出版社2008年版,第33页。

③ 参见〔英〕梅因:《古代法》,沈景一译,商务印书馆2011年版,第112页。

邦在政治架构上不再以血缘为组织原则,而以法律和地域为组织原则;在政治和社会关系上不再以血缘为基础,而以契约为基础。跨海迁徙还造成了原始社会制度的萎缩,与原始社会的氏族部落相比,在这种移民城邦里,不同种族相互融合,个人的独立性有所增长。①城邦解体后的世界帝国时代,在广大地域上不同种族、民族和部落相互杂处的社会里,契约关系在社会生活中承担起重要职能。这个时代流行的伊壁鸠鲁派,就以契约关系解释国家的起源和人与人的关系,罗马法则从法律上反映了当时十分发达的契约关系。甚至基督教的经典《圣经》也被理解为神与人的一种"遵从—保护"的约定。②正是这种契约关系,使个人从整体中独立出来。

中世纪日耳曼的封建社会则更明显地体现出契约关系:采邑制使不同等级的人通过一系列的契约相互联结,形成一个稳定的等级社会秩序。这种契约包含双方相互忠诚和保护的承诺,使双方的权利义务明晰化、规范化,从而承认了缔约双方的权利主体地位,否定了在上者对在下者的任性专横,也使在下者掌握了抵御在上者侵权的法律依据。当时国王在即位举行加冕仪式之时要宣誓:保护真正的宗教及作为其尘世体现的基督教,保障贵族特权,施行正义,尊重法律,保障人民不受人或天灾之害;作为回报,教会

---

① 参见〔英〕阿诺德·汤因比:《历史研究》(上卷),郭小凌等译,上海出版社2010年版,第108—109页。
② 参见何志鹏:《权利基本理论:反思与构建》,北京大学出版社2012年版,第41—42页。

给予其祝福,贵族对他效忠,人民也拥戴于他。① 契约的有效性以双方信守契约为前提,一方毁约,另一方就不再有受契约的约束,这种对等性地位也确认了契约双方某种程度的平等。可以说,西方的封建制度为契约所贯穿。②

　　1215 年,英国国王约翰在英国贵族的压力下,签署了《自由大宪章》。这一文件被认为是欧洲中世纪最著名的权利宣言,实际上也是国王与贵族签署的一份权利契约。其主要内容是要求给予贵族权利,限制王权;目的是保卫贵族利益,结束国王滥用权力的局面。《自由大宪章》的签署虽然是为了保卫贵族的利益,但是其内容既包括了人民应该享有的消极权利,也包括了人民应该享有的积极权利。它提出了保护个人的尊严、反对国王滥权的基本精神;它要求恢复人的权利,保证个人不受侵害,并制定一个宪法来保证这些权利。这些思想对人权思想的形成具有重要影响。为什么西方社会的"王政和平"与议会政府相继诞生于英格兰,而不是在欧洲其他地方? 汤因比认为,这也是盎格鲁和朱特人跨海迁居不列颠的结果,这样一种民族融合为政治发展提供了极适宜的土壤:"在西方历史的破晓时分,一群通过跨海挣脱了原始血缘纽带的移民占据了不列颠岛,而这个岛屿日后在西方社会的政治演进中完成了最关键的几步。"③

----

　　① 参见〔爱尔兰〕约翰·莫里斯·凯利:《西方法律思想简史》,王笑红译,法律出版社 2002 年版,第 91 页。

　　② 参见〔美〕约翰·麦克里兰:《西方政治思想史》,彭怀栋译,海南出版社 2003 年版,第 203 页。

　　③ 〔英〕阿诺德·汤因比:《历史研究》(上卷),郭小凌等译,上海出版社 2010 年版,第 110 页。

当然,传统的西方社会是"等级社会"或"等级国家",个人属特定等级,其权利和义务受其等级身份决定。所以,契约所规定的权利和义务虽是对等的,但却不是平等的。不同等级的人享有不同的权利和义务,契约所保障的只是等级的特权。这是它与近代社会契约思想和人权思想的根本区别。不过,发达的契约关系促进了个人的成长,不断改变着个人在共同体中软弱无助的地位。在长期契约传统的影响下,以双方合意的形式确定人们的权利与义务,成为西方人处理社会关系的一种习惯。①

（二）人性平等

"人权"这个概念中的"人"可以有两种理解。一是指个人的概念,他是人类中单个的人,有着不同于他人的纯属私人的生活,在传统社会里有一定的等级和身份;二是人类的概念,他们是整个世界范围内的人类,所有人都具有一种共同的人性。人权概念的形成,"主张所有的人,甚至奴隶、外国人和蛮族人,都应当是平等的。因此,它不得不淡化个人人格的内涵,或者主张一种多少有些神秘的上帝面前人人灵魂的平等,或者主张一种法律面前的人人平等,而不考虑智力、性格和财产方面的不平等"②。也就是说,要从等级的、身份的单个人的观念中演化出具有共同人性的人类的观念。斯多葛派的人类平等思想为这种观念的形成提供了思想的先导。

---

① 参见丛日云:"西方政治法律传统与人权学说",载《浙江学刊》2003 年第 2 期。

② 〔美〕乔治·萨拜因:《政治学说史》,邓正来译,上海人民出版社 2008 年版,第 186—187 页。

　　古希腊城邦时代的社会结构严格区分人的不同身份,并且格外强调不同身份的人在精神特征上的不平等。到城邦解体后的世界帝国时代,种族之间和人们的身份界限开始被打破。在这种环境下,斯多葛派开始从人与整个人类和宇宙的关系中来定义人,强调人的普遍人性。"他们所拥护和以理性准则为基础的、普遍的人性道德,可适用于限制非理性的个人主义情感、民族性和地方性的民族主义,同时也支持了世界主义。"①在斯多葛派看来,希腊人与蛮族人、上等人与普遍人、奴隶与自由人、富人与穷人都被宣布为平等者。"毋庸置疑,斯多葛论者从一开始就把这种平等理论当作完善道德的一个基础,尽管社会改良对他们来说永远是一个次要的考虑。"②比如,克里西波斯认为,法律是神和人一切行为的统治者,神和人都必须遵守的这种自然法成为判断一切的标准,在自然法面前人是生而平等的。

　　斯多葛派的主要代表西塞罗不仅赞成人的自然权利是平等的,而且赞成人的法律权利是平等的。他认为,人与人的平等性在于理性为一切人所具备,"唯一一使人超越野兽并使人能推断、证明和反证、讨论和解决问题并获得结论的理性",是人们所共同的。他说:"没有一物与他物的相像,与其对应物的酷似,有如我们所有人相互间那么相像。"因此,"无论我们会怎样界定人,一个定义就

---

　　① 〔美〕科斯塔斯·杜兹纳:《人权的终结》,郭春发译,江苏人民出版社2002年版,第51页。

　　② 〔美〕乔治·萨拜因:《政治学说史》,邓正来译,上海人民出版社2008年版,第194页。

足以运用于全体。这就充分证明,人与人之间没有类的差别。"①西塞罗认为,由于所有人都受制于一个法律——因而他们都是公民,所以在某种意义上讲,他们肯定是平等的。人民建立国家,服从法律,就是为了获得平等权利。统治者的职责是"保护社会的弱者免遭暴行,创造公平的条件保证高贵者和卑贱者都有同样的权利。正是出于这个理由,法律成了最高统治者。人民一直渴望在法律面前有平等的权利,否则他们偶然获得的任何权利都将徒有虚名。如果一个人,一个正义而正直的人,能够使他们实现这一目的,那么这对他们就再好不过了。如果不能对每一个人都一视同仁,那么法律就是一纸空文"②。在西塞罗看来,平等权是各项权利中最重要的权利,每个人都应当享受某种程度的尊严,并得到某种程度的尊重。

斯多葛派阐述的主要是一套伦理哲学,这种精神平等、人格平等思想在当时并不具有直接的政治意义。但是,这种思想标志着西方思想史上人的观念的一个重要变革,它超越了古希腊城邦时代政治哲学所设立的身份、等级和种族偏见,开始以一种普遍平等的、共同人性的眼光来看待所有的人。这种思想对人权观念的形成具有重要意义。

(三)权利概念

人权思想的另一个要素是"权利"。要理解权利的概念必先理解正义的概念。在古希腊城邦时代,没有权利的概念,只有正义的

---

① 〔古罗马〕西塞罗:《国家篇 法律篇》,沈叔平、苏力译,商务印书馆 1999 年版,第 163—164 页。

② 〔古罗马〕西塞罗:《老年·友谊·义务——西塞罗文集》,高地、张峰译,上海三联书店 1989 年版,第 136—137 页。

概念。正义的含义是十分广泛的，不同的时代、不同的学者都有不同的正义观。在古希腊人看来，正义是利益冲突各方适可而止，保持一定的度。梭伦认为，正义就是对立的双方都要抑制自己的欲望。柏拉图则认为，正义就是"公平对待每个人"。正义主要体现群体性价值，权利则更多体现个体性价值。"正义是确定社会关系、社会秩序、组织社会权利义务体系的适当界限、标准或尺度，着眼于整个社会和国家的利益来调解社会关系；而权利则是依此种标准划分给个人或团体的利益（广义的利益，包括物质利益、荣誉、权力、自由等），或由这个界限确定的领域和范围，侧重于个人（或团体）利益的保护，强调个人与他人的区分。"①

在罗马法中②，"正义"概念开始向"权利"概念过渡，这突出表现在"jus"这一概念部分地包含了个人享有权利的意思。③ 在古罗马，商品经济和民事交往的高度发展促进了私法的产生。"jus"概念出现在私法领域，特别是出现在"物法"上。"这些物是由权利组成的，例如遗产继承权、用益权、使用权、用不论何种方式缔结的债权等。"④罗马法还创造了"概括的权利"的概念。梅因指出，"概括

---

① 丛日云："西方政治法律传统与人权学说"，载《浙江学刊》2003 年第 2 期。

② 罗马法，通常指的是公元前 6 世纪罗马城邦国家形成至公元 6 世纪中叶查士丁尼一世编撰法典为止，罗马帝国颁布的所有法律。人们也常常把它们划分为公法和私法两部分。参见〔英〕昆廷·斯金纳：《自由主义之前的自由》，李宏图译，上海三联书店 2003 年版，第 144 页。

③ 参见〔美〕乔治·萨拜因：《政治学说史》（上卷），邓正来译，上海人民出版社 2008 年版，第 33 页。

④ 〔古罗马〕查士丁尼：《法学总论——法学阶梯》，张企泰译，商务印书馆1989 年版，第 59 页。

的权利这个用语不是古典的,但法律学有这个观念,应该完全归功于罗马法。"他认为,"所谓概括的权利是各种权利和义务的集合,由于在同一时候属于同一个人这种唯一情况而结合起来的。它好比是某一个特定的个人的法律外衣。"①从权利的构成来看,罗马法的权利概念已经包含了以下四个方面的内容:第一,受到法律支持的习惯或道德的权威,如家父权;第二,受到法律支持的习惯或道德的权利,如财产权;第三,受到法律保护的自由;第四,法律身份,即罗马公民或外来人在法律关系中的地位。夏勇认为,以上四方面的内容已经包含了现代权利概念的基本要素。②

当然,"jus"在罗马人的词汇中有多重含义,如"法律"、"义务"、"审判"等,并不简单等同于现代的"权利"概念。到中世纪后期,罗马法在欧洲得到复兴。通过阿奎那、苏尔雷兹、格劳秀斯等思想家对"jus"的诠释,近代权利的概念得以正式形成。③ 这种权利的概念使个人从集体中凸现出来,为个人的独立意识和自身利益砌上一道抵御公权力的围墙。

---

① 〔英〕梅因:《古代法》,沈景一译,商务印书馆2011年版,第117—118页。
② 参见夏勇:《人权概念起源——权利的历史哲学》,中国政法大学出版社2001年版,第38页。
③ 夏勇认为,"jus"一词从模糊的正义概念转换为明确的权利概念至少包含如下几个阶段:在罗马法学家那里,"jus"兼指权利与义务,且义务成分重于权利;在阿奎那那里,"jus"被着重从合乎正义的角度加以界定,主要指合乎正义的社会关系里的正当事物亦即法律、法院及裁决;在威廉、苏尔雷兹那里,已经开始被着重从个人享有的角度加以解释,指每个人的理性权力或每个人对其财产或应有之物的道德权力;在格劳秀斯那里,则明确用来指个人所具有的拥有某物和做某事的道德资格,这种资格包含权力、所有权、债权这三种意思。这样,"jus"一词在某些诠释和使用里就逐渐成了一个与现代"right"(权利)一词相同的概念。参见夏勇:《人权概念起源——权利的历史哲学》,中国政法大学出版社2001年版,第147—148页。

　　古希腊罗马时期,个人独立、人性平等、权利概念为人权思想的形成提供了必要条件,但是没有促成人权概念的最终形成。古罗马的思想家虽然声称人人平等,但从没有提出废除奴隶制的设想。德国法学家格奥尔格·耶里内克认为,文献本身不会产生任何东西,除非在历史和社会环境中能找到适合于实现这些文献的基础。当一个人找到了某个观念在历史文献上的起源的时候,并不意味着他就发现了这一观念的实际意义的记录。"大多数的观念,至少其萌芽,在关于国家的古代观念中都可以找到。但是制度则始终处于变化之中,因此必须通过制度本身的、个别的历史形式来加以把握。"①在他看来,考察人权观念不仅要看它的历史文献,更要看它的制度环境。正是在这一意义上,人权理论的形成,是由17至18世纪欧洲的古典自然法理论家们来完成的。

二、从自然权利到人的权利

　　在人类的文明史中,人权思想与自然法是一起成长的,具有相同的哲学历程。自中世纪后期开始,伴随着文艺复兴、宗教改革以及资产阶级思想启蒙运动的发展,欧洲涌现了一批以荷兰的格劳秀斯(1583—1645)与斯宾诺莎(1632—1677)、英国的霍布斯(1588—1679)与洛克(1632—1704)、法国的孟德斯鸠(1689—1755)与卢梭(1712—1778)等为代表的古典自然法理论家。他们

---

①　〔德〕格奥尔格·耶里内克:《〈人权与公民权利宣言〉——现代宪法史论》,李锦辉译,商务印书馆2013年版,第35页。

进一步丰富了自然法思想,形成和发展了自然权利理论,并在此基础上形成了古典人权观。

格劳秀斯是西方近代自然权利说的奠基人,他从人的理性出发,认为自然法赋予人以永恒不变的自然权利:"自然权利是正当理性的命令,它根据行为是否和合理的自然相谐和,而断定其为道德上的卑鄙,或道德上的必要,并从而指示该一行为是否为创造自然的神所禁止或所命令。"①霍布斯把个人作为现代的权利主体和法律渊源,以权利思想完全取代了正义范畴。他认为:"一个人放弃或让出自己的权利时,并不是给予任何其他人以他原来本来没有的权利,因为每一个人对任何事物没有一件不具有自然权利的。"②自然权利也被称为天赋权利。斯宾诺莎最早提出了"天赋人权"的概念,他说:"个人的天然之权不是为理智所决定,而是为欲望和力量所决定。""在民主政治中,没人把他的天赋之权绝对地转付于人,以致对于事务他再不能表示意见。他只是把天赋之权交付给一个社会的大多数。"③

整个 17 世纪,在理性主义哲学的支持下,自然法终于被认为是个人的主观利益和权利的保护。美国哲学家罗森鲍姆认为,这种新的解释在洛克的著作中有着最出色的阐述,"正是洛克,他以自然法学说作为自然权利学说的基础,主张个人自然地拥有生命、自

---

① 转引自杜钢建:《外国人权思想论》,法律出版社 2008 年版,第 62—63 页。

② 〔英〕霍布斯:《利维坦》,黎思复、黎廷弼译,商务印书馆 1985 年版,第 99页。

③ 〔荷兰〕斯宾诺莎:《神学政治论》,温锡增译,商务印书馆 1963 年版,第 213、219 页。

由和财产"。①个人权利优先于国家的观念在 17 世纪英格兰的整个历史环境中找到了自己的支撑。自然法的观念与从未消亡的古老的权利观念相结合,并以新的形式出现。② 对这一时期西方哲学来说,社会是为人而组成的,而不是人为了社会,"正是这种假定的个人的优先性成了自然法理论所具有的最显著且最持久的品格,也是现代理论区别于中世纪理论最为明确的地方"③。

18 世纪法国思想家卢梭的社会契约论,又进一步发展了"自然权利"思想。据考证,卢梭在其于 1762 年完成的《社会契约论》一书中最早使用了"人的权利"(rights of man)④,这一术语后来为法国知识分子广为接受。卢梭的《社会契约论》详细阐述了"天赋人权"的思想,第一次提出了"主权在民"的思想,对人权观念的形成具有划时代的意义。1776 年,美国《独立宣言》第一次将人权理论作为现代国家存在的合法性基础,马克思称其为世界上"第一个人

---

① 参见沈宗灵等主编:《西方人权学说》,四川人民出版社 1994 年版,第 31 页。

② 参见〔德〕格奥尔格·耶里内克:《〈人权与公民权利宣言〉:现代宪法史论》,李锦辉译,商务印书馆 2013 年版,第 57—58 页。

③ 〔美〕乔治·萨拜因:《政治学说史》,邓正来译,上海人民出版社 2008 年版,第 111 页。

④ 卢梭指出:"放弃自己的自由,就是放弃自己做人的资格,就是放弃人的权利,甚至就是放弃自己的义务。"参见〔法〕卢梭:《社会契约论》,商务印书馆 2008 年版,第 12 页。也有学者认为,据现有资料查证,首次提出"人权"概念的是意大利著名诗人但丁(1265—1321),他于 1312—1314 年之间写成的《论世界帝国》一书中说,"帝国的基石是人权",帝国"不能做任何违反人权的事"。参见〔意〕但丁:《论世界帝国》,商务印书馆 1985 年版,第 76 页。朱峰则认为,被视为近现代人权理论最早奠基人的弗尔默鲁斯(Volmerus)在 1537 年首先提出了"人权"(jura hominum)的概念,并很严格地把它同法治联系在一起。参见朱峰:《人权与国际关系》,北京大学出版社 2000 年版,第 10 页。

权宣言"①。1789 年法国《人权和公民权宣言》②开篇就写道："不知人权、忽视人权或轻蔑人权是公众不幸和政府腐败的唯一原因，所以决定把自然的、不可剥夺的和神圣的人权阐明于庄严的宣言之中……"③这标志着"人权"概念在政治文件中正式出现。

萨拜因认为，"一种基于自然法的政治理论含有两个必要因素：一是社会或政府（或）二者据以形成的契约，二是存在于契约之外的自然状态。"④古典自由主义人权的哲学基础除了以上两点之外，还具有个人主义和分权主义的特征。下面通过分析霍布斯、洛克和卢梭等思想家的主要观点，来探讨古典自由主义人权思想的主要内容。

（一）自然状态

自柏拉图和亚里士多德以来，人们认为，政治社会是"自然的"产物。但是霍布斯的看法与这种思想相反，他认为，在政治社会之前，还有一个前政治社会，这个社会才是"自然的"，政治社会是"人工的"（artificial），是人类自己创设的，而不是自然的：因为号称"国民的整体"或"国家"（拉丁语为 civitas）的这个庞大的利维坦是用艺术造成的，它只是一个"人造的人"（an artificial man）。⑤ 可见，

---

① 《马克思恩格斯全集》第 16 卷，人民出版社 1971 年版，第 20 页。

② 也有学者译作"人权与公民权利宣言"。本书选用董云虎在《人权大宪章》一书中的译法。

③ 董云虎：《人权大宪章》，中共中央党校出版社 2010 年版，第 8 页。

④ 〔美〕乔治·萨拜因：《政治学说史》，邓正来译，上海人民出版社 2008 年版，第 108 页。

⑤ 参见〔英〕霍布斯：《利维坦》，黎思复、黎廷弼译，商务印书馆 1985 年版，第 1 页。

霍布斯将这个前政治社会称之为"自然状态",将政治社会称之为"利维坦",即国家。

霍布斯认为,在这种纯粹的自然状态下,人类实际上处在极为恶劣的状况中:"在没有一个共同权力使大家慑服的时候,人们便处在所谓的战争状态之下。这种战争是每一个人对每个人的战争。"①在这种自然状态中,人生存的最关键一点就是要保全自己的生命。为了保全自己的生命,人可以利用一切手段。霍布斯说,这就是人类存在的自然权利:"著作家们一般称之为自然权利的,就是每一个人按照自己所愿意的方式运用自己的力量保全自己的天性——也就是保全自己的生命——的自由。因此,这种自由就是用他自己的判断和理性认为最适合的手段去做任何事情的自由。""自然律(法)是理性所发现的戒条或一般法则。这种戒条或一般法则禁止人们去做损毁自己的生命或剥夺保全自己生命的手段的事情,并禁止人们不去做自己认为最有利于生命保全的事情。"②霍布斯的自然状态除了保护人们生命的自然法外,没有组织的社会和法律。在这种状态中,自然法源于人的自然性,对自由没有施加外在的强制或限制。

洛克进一步发展了自然状态理论,认为自然状态是人类的初始状态。但是与霍布斯"战争状态"的自然状态不同的是,洛克认为,自然状态是一个人人根据自然法和平共处的状态:"这是一种

---

① 〔英〕霍布斯:《利维坦》,黎思复、黎廷弼译,商务印书馆1985年版,第94页。

② 同上书,第97页。

平等的状态,在这种状态中,一切权力和管辖权都是相互的,没有一个人享有多于别人的权力。"洛克认为,人都是上帝创造的,都是上帝的子民。因此根据自然法,人人都具有自由的、平等的生存权利:"为了正确地了解政治权力,并追溯它的起源,我们必须考究人类原来自然地处在什么状态。那是一种完备无缺的自由状态,他们在自然法的范围内,按照他们认为合适的办法,决定他们的行动和处理他们的财产和人身,而无须得到任何人的许可或听命于任何人的意志。"①在洛克看来,人在自然状态下享有的自然权利,是不受任何限制的、人人都固有的平等权利,这就是不可剥夺的"天赋人权"。

如果说霍布斯的自然状态是一种"性恶论",那么卢梭的自然状态则是一种"性善论"②。卢梭在《论人类不平等的起源和基础》一书中认为,人天性善良,怜悯心是人类一种自然的情感,是人类最普遍、最有益的一种美德。由于怜悯心调节着每一个人自爱心的活动,所以对于人类全体的相互保存起着协调作用。"正是这种情感,使我们不假思索地去援助我们所见到的受苦的人。正是这种情感,在自然状态中代替法律、风俗和道德,而且这种情感还有

---

①　〔英〕洛克:《政府论》(下篇),叶启芳、瞿菊农译,商务印书馆 2007 年版,第3 页。

②　列奥·施特劳斯认为,卢梭关于人天性善良的说法故意有些含混不清,它表达了两种互相抵触的观点。一种是非常传统的观点,即"人天性善良,乃是因为他天生就是既可为善又可为恶的次人";一种是彻底反传统的观点,即"人天性善良,因为他天生是被自爱心和同情心所支配,而与虚荣心和骄傲心无缘"。参见〔美〕列奥·施特劳斯:《自然权利与历史》,彭刚译,生活·读书·新知三联书店 2006 年版,第276—278 页。

一个优点,就是没有一个人企图抗拒它那温柔的声音。"①在自然状态中,人们在森林里平等地生活,他们对于同类既无所需求,也无意加害,他们所感觉到的只限于自己真正的需要,所注意的只限于他们认为迫切需要注意的东西,而且他们的智慧并不比他们的幻想有更多的发展。卢梭美化了这种自然状态,认为这种状态是人世的真正青春,人类生来就是为了停留在这样的状态,后来的一切进步只是个人完美化方向上的表面的进步,而实际上它们使人类走向没落。正如卢梭所说:"关于人的一个主要原理是:自然曾经使人幸福而善良;但社会使人堕落而悲苦。"②随着人类文明的进步,人类能力的发展,私有财产的产生,平等的自然状态遭到破坏,不平等的现象使人类处于悲惨境地。卢梭承认,美好的自然状态已经不可能从文明社会的简单后退实现,必须通过社会契约来重新改造和设计社会制度。列奥·施特劳斯认为,自然状态作为激励人类的目标的含混性,使得它成为通向自由的观念上的工具。卢梭以自然状态的名义保留了一块针对着社会的地盘,意味着拥有了一块针对社会的保留地,他在人道层面上返于自然状态的想法,乃是要求从社会中获取自由的在观念上的根据。③

---

① 〔法〕卢梭:《论人类不平等的起源和基础》,李常山译,商务印书馆 1962 年版,第 103 页。

② 也有学者认为,所谓自然状态中的人是最幸福的那种说法是不正确的,在卢梭看来,最接近于黄金时代的乃是新产生的社会。参见〔法〕卢梭:《论人类不平等的起源和基础》,李常山译,商务印书馆 1962 年版,第 120 页及注①。

③ 参见〔美〕列奥·施特劳斯:《自然权利与历史》,彭刚译,生活·读书·新知三联书店 2006 年版,第 300 页。

（二）社会契约

社会契约论和自然权利学说是西方自由主义的历史和逻辑起点。但是霍布斯、洛克、卢梭等人的见解在形式上和具体表达上具有很大的差异。霍布斯认为，那种"人对人相互为战"的自然状态是悲惨可怕的，人人都有保存自己、乞求安全的欲望，人们要摆脱这种自然状态寻求和平的生活，就互相订立了一种社会契约，甘愿放弃原来自己的部分权利，把它交给一个统治者或主权者，从此建立了国家。国家"就是一大群人相互订立信约、每人都对它的行为授权，以便使它能按其认为有利于大家的和平与共同防卫的方式运用全体的力量和手段的一个人格"①。由于自然权利是一种绝对的权利，是一种没有义务的权利，是一种绝对的自由，因此通过契约创设的主权具有了自然人及自然权利的特征。在霍布斯看来，主权者具有不受限制的权利和自由，而没有任何义务，国家的主权不能被剥夺，它的权力是不可分割的、绝对的以及无法言传的。

洛克认为，人类天生都是自由、平等和独立的，如不得本人同意，不能把任何人置于这种状态之外。但是人们在自然状态中享有的权利是很不稳定的，有不断受别人侵犯的威胁。为了谋求人们彼此间舒适、安全和和平的生活，以便安稳地享受他们的财产并且有更大的保障来防止他人的侵犯，人们便放弃自然自由，同其他人协议组成一个共同体。"凡是脱离自然状态而联合成为一个共同体的人们，必须被认为他们把联合成共同体这一目的所必需的

---

① 〔英〕霍布斯：《利维坦》，黎思复、黎廷弼译，商务印书馆1985年版，第132页。

一切权力都交给这个共同体的大多数,除非他们明白地议定交给大于大多数的任何人数。……因此,开始组织并实际组成任何政治社会的,不过是一些能够服从大多数而进行结合并组成这种社会的自由人的同意。""当每个人和其他人同意建立一个由一个政府统辖的国家的时候,他使自己对这个社会的每一个成员负有大多数的决定和取决于大多数的义务。"①洛克强调,人们联合成为国家和置身于政府之下的重大的和主要的目的,是保护他们的财产,政府的目的是为人民谋福利。"当立法机关力图侵犯人民的财产,使他们自己或社会的任何部分成为人民的生命、权利或财富的主人或任意处分者时,他们背弃了他们所受的委托。……人民享有恢复他们原来的自由的权利,并通过建立他们认为合适的新立法机关以谋求他们的安全和保障,而这些正是他们所以加入社会的目的。"②可见,洛克不仅论述了社会契约形成的原因和目的,还提出如果政府违背社会契约所附加的基本义务,人民保留了反对政府的权利。

卢梭的社会契约论首先论证了强力不构成权利的基础,只有同意才构成权利的基础,人们只有对合法的权力才有服从的义务。"即使是最强者也绝不会强得足以永远做主人,除非他把自己的强力转化为权利,把服从转化为义务。"③他进一步指出:"社会秩序乃是为其他一切权利提供了基础的一项神圣权利。然而这项权利

<hr />

① 〔英〕洛克:《政府论》(下篇),叶启芳、瞿菊农译,商务印书馆2007年版,第60、61页。
② 同上书,第139页。
③ 〔法〕卢梭:《社会契约论》,何兆武译,商务印书馆2008年版,第9页。

决不是出于自然,而是建立在契约之上的。"①卢梭提出了社会契约
所要解决的根本问题,即"要寻找出一种结合的形式,使他能以全
部共同的力量来卫护和保障每个结合者的人身和财富,并且由于
这一结合而使每一个与全体相联合的个人又只不过是在服从自己
本人,并且仍然像以往一样的自由"②。在社会契约的具体内容上,
卢梭便坚持"每个结合者及其自身的一切权利全部都转让给整个
的集体"。"我们每个人都以其自身及其全部的力量共同置于公意
的最高指导之下,并且我们在共同体中接纳每一个成员作为全体
之不可分割的一部分。""只是一瞬间,这一结合行为就产生了一个
道德的与集体的共同体。"③卢梭所描述的这一过程充满了整体性
和神圣性。在这里,每个人既然是向共同体奉献出自己,人们都可
以获得自己本身所让渡给共同体的同样的权利,所以个体的权利
与共同体的权利是完全一致的,个人成为整个共同体不可分割的
一部分。

　　卢梭在社会契约论中特别强调"公意"的作用,"公意"是由人
们高度集合而组成,是着眼于公共利益的最高意志。④ 在他看来,
"公意"永远是正当的,这完全是一种不言自明的真理,因为"公
意"代表了社会利益与个人利益。有学者对这一观点提出质疑,比
如,萨拜因认为,卢梭关于"公意"的理论在逻辑上存在混乱之处。

---

　　①　〔法〕卢梭:《社会契约论》,何兆武译,商务印书馆 2008 年版,第4—5页。
　　②　同上书,第19页。
　　③　同上书,第19—21页。
　　④　卢梭认为,公益同众益之间有很大的区别:公益只着眼于公共利益,而众益
则着眼于私人利益,众益只是个别意志的总和。参见同上书,第35页。

一方面,"公意"反映的是一种集体利益,而这种集体利益与其成员的个人利益是不尽相同的,人们在社会中究竟需要什么权利,在社会内部留给个人自行掌握的范围究竟多大,关于这些问题极不明确;另一方面,"公意"过于抽象,而在每一种具体的情形之中,"公意"不得不被视为某类具体实在的意见,而且道德直觉论也常常意味着要把道德与人民普遍接受的标准等而视之。强迫一个人自由,乃是迫使他盲目服从最强大势力的委婉说法。① 卢梭的社会契约论对法国社会的发展起过重大推动作用,在法国大革命中,罗伯斯庇尔和雅各宾派就受到了他的影响。但是,其理论上的缺陷也是显而易见的。他说"我要探讨的是权利的道理,而不是事实",这种唯心的论证方法缺乏足够的说服力。也正因为如此,才不断地有人对社会契约论提出挑战。

(三) 个人自由

霍布斯把个人从社会等级中分离出来,赋予个人中心地位。在他看来,个人自由和国家权力不是对立的,而是相互依存的。国家权力从起源上说依靠个人自由,而个人自由也依靠国家权力来避免悲惨的处境。霍布斯认为,"自由这一语词,按照其确切的意义说来,就是外界障碍不存在的状态。这种障碍往往会使人们失去一部分做自己所要做的事情的力量,但却不能妨碍按照自己的判断和理性所指出的方式运用剩下的力量。"② 为了保全自己的生

---

① 参见〔美〕乔治·萨拜因:《政治学说史》,邓正来译,上海人民出版社 2010年版,第276—282页。

② 〔英〕霍布斯:《利维坦》,黎思复、黎廷弼译,商务印书馆 1985年版,第97页。

命,人们可以使用一切手段,利用一切事物,"用他自己的判断和理性认为最适合的手段去做任何事情",不能设定任何障碍来阻止人们保全自己的生命,这是人拥有的绝对自由,这种自由就是权利——一种自然的权利。自由和生命是个人与生俱来的自然权利,国家自由来源于个人自由,个人自由由国家来保障。政府最极端的主权来源于个人最极端的自由。个人自由必须为政府主权让路,这一点是个人自由同意让渡的。因此,在霍布斯的国家中,主权与自由既关联又对立,而在自然状态下的个人那里,[个人的最高]权利和自由是同一的。列奥·施特劳斯认为,霍布斯是自由主义的真正创立者。他指出,既然[在霍布斯看来]基本的绝对的道德事实是一项权利而非一桩义务,公民社会的职能和界限就一定得以人的自然权利而不是其自然义务来界定。国家的职能并非创造或促进一种有德性的生活,而是要保障每个人的自然权利。国家的权利是在自然权利而不是别的道德事实中看到其不可逾越的界限的。倘若我们把自由主义称之为这样一种政治学说,它将与义务判然有别的人的权利视为基本的政治事实,并认为国家的职能在于保卫或维护那些权利,那么我们必须说自由主义的创立者乃是霍布斯。①

　　洛克认为,霍布斯的这种自由是放任的自由,真正的自由应该是既要维护自己的自由,又要尊重他人的自由:"虽然这[自然状态]是自由的状态,却不是放任的状态。在这状态中,虽然人具有

---

　　① 参见〔美〕列奥·施特劳斯:《自然权利与历史》,彭刚译,生活·读书·新知三联书店2003年版,第185页。

处理他的人身或财产的无限自由,但是他并没有毁灭自身或他所占有的任何生物的自由,除非有一种比单纯地保存它来得更高贵的用处要求将它毁灭。"①洛克认为,每一个人都有权维护自己的自由的权利,这是自然法的规定,人们维护自由,就是在执行自然法:"人的自然自由,就是不受人间任何上级权力的约束,不处在人们的意志或立法权之下,只以自然法作为他的准绳。处在社会中的人的自由,就是除经人们同意在国家内所建立的立法权以外,不受其他任何立法权的支配;除了立法机关根据对他的委托所制定的法律以外,不受任何意志的统辖或任何法律的约束。……处在政府之下的人们的自由,应有长期有效的规则作为生活的准绳,这种规则为社会一切成员所共同遵守,并为社会所建立的立法机关所制定。这是在规则未加规定的一切事情上能按照我自己的意志去做的自由,而不受另一人的反复无常的、事前不知道的和武断的意志的支配;如同自然的自由是除了自然法以外不受其他约束那样。"②

洛克关于财产权的学说对人权观念的形成产生了重大影响。他将个人的财产所有权纳入到自然权利之中,认为真正的自然权利实际上是生命、自由和财产。这些权利是个人生而有之的属性,也是对政府和社会的不可取消的权利主张,政府和社会存在的目的就是为了有效保护这些权利。而且,正是因为个人拥有私人财

①　〔英〕洛克:《政府论》(下篇),叶启芳、瞿菊农译,商务印书馆 2007 年版,第4 页。

②　同上书,第 15 页。

产权,他通过自身努力创造并拥有价值,个人就从自然以及社会关系中解放出来,成为了道德和政治世界的中心和出发点。这样,洛克的学说不仅完成了从自然法到自然权利的转变,而且实现了从目的性宇宙到人化自然的转变。正如约翰·格雷所说,"洛克持有一种早期的个人主义者所没有看到的明晰洞见,即个人的独立必须以私人财产权在法治之下得到安全地保护为前提条件。……他认为缺乏私人财产权这一重要的权利,自由将化为乌有的观点,却为政治思想留下了一个永久的标志。"①

　　应该说,卢梭理论的出发点和归属也是自由。卢梭不无遗憾地指出:"人是生而自由的,但却无往不在枷锁之中。"②"放弃自己的自由,就是放弃自己做人的资格,就是放弃人类的权利,甚至就是放弃自己的义务。"③他的《社会契约论》一书是"要探讨在社会秩序之中,从人类的实际情况与法律的可能情况着眼,能不能有某种合法的而又确切的政权规则","努力把权利所许可的和利益所要求的结合在一起,以便使正义与功利二者不致有所分歧"。④卢梭认为,人类由于社会契约所丧失的,是他的天然的自由以及对于他所企图的和所能得到的一切东西的那种无限的权利;而他所获得的,乃是社会的自由以及他所享有的一切东西的所有权。在社会中,人们首先获得的是一种公民自由,这种自由是一种道德自

---

　　①　〔英〕约翰·格雷:《自由主义》,曹海军等译,吉林人民出版社 2005 年版,第20—21 页。

　　②　〔法〕卢梭:《社会契约论》,何兆武译,商务印书馆 2008 年版,第 4 页。

　　③　同上书,第 12 页。

　　④　同上书,第 3 页。

由："唯有道德的自由才能使人类真正成为自己的主人;因为仅只有嗜欲的冲动便是奴隶状态,而唯有服从人们自己为自己所规定的法律,才是自由。"①在卢梭的理论中,人权和法律有机地结合起来了。

(四)分权思想

一些古典自由主义思想家,尤其是洛克和孟德斯鸠认为,一切有权力的人都容易滥用权力,有权力的人们使用权力一直到遇有界限的地方才休止。为防止政府滥用权力,必须将权力依其职能划分为相对独立的各个部分,分别由不同的机关行使,以此达到权力制约权力之目的。正如洛克所说:"人类尽管在自然状态中享有种种权利,但是留在其中的情况既不良好,他们很快就被迫加入社会。所以,我们很少看到有多少人能长期在这种状态中共同生活。在这种状态中,由于人人有惩罚别人的侵权行为的权力,而这种权力的行使既不正常又不可靠,会使他们遭受不利,这就促使他们托庇于政府的既定的法律之下,希望他们的财产由此得到保障。正是这种情形使他们甘愿各自放弃他们单独行使的惩罚权力,交由他们中间被指定的人来专门加以行使;而且要按照社会所一致同意的或他们为此目的而授权的代表所一致同意的规定来行使。这就是立法和行政权力的原始权利和这两者之所以产生的缘由,政府和社会本身的起源也在于此。"②

---

① 〔法〕卢梭:《社会契约论》,何兆武译,商务印书馆2008年版,第26页。
② 〔英〕洛克:《政府论》(下篇),叶启芳、瞿菊农译,商务印书馆2007年版,第78页。

　　洛克认为,立法权和执行权往往是分立的。在自然状态中,人们的自然执行权很容易超出自然法的限度,从而危害自然状态下的和平和公正,因此,人们应该将自己的自然执行权让渡出来,形成一种公共权力。但是,人们让渡的只是执行权,而且这种执行权必须受到立法权的约束。在他看来,尽管人们的执行权一旦自由让渡之后,就不能自由收回,但是人们并没有让渡自己的生命、自由和财产权,也就是说个人的自由权利还必须掌握在自己的手中,而不能交给执行者。执行者"没有意志、没有权力,有的只是法律的意志、法律的权力"①。有学者认为,洛克的执行权理论有两个基本的特点:第一,执行权理论是建立在自由主义之上的。从源头上讲,自由是一切的基础,没有自由,就没有个人执行权的让渡,人们就不可能结成政府,给政府让渡自己的执行权。从内容上讲,执行权所执行的法律的目的就是保护自由,任何未经法律许可剥夺自由的权力都没有存在的根据。第二,执行权是一种纯粹的形式,它的内容是由法律规定的,只有当它与法律结合起来时,它才是一个实实在在的"权力"。②

　　卢梭把政治体(政权)明确地分成了立法权和行政权两个部分。他认为:立法权是属于人民的,而且只能是属于人民的。"立法权一旦确立之后,就必须同样地确立行政权;因为行政权只能由个别的行为来加以运用,而并不属于立法权的本质,所以它很自然

---

　　①　〔英〕洛克:《政府论》(下篇),叶启芳、瞿菊农译,商务印书馆2007年版,第95页。

　　②　参见陈小文:《行政法的哲学基础》,北京大学出版社2009年版,第50页。

地是与立法权相分离的。"①卢梭高扬了"主权在民"的思想,他认为:"政治生命的原则就在于主权的权威。立法权是国家的心脏,行政权则是国家的大脑。"②主权者与立法权相对应,主权者拥有立法权并在某些情况下甚至可以强迫国家共同体,它的一切行为都只能是法律;政府与行政权相对应,政府只具有执行权并只能强迫个人,它只不过是主权者的执行人。在卢梭看来,一个国家中只能有一个契约,那就是结合的契约,而这个契约本身就排斥了其他一切契约。立法权是社会契约的产物,行政权则不是契约的内容。"创制政府的行为绝不是一项契约,而只是一项法律;行政权力的受任者绝不是人民的主人,而只是人民的官吏;只要人民愿意就可以委任他们,也可以撤换他们。对于这些官吏来说,绝不是什么订约的问题,而只是服从的问题;而且在承担国家所赋予他们的职务时,他们只不过在履行自己的公民义务,而并没有以任何方式来争论条件的权力。"③卢梭在考察了民主制、贵族制、国君制及混合政府等几种政府形式后认为,政府体制必须建立在人民主权的基础之上。

应当看到,古典自由主义人权学说以"自然权利"学说为哲学基础,实质上说明了这种人权观是以人的理性为依据的,从而确立了人性的至上地位。以"真善美"的标准来衡量,"自然权利"学说关于个人自由和权力分立的思想,否定了封建神权和君权的专制统治,号召人们为了自由、平等而不懈奋斗。从这一意义上讲,它

---

① 〔法〕卢梭:《社会契约论》,何兆武译,商务印书馆 2008 年版,第 124 页。
② 同上书,第 113 页。
③ 同上书,第 127—128 页。

是"善"的。"自然权利"学说关于自然状态和社会契约的思想,为
人类的原初状态描绘了美好的图景,也为未来世界设计了一个"道
德和集体的共同体"。从这一意义上讲,它也是"美"的。但是,
"自然权利"学说毕竟是一种唯心主义的人性论,使得它成为一种
超历史、超社会的抽象概念。从这一意义上讲,它却不符合"真"这
一最重要的社会科学要求。① 正因为如此,这种基于"自然权利"
的人权理论受到了怀疑主义、功利主义等的质疑与批判。

三、从功利主义到新自由主义

霍布斯、洛克等早期自由主义者几乎都将"自然状态"或"自然
人"作为其理论出发点。根据他们的论述,自然状态中的人已经挣
脱了各种天然联系的社会脐带,成为独立、自由和平等的原子式的
人。这样的个人天然具有的权利,即所谓自然权利。这种权利是
一种绝对合理的主观诉求,是不证自明的,与生俱来的,是按照人
的本性所天然享有的。它们是国家权力的来源,也是自然法理论
的基石。这些理论有一个共同的特征,就是将"正义"视为"自然的
美德",或者来自上帝,或者来自人的本质属性。

这一观点受到了休谟的怀疑。他认为,自然状态"只是一个哲
学的虚构,从来不曾有、也不可能有任何现实性",人类的原初状态
是有社会性的。人性是由感性和知性两部分组成,只有知性的指

---

① 参见何志鹏:《权利基本理论:反思与构建》,北京大学出版社 2012 年版,第
92 页。

导才会使人适于社会的生活。"正义感不是建立在理性基础上的,也不是建立在外面的永恒的、不变的、具有普遍约束力的某些观念关系的发现上面的。""产生这种正义感的那些印象不是人类心灵自然具有的,而是发生于人为措施和人类协议。"①因此,"正义"是一种人为的美德,而不是一种"自然的美德"。在政治中,没有任何东西导源于不证自明的前提。人们之所以组成社会,按照规则行为,绝非出于对某种先验的理论规范之遵循,而是基于惯例、习俗、源于人们追求功利的愿望,或者来自人们之间的协议。正是在这个意义上,休谟的怀疑主义哲学摧毁了自然法理论的基石。②

到了18世纪末,边沁也质疑"自然权利"理论的真实性和客观性。在他看来,17至18世纪人们作为口头禅的"自然状态"是子虚乌有。"自然权利"说明了国家权利的来源,但是"自然权利"本身却没有来源。"权利是法律之子,自然权利是无父之子","在一个多少算得上文明的社会里,一个人所以能够拥有一切权利,他之所以能抱有各种期望来享受各种认为属于他的东西,其唯一的由来是法律"。③边沁进而提出了功利原则,强调"最大多数人的最大幸福"原则。如果说休谟是一种社会权利的思想,那么边沁则是一种法赋权利的思想。约翰·密尔则把功利原则与自由主义原则成

① 〔英〕休谟:《人性论》,关文运译、郑之骧校,商务印书馆2012年版,第533、536、537页。

② 参见李强:《自由主义》,吉林出版集团有限公司2007年版,第82页。

③ 转引自张文显:《当代西方法学思潮》,辽宁人民出版社1988年版,第357—358页。

功地融为一体,使功利主义与自由主义有了相当牢固的亲缘关系。①

进入 19 世纪后期以后,古典自由主义在西方开始走向衰落。一方面,随着资本主义制度在欧美的建立,哲学的任务已由推翻封建神学的旧制度转为为新兴资本主义制度的合理性进行论证和辩护,自由主义显然不适应这一任务。特别是两次世界大战对自由主义进行了严重冲击,许多自由主义理性随之毁灭。另一方面,古典自由主义遭到了功利主义、保守主义、马克思主义及法兰克福学派的批判,摧毁了其先验的哲学基础,使得自由主义的影响力大为消减。与此相适应,自由主义的人权思想也步入低潮。直到"二战"之后,在哈耶克、罗尔斯、德沃金等人的论证和努力下,自由主义开始复兴,但是对自由主义的批评一直没有间断。这里重点论述功利主义、德国古典唯心主义和新自由主义的人权思想。

(一) 功利主义

功利主义(utilitarianism)认为人类行为的唯一目的是求得幸福,所以对幸福的促进就成为判断人的一切行为的标准。人类的行为完全以快乐和痛苦为动机,人应该做出能"达到最大善"的行为,所谓最大善的计算则必须依靠此行为所涉及的每个个体之苦乐感觉的总和,其中每个个体都被视为具相同分量,且快乐与痛苦是能够换算的,痛苦仅是"负的快乐"。不同于一般的伦理学说,功利主义不考虑一个人行为的动机与手段,仅考虑一个人行为的结果对最大快乐值的影响。

---

① 参见李强:《自由主义》,吉林出版集团有限公司 2007 年版,第 99 页。

从广义上看,功利主义思想在古希腊的时候就有人提出过了。如德谟克利特宣扬过快乐主义,认为人生最好的生活就是最大限度地促进快乐,要求节制的享乐和心灵的快乐。伊壁鸠鲁学派也提出过类似的思想,认为快乐是最高的善,苦与乐的标准是肉体的健康和灵魂的平静。随着文艺复兴运动的兴起,人们从蒙昧主义解放出来,追求人性的解放,提出人的道德来自于人的感性,来源于人的自然属性。利己主义、物质享受和现实的享乐是这个时期的口号。斯宾诺莎说:"人人是会两利相权取其大,两害相权取其轻。……这条规律是深入人心,应该列为永恒的真理和公理之一。"①边沁在苦乐原理的基础上,提出了功利原则:"功利原理是指这样的原理:它按照看来势必增大或减小利益有关者之幸福的倾向,亦即促进或妨碍此种幸福的倾向,来赞成或非难任何一项行动。"②在边沁的体系中,个人利益是唯一现实的利益,社会利益则是虚构的、把握不定的利益,正如他所说:"共同体的利益是道德术语中所能有的最笼统的用语之一,因而它往往失去意义。在它确有意义时,它有如下述:共同体是个虚构体,由那些被认为可以说是构成其成员的个人组成。那么共同体的利益是什么呢? 是组成共同体的若干成员的利益总和。"③可见,"社会利益"仅仅作为一个抽象概念而存在,丧失了任何现实的道德意义。因此,边沁的

① 〔荷兰〕斯宾诺莎:《神学政治论》,温锡增译,商务印书馆1963年版,第215页。
② 〔英〕边沁:《道德与立法原理导论》,时殷弘译,商务印书馆2009年版,第58页。
③ 同上书,第58页。

"最大幸福"原则只不过是最大限度地实现个人利益,并不具有普遍的社会意义和道德意义。

为了避免边沁理论的这一困难,约翰·密尔在"最大多数人的最大幸福"原则的基础上进一步提出,不只是以个人利益最大化为出发点,而且经过恰当的措施可以使总体幸福最大化。在他看来,以最大多数人的最大幸福为出发点,就不应该随意干涉个人的选择自由。同时要看到,虽然个人的思想必须绝对自由,但个人的行为自由必须加以适当限制,使之不损害社会安全和他人幸福,不妨碍政府履行其促进社会进步和最大多数人幸福的义务。密尔对边沁的功利主义思想进行了重大补充和发展,集中体现在他的《论自由》一书中。在西方自由主义发展史上,密尔的自由主义思想是沟通传统自由主义与新自由主义的重要桥梁。就人权理论来说,《论自由》一书从社会自由、思想自由、人性自由三个方面丰富了自由主义人权理论。

密尔在该书开宗明义地写道:"这里所讨论的乃是公民自由或称社会自由,也就是要探讨社会所能合法地施用于个人的权力的性质和限度。"[1]密尔在这里用了两个词:"合法"和"权力"。这里的权力是指社会权力,即由社会所控制和在社会中形成的权力。个人有自由权利,但是个人受到社会权力合法干涉并不意味着自由的缺失。那么,这种干涉在什么情况下是合法,什么情况下是不合法的呢?这是这部著作所要探讨的问题。严复在翻译《论自由》时把书名译为《群己权界论》,可以说是精辟地把握了该书的主旨。

———————
[1] 〔英〕约翰·密尔:《论自由》,许宝骙译,商务印书馆2008年版,第1页。

密尔划定的个人和社会之间的权力界限,可以概括为两条基本原则:"一是个人的行为只要不涉及他人的利益,个人就有完全的行动自由,不必向社会负责;他人对于这个人的行为不得干涉,至多可以进行忠告、规劝或避而不理。二是只有当个人的行为危害到他人利益时,个人才应当接受社会的或者法律的惩罚。社会只有在这个时候才对个人的行为有裁判权,也才能对个人施加强制力量。"①

密尔十分重视思想自由与个性自由,他指出:"为着使一般人都能获致他们所能达到的精神体量,思想自由是同样或者甚至更加必不可少。在精神奴役的一般气氛之中,曾经有过而且也会再有伟大的个人思想家。可是在那种气氛之中,从来没有而且永不会有一种智力活跃的人民。"②"个人的自由必须制约在这样一个界限上,就是必须不使自己成为他人的妨碍。但是如果他戒免了在涉及他人的事情上有碍于他人,而在仅仅涉及自己的事情上依照自己的意向和判断而行动,那么,凡是足以说明一件应有自由的理由,也同样足以证明他应当得到允许在其自己的牺牲之下将意见付诸实践而不遭到妨害。"③这段话也可以说是密尔对"个人的自由"的定义,即每个人都享有无害于他人的自由。支配密尔自由主义理论的,还有一个更高的原则,那就是功利主义。正如密尔自己所说:"的确,在一切道德问题上,我最后总是诉诸功利的;但是

---

① 〔英〕约翰·密尔:《论自由》,许宝骙译,商务印书馆 2008 年版,序言,第4 页。

② 同上书,第 39 页。

③ 同上书,第 66 页。

这里所谓功利必须是最广义的,必须是把人当作前进的存在而以其永久利益为根据的。"①在这里,密尔将个性自由与社会进步结合起来了。

密尔的《论自由》被认为是自由主义的经典著作之一。萨拜因将密尔对自由主义哲学的贡献概括为以下四点:"第一,他所阐释的功利主义拯救了功利主义伦理学,使它不再成为人们所指责的干巴巴的教条,因为功利主义的道德价值论在此之前只是以快乐和痛苦的计算为本位的。第二,密尔的自由主义把政治自由和社会自由本身视为一种善,而这并不是因为它有助于实现某种更远大的目的,而是因为自由乃是一个有责任的人的特有条件。第三,自由不仅是一种个人善,也是一种社会善,个人权利和公众利益这两项诉求乃是紧密关联的。第四,在一个自由的社会里,一个自由国家的职能并不是消极的,而是积极的。"②可以说,密尔对发展人类精神领域的自由、扩大人权思想的内涵做出了重要贡献。

(二)德国古典唯心主义

当功利主义在英吉利岛上得以发展的同时,在欧洲大陆上的德国,出现了一批以康德、费希特为代表的唯心主义思想家。罗素认为,德国唯心论者有某些共同的特征,即"对认识的批判,作为达成哲学结论的手段,是康德所强调的、他的继承者所接受的。强调

---

① 〔英〕约翰·密尔:《论自由》,许宝骙译,商务印书馆 2008 年版,第 12 页。
② 〔美〕乔治·萨拜因:《政治学说史》(下册),邓正来译,上海人民出版社 2010 年版,第 400—401 页。

和物质对立的精神,于是最后得出唯独精神存在的主张。强烈排斥功利主义的伦理,赞成那些据认为由抽象的哲学议论所证明的体系"①。就人权理论来说,他们通过思辨的哲学方法使人权理论逐渐系统化,极大地推进了人权理论的发展。康德的人权思想是西方人权发展史上的一个重要里程碑,他遵循理性主义传统,在人权的主体、人权的性质、人权的分类等方面有诸多论述,对于建立人权科学体系做出了重要贡献。

康德从人出发,从人性出发,探讨人的自由和权利。他说:"人,是主体,他有能力承担加于他的行为。因此,道德的人格不是别的,它是受道德法则约束的一个有理性的人的自由。"②在康德看来,主体是会"思考的事物",主体凭思维能力思考并与思维对象发生联系,围绕人们身边的各种感觉和表象都可以被综合化,从而才有属于主体范围的经验世界的存在。传统的思想认为,自然法是一个评判标准,不受人的意志转移,高于其制度和习惯。康德的主体哲学则使得自然已经变得并不重要了,人们可以发现自然的规则和规律,然后征服和控制自然。通过这一过程,从而把人类转变为主体和存在的基础,把世界变成主体的客体及图像。主客体之间既互相分离又互相联系,它们之间的联系点就是人的理性。理性以一种清

---

① 〔英〕罗素:《西方哲学史》(下卷),马元德译,商务印书馆1997年版,第246页。

② 〔德〕康德:《法的形而上学原理》,沈叔平译,商务印书馆2008年版,第30页。

晰的思路和明确的分类来解释世界、改造世界。① 这种个人理性的观点常常导致这样一个设想：在意义和价值的超验根源与个人心灵之间存在一种相似，那些不言而喻的真理、自然规律、人权等都能被进行理性思考的个人所发现和证明。正是从这样的理解出发，对绝对的、不能剥夺的人权的信念才频频被清晰地推导出来。② 正如康德所说："无论是谁，在任何时候都不应该把自己和他人仅仅当作工具而应永远看作自身就是目的。"③这种将每个人本身作为目的加以尊重的原则，常常被看成自由个人主义的核心。

　　西方人权观念的形成和发展，有赖于对人的地位认识的两次提升。第一次是个人从社会整体中独立出来，第二次是个人从自然世界中凸显出来。前者发源于古希腊罗马时期，完成于霍布斯、洛克等人的论述，后者则形成于近现代主体性转向的哲学阐释。一般认为，近代西方哲学源于法国哲学家笛卡尔。在前现代社会中，真理是神赋的，或者是存在于事物及其人为的映像之中。笛卡尔首先提出"我思故我在"④，将世界分为主体和客体两个部分：主体是思维，是人；客体是肉体，是物。主体是主动的、积极的、能动的，客体是被动的、消极的和他动的。他认为，现象世界应该由主

---

① 参见〔美〕科斯塔斯·杜兹纳：《人权的终结》，郭春发译，江苏人民出版社2002年版，第202—203页。

② 参见〔美〕郝大维、安乐哲：《先贤的民主——杜威、孔子与中国民主之希望》，何刚强译，江苏人民出版社2004年版，第46页。

③ 〔德〕康德：《道德形而上学原理》，沈叔平译，上海人民出版社1980年版，第86页。

④ 北京大学哲学系外国哲学史教研室编译：《西方哲学原著选读》（上卷），商务印书馆1982年版，第368页。

体来认识和确认,思维不仅建立了主体的确定性和中心,而且也将世界变成了一个客体,一个由主体表征、认知和介入的目标。笛卡尔以后,哲学也就转向了对主客体二元对立关系的思考。康德沿着这一思想进路,把笛卡尔的哲学系统化,并塑造了具有经验和理论特权的主体;同时,主体受到的尊奉为对自然世界、社会以及心灵世界的控制提供了基础,从而最终扭转了人与自然的关系。在康德的哲学中,个人与自然世界已经不再是平等地站立,作为主体的人可以把自然视为人化自然或对自然进行改造。"康德的自主性使现代人成为双重意义上的法律主体:他是位立法者,一个确立法律的法律主体,服从于他要参与立法的法。另一方面,也作为准自然法,道德法律表现为两种形式,一种是事物的普遍联系及规律性,另一种是以自然法律为传统的有(目的)的命令。"可见,康德把意志和法律的基础从上帝和超验身上转移到人和社会上,把笛卡尔的"我思"重新解释为"我要",把"自主性"重新定义为"自我立法",把"自然为人立法"转换为"人为自然立法",这就为对权利优势地位和对个人欲望的普遍认可提供了哲学上和道德上的依据。①

在谈到权利的性质时,康德认为:"首先,它只涉及一个人对另一个人的外在的和实践的关系,因为通过他们的行为这件事实,他们可能间接或直接地彼此影响。其次,权利的概念,并不表示一个人的行为对另一个人的愿望或纯粹要求的关系,不问它是仁慈的或者不友好的行为,它只表示他的自由行为与他人行为的自由的

---

① 参见〔美〕科斯塔斯·杜兹纳:《人权的终结》,郭春发译,江苏人民出版社2002年版,第206、208页。

关系。最后,在这些有意识行为的相互关系中,权利的概念并不考虑意志行动的内容,不考虑任何人可能决定把此内容作为他的目的。"①康德把权利的概念限定在外在的行为上,排除了权利的伦理意义。他说:"严格的权利与伦理没有任何牵连,它只考虑行为外在的方面,而不考虑行为的其他动机,因为它是纯粹的权利,不掺杂任何道德律令。所以严格的权利就是那种仅仅可以被称为完全外在的权利。"②通过权利可以协调人们之间的外在行为的自由,康德认为这种调整必须遵循的首要原则就是"权利的普遍法则",即"外在地要这样去行动:你的意志的自由行使,根据一条普遍法则,能够和所有其他人的自由并存"。③可见,在康德看来,人权不仅仅是单个的主体自由意志的任性,它必须还要和其他自由意志以及每一个的自由"并存"。

康德将权利分为两类,一是"自然的权利和实在法规定的权利"。康德认为,自然权利体系最高一级的分类,不应该划分为"自然的权利"和"社会的权利",而应该划分为自然的权利和文明的权利。第一种权利构成私人的权利;第二种为公共权利。④ 康德关于私人权利和公共权利的划分是以私法和公法的区分为基础的。他所论述的私人权利,包括一般所有权、物权和对人权、婚姻家庭方面的权利、通过契约获得的权利、通过审判获得的权利等。公共权

---

① 〔德〕康德:《法的形而上学原理》,沈叔平译,商务印书馆 2008 年版,第 39—40 页。

② 同上书,第 42 页。

③ 同上书,第 41 页。

④ 参见同上书,第 51 页。

利则包括国家的权利、民族权利和人类普遍权利。这些划分涵盖了人权保障的方方面面。二是"天赋的权利和获得的权利"。康德认为,天赋的权利是每个人根据自然而享有的权利,它不依赖于经验中的一切法律条例。获得的权利是以法律条例为根据的权利。① 康德特别强调,只有一种天赋的权利,即与生俱来的自由。"自由是独立于别人的强制意志,而且根据普遍的法则,它能够和所有人的自由并存,它是每个人由于他的人性而具有的独一无二的、原生的、与生俱来的权利……可见,这是每个人生来就有的品质,根据这种品质,通过权利的概念,他应该是自己的主人。"② 人权首先是人的自主权,这是一种"无可怀疑的权利"。在康德看来,不仅自主的自由权是天赋权利,而且每个人对别人还具有一种天赋的一般行为的权利,只要此种行为不侵犯他们的权利,比如单纯的思想交流,去叙述任何一件事情或者允许某件事情,等等。

康德的人权哲学对后世产生了重要影响。他的主体哲学将尊重所有人视为一项绝对命令,这种把人当作目的的原则构成了普遍人权最低道德标准的基础。他试图从科学的理论体系的角度对人权作系统研究,这本身表明人权思想的发展已经进入了一个新的时代。③

（三）新自由主义

如同自由主义的概念一样,新自由主义也是一个复杂的概念,

① 参见〔德〕康德:《法的形而上学原理》,沈叔平译,商务印书馆 2008 年版,第49 页。

② 同上书,第 50 页。

③ 参见杜钢建:《外国人权思想论》,法律出版社 2008 年版,第 147—148 页。

它可以在多种情况下被使用,概括起来主要有三种观点。一是指以格林、霍布豪斯为代表的唯心主义的自由主义,这种新自由主义发展出了一套关于公共福利和人类自由的理论。这一理论认为,每一个人在社会中都有其特定的"身份"或"岗位";暗示着权利与义务之间的独特平衡的观念是一个人的社会角色或功能所固有的。进而,权利乃是根植于社会的;与古典自由主义的信念相反,权利先于或独立于社会而存在的观念在这里被认为是荒谬的。① 二是指以哈耶克为代表的保守自由主义,这种新自由主义"作为一项化解资本主义社会秩序危机的潜在方案,以及一项治疗资本主义疾病的方案,长期以来就潜伏于公共政策中"。这一理论起源于哈耶克于 1947 年创建的"朝圣山学社"(Mont Pelerin Society)。这个集团的成员继承和发展了古典自由主义,从根本上信奉个人自由的理想,激烈反对政府干预理论和国家中央计划理论。② 三是指以约翰·罗尔斯、罗纳德·德沃金、罗伯特·诺齐克为代表的新自由主义,这一理论以"个人权利(或个人自由)"为核心概念、以制定公共道德规范为理论宗旨,强调权利对于善的优先性,反映了福利国家的某些特点。这里重点论述罗尔斯的新自由主义。

1971 年,美国哲学家约翰·罗尔斯发表了《正义论》一书。西方学者把该书当作与洛克的《政府论》、密尔的《论自由》并列的自由民主传统的经典著作。罗尔斯立足于洛克、康德的社会契约论

---

① 参见〔英〕马丁·洛克林:《公法与政治理论》,郑戈译,商务印书馆 2002 年版,第 170 页。

② 参见〔美〕大卫·哈维:《新自由主义简史》,王钦译,上海译文出版社 2010 年版,第 23—24 页。

和自由主义传统,对功利主义提出了强烈的批评,提出了分配正义及福利国家的问题,并从个人主义的角度对权利问题进行了重新思考。罗尔斯指出:"《正义论》的目的是将传统的社会契约学说普遍化,并使之擢升到一种更高的抽象层次……我希望更清楚地阐释出这一观点的主要结构性特征——我称之为'公平正义'——并将其发展成为一种优于功利主义之选择性的和系统的正义解释。我认为,这种替代传统道德观念的选择性观念最切近我们所考虑的正义确信,并构成了民主社会制度最恰当的基础。"①罗尔斯的《正义论》及后来出版的《政治自由主义》、《作为公平的正义》、《万民法》等成为当代西方人权思想的重要著作。

如果说古典自由主义强调个人利益与程序正义,②那么,罗尔斯的新自由主义则强调个人利益与公共利益的统一、程序正义与实质正义的统一。罗尔斯的理论大厦是建立在"原初状态"与"无知之幕"基础上的新社会契约论。他说:"在作为公平的正义中,平等的原初状态相应于传统的社会契约理论中的自然状态。这种原初状态当然不可以看作是一种实际的历史状态,它应被理解为一种用来达到某种确定的正义观的纯粹假设的状态。这一状态的一些基本特征是:没有一个人知道他在社会中的地位——无论是阶

---

① 〔美〕约翰·罗尔斯:《政治自由主义》,万俊人译,译林出版社2000年版,第2—3页。

② 美国学者拉齐恩·萨丽认为:"古典自由主义者充分认识到,个人之间的利益及其与诸如生产者和工会之类的群体的利益,常常是相互冲突的,而且并不总是符合公共利益。因此,斯密、休谟及其门徒特别强调由平等地对待所有人的行为的规则构成的程序正义的重要性。"参见〔美〕拉齐恩·萨丽等:《哈耶克与古典自由主义》,秋风译,贵州人民出版社2003年版,第11页。

级地位还是出身,也没有人知道他在先天的资质、能力、智力、体力等方面的运气。我甚至假定各方并不知道他们特定的善的观念或他们的特殊的心理倾向。正义的原则是在一种无知之幕(veil of ig-norance)后被选择的。这可以保证任何人在原则的选择中都不会因自然的机遇或社会环境中的偶然因素得益或受害。由于所有人的处境都是相似的,无人能够设计有利于他的特殊情况的原则,正义的原则是一种公平的协议或契约的结果。"①

在古典自由主义理论中,自然状态是社会契约论的基础,人们建立契约是为了摆脱或改进自然状态,达到一种相互性的目的,从而保护个人的生命、自由和财产。与此不同,罗尔斯的社会契约论则是通过这种假设的原初状态,来论证社会基本结构的正义原则。罗尔斯认为,正义的首要原则是在最初状态中的一个原初契约的目标。这些原则是那些关心自己利益的有理性的人们在一种平等的最初状态中接受的,以此来确定他们联合的基本条件。要理解原初状态,首先要了解无知之幕。在罗尔斯看来,在原初状态下的人,对自身的特殊信息和社会的特殊信息都一概不知,所有人都处于一种完全平等而独立的地位,也就是说人们都处在无知之幕后面。罗尔斯还强调,人们在利益方面是相互冷淡的,即不愿为了他人的利益牺牲自己的利益。由于无知之幕排除了人们的特殊性,人们不知道自己到底是多者还是少者,所以,他们在平等分配的基础上,还必须确保最少者的利益。因此,处在无知之幕后面的人,

---

① 〔美〕约翰·罗尔斯:《正义论》,何怀宏等译,中国社会科学出版社1998年版,第12页。

必定会同意两条原则:一是平等的自由原则,二是民主的平等和差别原则。罗尔斯将这两个原则具体阐述如下:"第一个原则:每个人对与其他人所拥有的最广泛的基本自由体系相容的类似自由体系都应有一种平等的权利。第二个原则:社会和经济的不平等应这样安排,使他们(1)被合理地期望适合于每一个人的利益;并且(2)依系于地位和职务向所有人开放。"①

罗尔斯提出正义的两个原则适用于社会基本结构的两个部分。第一个原则用于第一个部分,即确定与保障公民的平等自由,包括政治上的自由(选举和被选举担任公职的权利)及言论和机会自由、良心的自由和思想的自由、个人的自由和保障个人财产的权利、依法不受任意逮捕和剥夺财产的自由等。罗尔斯所理解的平等自由是公民的基本自由,这些自由要求是一律平等的,因为一个正义社会中的公民拥有同等的基本权利。他说:"纵观整个民主思想的历史,所关注的焦点一直是获得某些具体权利和自由,以及具体的宪法保障,例如,存在于各种权利法案和人权宣言中的具体权利、自由和宪法保障。作为公平的正义遵循的正是这种传统思想。"②第二个原则用于第二个部分,即指定与建立社会及经济不平等的方面,这一原则与收入和财富的分配相关。罗尔斯认为,虽然收入和财富无法做到平等,但它必须符合每个人的利益;同时,权力地位和领导性职务也必须是所有人都能进入的。"人们通过坚

---

① 〔美〕约翰·罗尔斯:《正义论》,何怀宏等译,中国社会科学出版社1998年版,第60—61页。

② 〔美〕约翰·罗尔斯:《作为公平的正义》,姚大志译,上海三联书店2002年版,第72—73页。

持地位开放而运用第二个原则,同时又在这一条件的约束下,来安排社会的与经济的不平等,以便使每个人都获益。"①

罗尔斯所阐述的第一个原则涉及如何坚持政治平等的问题,类似于卡雷尔·瓦萨克提出的"第一代人权",即公民权利和政治权利,这一原则集中概括了古典自由主义思想传统所提出的政治自由的原则;罗尔斯所阐述的第二个原则涉及社会共同利益的公平分配,类似于卡雷尔·瓦萨克提出的"第二代人权",即经济、社会和文化权利,这一原则系统阐述了现代福利国家条件下的分配正义原则。在这里,罗尔斯强调第一个原则优先于第二个原则,可见他首先将政治自由作为最优先的规则,认为自由是最核心的东西;其次才是解决收入与财富的不平等,保证国家对共同利益的公平分配。他说:"不能以这样的借口来拒绝某些群体拥有平等的政治自由,即他们拥有这些自由可能会使他们反对有利于经济增长和提高效率的政策。"②可见,在罗尔斯看来,不能以效率来牺牲平等。

罗尔斯在社会契约论基础上阐述了社会正义原则:"所有社会价值——自由和机会、收入和财富及自尊的基础——都应被平等地分配,除非对一些或所有社会基本善的一种不平等分配有利于最不利者。"③在他看来,一个秩序良好社会的条件是,不仅促进其

① 〔美〕约翰·罗尔斯:《正义论》,何怀宏等译,中国社会科学出版社 1998 年版,第 61 页。
② 〔美〕约翰·罗尔斯:《作为公平的正义》,姚大志译,上海三联书店 2002 年版,第 75 页。
③ 〔美〕约翰·罗尔斯:《正义论》,何怀宏等译,中国社会科学出版社 1998 年版,第 62 页。

成员的利益,而且由一种共同的正义概念有效地支配着。罗尔斯在这里强调了两个词:"平等"和"分配",平等体现的是实质正义,分配则要依赖程序正义。他说:"要这样设计社会系统,以便它无论什么结果都是正义的(至少在某一范围而言)。"①罗尔斯举了一个分蛋糕的例子。一些人要分蛋糕,假定公平的划分是人人平等的一份,明显的办法就是让一人来划分蛋糕并得到最后一份,其他人都被允许在他之前拿。他将平等地划分这块蛋糕,因为这样他才能确保自己得到可能有的最大一份。事实上,在这个例子中,蛋糕最终切开的部分在实质上是不可能达到完全相等的分量。而这种分法之所以能够为利益冲突方所接受,是由于程序或者说分配过程的合理性。这种程序正义的思想是自由主义的一贯传统,这也从一个侧面反映了罗尔斯思想的自由主义特征。罗尔斯的自由主义正义原则就是在坚持个人自由的核心原则的前提下,来应对福利国家的兴起对自由主义思想的历史性挑战,从而将政治自由平等与经济分配正义、程序正义与实质正义结合起来。这种作为公平的正义原则为自由主义思想在现代的阐释做出了开拓性的贡献,是自由主义思想发展史上的一个里程碑。罗尔斯的《正义论》出版后,英美现代自由主义理论便基本为他的论题所支配。正如罗伯特·诺齐克在《无政府、国家与乌托邦》一书中指出的:"《正义论》是政治哲学和道德哲学领域一部有力的、深刻的、精致的、内容广泛的、系统的著作,起码自约翰·斯图尔特·密尔以来,还没

---

① 〔美〕约翰·罗尔斯:《正义论》,何怀宏等译,中国社会科学出版社1998年版,第85页。

有见到可以与之匹敌的作品。它是各种发人深省的思想之源泉，而这些思想被整合进一种完美的整体。现在，政治哲学家们或者必须在罗尔斯的理论框架内工作，或者必须解释不这样做的理由。"①

值得注意的是罗尔斯在《万民法》一书中所阐述的人权理论。罗尔斯认为，人权在万民法中有双重作用。一是对主权的批评和限制，人权限定了国内政府对它的人民的合法性权威。人权不同于宪法赋予的权利，不同于自由民主制公民的权利，也不同于属于某种政治机构——包括个人主义式和联合式机构——的权利。人权为正派的国内政治与社会制度确立了一个必要的虽然是不充分的标准。二是只要一个社会尊重人权，即使缺乏自由民主的政治制度，也被认为有理由来支持它避免旨在带来导致其国内变革的外部干涉。罗尔斯提出有三种人权，一是生命权，维持生存与安全；二是自由权，即摆脱奴隶制、农奴制等；三是财产权。可见，这是一个不可再后退、不可再消减的最低限度的人权清单。罗尔斯认为，这样理解的人权不应被看作是专属于西方传统的特殊自由而拒绝，它们没有政治的地域性。在自由意义上的人权是西方历史的特殊产物，因此他把西方赞同的人权仅限于西方国家，而不认为具有全球的普遍性。当代一些西方学者认为这是他在自由主义立场上的倒退，但这表明罗尔斯的现实主义态度，正是这些权利把自由人民与非自由的"正派等级制"人民区别开来。②

———————————

① 〔美〕罗伯特·诺齐克：《无政府、国家与乌托邦》，姚大志译，中国社会科学出版社 2008 年版，第 218 页。

② 参见龚群：《罗尔斯的政治哲学》，商务印书馆 2006 年版，第 414—416 页。

以上论述了世俗世界自由主义人权思想的发展历程。在神学界,自托马斯·阿奎那以来,也有一些思想家从自然法的角度对人权进行了论述,法国天主教哲学家雅克·马里旦就是新托马斯主义的代表人物。西方学者认为,马里旦致力于自然法学说的真正哲学的而不是意识形态的复兴;这是一种新型的"人格主义自然法",它剔除了启蒙时代的反历史的唯理性论所加的蛇足,使之扎根于坚实的社会基础。① 自20世纪20年代开始,马里旦便积极参与人权活动,并参与制定了联合国主持的《世界人权宣言》。他的人权思想主要体现在四个方面。一是自然法与人权的关系。马里旦认为:"就人权而论,对一个哲学家关系最大的事情是人权的理性基础问题,人权的哲学基础是自然法。……人权的历史是受自然法的历史的制约的。"②要理解人权与自然法必须先理解人与上帝之间的关系,马里旦将人权源泉回溯到阿奎那,从人类理性利用禀赋知识可以领悟的自然法中去寻找渊源,这样就只有自然法才能是人权的来源。二是人权的特征。马里旦认为,人权是以人性为基础的,人具有特殊的唯一材质,所以人具有唯一的人性目的,那是专属于人的权利,只要人还存在,人权就不能被让与和剥夺。三是人权的分类。马里旦将人权分为两种:一种是一般人权,一种是特殊人权。一般人权分为生命权、自由权、财产权三种类别;特殊人权是"生产者和消费者的权利、技术人员的权利、从事脑力劳

---

① 参见张文显:《二十世纪西方法哲学思潮研究》,法律出版社2006年版,第46页。

② 〔法〕马里旦:《人和国家》,沈宗灵译,中国法制出版社2011年版,第69页。

动的人的权利……",具体来说,这些权利则包括:"工作和自由选择工作权;自由组成职业集团或工会权;工会在社会上被认为是一个成人并能以某种方式分担和积极参与经济生活责任的权利……"①可见,特殊人权更多地体现为社会权利。他对社会权利有清醒的认识:"这里存在一个基本的事实,它远远超过每一个单纯的经济和社会技术问题,因为这是一个影响人的精神深处的道德的基本事实。"②四是人权的冲突与出路。马里旦认为根据自然法的认识论因素,人类关于上帝的知识是不断增加的,关于人权的内容同样如此。所以,在对人权有新的认识以后,总会对旧的人权造成冲击,产生冲突;同时,不同个体或团体也会对人权的认识有不同的理解,也会产生各种冲突。对此,他认为,以人本主义和人道主义的原则会使人权冲突问题得到有效的解决。

第二节 自由主义人权思想的主要内容

从以上关于自由主义思想发展的历史可以看出,自由主义没有一个固定的模式,而是纷繁复杂、不断发展的。当然这种思想的多样性不能否认其内在的一致性。美国学者阿米·斯特基斯认为,个人主义、有限政府和权利本位这三点是一个适合于全球和历

---

① 〔法〕马里旦:《人和国家》,沈宗灵译,中国法制出版社 2011 年版,第 90 页。
② 同上书,第 90—91 页。

史上任何时代的普适的自由主义哲学的标准。① 文森特认为,个人主义、理性主义和激进主义一起被认为是作为法国大革命和美国独立战争基石的自然权利理论的显著标志。② 本书认为,自由主义人权思想的基础至少包括个人主义、自由原则、权利本位等三个方面。

一、个人主义

个人主义(individualism)是自由主义理论的基础,也是西方人权观念的基础与出发点。无论是霍布斯、洛克、卢梭,还是边沁、密尔、罗尔斯,他们的思想核心都是坚持个人至上,这个个人指的是单独的、具体的、自主的原子式的个人,而不是处在整体之中的个人。他们都坚持这样一种核心价值:个人自由和个人选择。正如德沃金所说,西方理论最重要的价值是个人主义的价值,即每一个人独立存在的命运和尊严。③

个人主义产生于14、15世纪,而被多伊其称为"罗密欧与朱丽叶革命"的个人选择权则到17世纪才被西方普遍接受。④ 一般认

---

① 参见〔美〕阿米·斯特基斯:"古典自由主义的兴起、中衰与复兴",载拉齐恩·萨丽:《哈耶克与古典自由主义》,秋风译,贵州人民出版社2003年版,第20页。

② 参见〔美〕R.J.文森特:《人权与国际关系》,凌迪等译,知识出版社1998年版,第32页。

③ 参见〔美〕罗纳德·德沃金等:《认真对待人权》,朱伟一等译,广西师范大学出版社2003年版,第18页。

④ 参见〔美〕塞缪尔·亨廷顿:《文明的冲突与世界秩序的重建》,周琪等译,新华出版社2010年版,第50页。

为,个人主义这一概念是法国思想家托克维尔发明或首先使用的。托克维尔认为,"个人主义"这个词正迎合了我们自身的需要,而我们的祖先对此一无所知,因为在他们的时代里,每个人必然归属于一个团体,没有人能将其看成是分立的单位。① 这种或那种形式的个人主义通常被自由主义者认为是任何价值理论的一项公理。萨拜因认为,在现代伦理哲学中,对个人主义有两种不同的陈述方式:一是倾向于利益的伦理学,可以以边沁的说法为代表,即"个人利益乃是唯一真正的利益",这种个人主义引发了由功利和利润推动的现代"经济人";二是倾向于义务及责任的伦理学,可以以康德的原则为代表,即对人的尊重(也就是把人当作目的而不是手段),乃是道德的实质之所在,这种个人主义主张"自主意志"或"理性自我"。"这两种说法绝不能互换,但是它们却有一个共同的核心,即两者都是个人主义性质的。"②

作为一种哲学,个人主义涉及一种价值体系,一种有关人性的理论,对某种政治、经济、社会和宗教体制的一种态度和信念。哈耶克对自由主义传统中倾向于利益与理性的两种自由主义进行了抨击,认为它们都是"伪个人主义",并主张一种真正自由的个人主义。他说:"真个人主义有哪些本质特征呢? 就此而言,我们应当即刻指出的是,真个人主义首先是一种社会理论,亦即一种旨在理解各种决定着人类社会生活的力量的努力;其次,它才是一套从这

---

① 转引自〔英〕安东尼·阿巴拉斯特:《西方自由主义的兴衰》(上),曹海军等译,吉林人民出版社 2011 年版,第 26 页。

② 〔美〕乔治·萨拜因:《政治学说史》(下卷),邓正来译,上海人民出版社 2010 年版,第 431 页。

种社会观念中衍生出来的政治准则。只此一个事实就应当足以驳倒若干一般误解中那种最为愚蠢的误解了,亦即那种认为个人主义乃是一种以孤立的或自足的个人的存在为预设的(或者是以这样一项假设为基础的)观点,而不是一种以人的整个性质和特征都取决于他们存在于社会之中这样一个事实作为出发点的观点。"①在哈耶克看来,个人主义包括两方面的内容。第一,它是一种个人主义的社会理论。个人并不是一个孤立的、非社会的和功利最大化者,而是存在于社会之中,只有在了解个人的性质和特征的基础上才能了解整个社会的性质和特征。正如哈耶克所说,个人主义者的论辩真正赖以为凭的基础是:任何人都不可能知道谁知道得最清楚;我们能够据以发现这一点的唯一途径便是一种社会过程,在这个过程中,每个人都可以自由地去尝试和发现他自己所能够做的事情。② 第二,它是一套个人主义的社会秩序。个人主义视角下的社会现象,均归结到个人的行为以及个体之间的互动。个人是本原,社会是派生,社会和国家除保障个人利益以外并无其他目的。任何集体的概念,比如国家、政府等都只是一种拟人的概念,真正的行为主体是其中的个体。而这些集体概念,即便使用,也只是一种指代。总之,哈耶克的个人主义"并不试图指出个人是如何走到一起以构成社会从而创设了他们的义务,而是追问如果社会要得到维续和个人的安全或自由要得以维护,那么必须确立什么

---

① 〔英〕哈耶克:《个人主义与经济秩序》,邓正来译,复旦大学出版社 2012 年版,第 6 页。
② 参见同上书,第 13 页。

样的权利和义务,并在这样的追问基础上形成维护个人权利的正义规则"①。

个人主义的人权观主要体现在以下几个方面。第一,强调个人利益至上。个人主义认为,如果不存在个人利益,就无从说起任何利益。所谓"公共利益"完全可以从社会成员的个人利益中推导出来。这是因为只有个人才对本人的利益关切最深,了解最透,个人有支配自己的意志和行动的绝对自由,这乃是天经地义。对个人而言,只要是按个人意愿做出选择,就是增进了个人的效用;对整体而言,只要其中所有个人都没有受到强制,都可按自己的意愿做出选择,这个整体就有效率。第二,强调人权优先于法律。个人主义认为个人权利的绝对性和至上地位,因此,人权在理论上不依赖于任何特定的法律而存在,且超越于具体法律之上,不受时间和空间的限制。第三,强调个人对政府的限制。政府权力是由个人权利的让渡所组成,政府的合法性在于社会成员的同意,政府的职责就是保障个人的自由和权利。

个人主义经过西方自由主义思想家的完善和补充,成为了近现代自由主义理论的核心与理论基础。可以说,没有个人主义思想就不会有自由主义理论,也不会有近现代西方人权观念。哈耶克对个人主义给予很高的评价,他认为:"由基督教和古典哲学提供基本原则的个人主义,在文艺复兴时代第一次得到充分发展,此后逐渐成长和发展为我们所了解的西方文明。这种个人主义的基

---

① 〔英〕哈耶克:《自由秩序原理》(上册),邓正来译,生活·读书·新知三联书店1997年版,译序,第52页。

本特征,就是把个人当作人来尊重;就是在他自己的范围内承认他的看法和趣味是至高无上的。"①在他看来,个人主义的发展史就是西方文明的发展史。德沃金则从个人主义的视角出发来理解人权的基础和性质。他认为,西方个人主义的基础是两条原则。第一是平等原则,即每一个生命都应该成功而不被浪费,过好的生活而不是坏的生活,这一点对于每一个单独存在的人都同等重要;第二是特殊责任原则,即每个人都应该有成功的一生,每个人对自己的一生是否成功负有主要责任。德沃金说:"这就是人权的两个哲学基础。人权的这两项基本原则就是:人人同等重要,并且负担起各自的特殊责任。而且依照我的理论,如果无论从法律上如何解释,政府的行为都不符合这两个原则,那么政府就违反了人权。"②

二、自由原则

自由是自由主义的核心原则。如果不了解自由的内涵与外延、范围与界限,是很难全面理解自由主义人权思想的精髓的。自由是近代重要的哲学概念,也是一个歧义很多、难以阐述的观点。自由的定义可以追溯到古罗马的弗洛伦丁(Florentinus)在《学说汇纂》中的古老定义:"自由是每个人除了受到物质力量或法律阻碍

---

① 〔英〕哈耶克:《通向奴役之路》,王明毅、冯兴元等译,中国社会科学出版社1997年版,第21页。
② 〔美〕罗纳德·德沃金等:《认真对待人权》,朱伟一等译,广西师范大学出版社2003年版,第20页。

外,可以任意作为的自然能力。"①霍布斯在《利维坦》中关于自由的定义是:"自由这一语词,按照其确切的意义说来,就是外界障碍不存在的状态。"②他认为,对公民的自由而言,则是指不受法律的束缚,"在法律未加规定的一切行为中,人们有理由去做自己的理性认为最有利于自己的事情。"③在他看来,公民的自由只与法律有关,而与国家体制无关。与霍布斯观念相反的是卢梭对自由的理解。卢梭认为,人的自由的重要内容是自主;④并且,当一个人在结成社会契约成为共同体的一个成员后,在人民主权的引领下,通过他对共同体事务的积极参与,即民主的方式实现和保障了其自由。可见,就公民的自由而言,霍布斯认为不论一个国家实行什么体制,自由总是一样的;卢梭则强调人民主权原则,强调公民对共同体事务的积极参与。⑤

孟德斯鸠把自由分为两类:一类为"哲学上的自由",一类为"政治上的自由"。他说,哲学上的自由,是要能够行使自己的意志,或者至少(如果应从所有的体系来说)自己相信是在行使自己的意志。政治自由就是要有安全,或者至少自己相信有安全。"在一个国家里,也就是说,在一个有法律的社会里,自由仅仅是:一个

---

① 〔德〕格奥尔格·耶里内克:《人权与公民权利宣言——现代宪法史论》,李锦辉译,商务印书馆 2013 年版,第 26 页注①。

② 〔英〕霍布斯:《利维坦》,黎思复、黎廷弼译,商务印书馆 1985 年版,第 97 页。

③ 同上书,第 164 页。

④ 参见〔法〕卢梭:《社会契约论》,何兆武译,商务印书馆 2008 年版,第 10 页。

⑤ 参见李宏图:"寻找'自由'的另一种定义——昆廷·斯金纳对'自由'的理解",载《华东师范大学学报》(哲学社会科学版)2003 年第 6 期。

人能够做他应该做的事情,而不是被强迫去做他不应该做的事情。……自由是做法律所许可的一切事情的权利;如果一个公民能够做法律所禁止的事情,他就不再有自由了,因为其他的人也同样会有这个权利。"①密尔在《论自由》中界定了他讨论的自由概念的内涵:"这里所要讨论的乃是公民自由或称社会自由,也就是要探讨社会所能合法施于个人的权力的性质和限度。"②

法国思想家贡斯当把自由分为古代自由与现代自由,他认为,古代人的自由是"参与集体决策的自由",而现代人的自由是"保障个人独立空间的自由"。③"二战"后,伯林关于"消极的自由"与"积极的自由"的区分直接继承了贡斯当的自由概念,并赋予更深刻、更广泛的含义。所谓消极的自由,指的是"一个人能够不被别人阻碍地行动的领域"。"在这种意义上,自由就意味着不被别人干涉。不受干涉的领域越大,我的自由就越广。"④因此消极自由主张个人主义的自我放任,它关注的是个人权利,而不是集体权利。所谓积极的自由,指的是"成为自己的主人的自由","我希望意识到自己是一个有思想、有意志、主动的存在,是对自己的选择负有责任,并能够依据我自己的观念与意图对这些选择做出解释的。只要我相信这是真实的,我就感到我是自由的;如果我意识到这并

---

① 〔法〕孟德斯鸠:《论法的精神》(上册),张雁深译,商务印书馆 2004 年版,第 183 页。

② 〔英〕约翰·密尔:《论自由》,许宝骙译,商务印书馆 2008 年版,第 1 页。

③ 〔英〕约翰·格雷:《自由主义》,曹海军、刘训练译,吉林人民出版社 2005 年版,第 31 页。

④ 〔英〕以赛亚·伯林:《自由论》,胡传胜译,译林出版社 2011 年版,第 170、171 页。

不是真实的,我就是受奴役的。"①积极自由主张社会必须提供个人发展所必需的基本条件,为此,必要的时候国家要对个人的自由放任进行干预。伯林关于两种自由的区分具有很大的影响,他认为自由主义追求的自由是消极自由而不是积极自由。② 昆廷·斯金纳则对消极自由和积极自由采取了一种更加平衡的观点。他认为:"国家有责任不仅仅只把它的公民从那种个人的压迫和依从中解放出来,还应该阻止它的公共机构,哪怕是以一点点权力的名义在利用管理我们公共生活规则的过程中实行独断专行。"在他看来,一个人之所以自由,就是因为他处在一种"无须依赖他人"而行动的地位。就是说,摆脱其他社会成员所强加的任何强制,能按照个人的意志和判断自行其是。他进而指出,只有在一个共和政体的自治形势下,个人的自由才能得到充分的保证。③

在自由主义者看来,自由权始终是人权的灵魂,是享有其他人权的基础。比如,密尔划定了"人类自由的适当领域":"第一,意识的内向境地,要求着最广义的良心的自由;要求着思想和感想的自由;要求着在不论是实践的或思考的、是科学的、道德的或神学的等等一切题目上的意见和情操的绝对自由。……第二,这个原则还要求趣味和志趣的自由;要求有自由制定自己的生活计划以顺应自己的性格;要求有自由照自己所喜欢的去做,当然也不规避会

① 〔英〕以赛亚·伯林:《自由论》,胡传胜译,译林出版社 2011 年版,第 180 页。

② 参见李强:《自由主义》,吉林出版集团有限责任公司 2007 年版,第 175 页。

③ 参见〔英〕昆廷·斯金纳:《自由主义之前的自由》,李宏图译,上海三联书店 2003 年版,第 83、142、143 页。

随来的后果。……第三,随着各个人的这种自由而来的,在同样的限度之内,还有个人之间相互联合的自由;这就是说,人们有自由为着任何无害于他人的目的而彼此联合,只要参加联合的人们是成年,又不是出于被迫和受骗。"①哈耶克则提出了"法治下的自由观":"只有一项原则能够维续自由社会,这项原则就是严格禁止一切强制性权力的适用,除非实施平等适用于人人的一般的抽象的原则需要者以外。"②

托克维尔在论述法国大革命时热情讴歌了自由的价值:"只有自由才能在这类社会中与社会固有的种种弊病进行斗争,使社会不至于沿着斜坡滑下去。事实上,唯有自由才能使公民摆脱孤立,促使他们彼此接近,因为公民地位的独立性使他们生活在孤立状态中。只有自由才能使他们感到温暖,并一天天联合起来,因为在公共事务中,必须相互理解,说服对方,与人为善。只有自由才能使他们摆脱金钱崇拜,摆脱日常私人琐事的烦恼,使他们每时每刻都意识到、感觉到祖国高于一切,祖国近在咫尺;只有自由能够随时以更强烈、更高尚的激情取代对幸福的沉溺,使人们具有比发财致富更伟大的事业心,并且创造知识,使人们能够识别和判断人类的善恶。没有自由的民主社会可能变得富裕、文雅、华丽,甚至辉煌……但是我敢说,在此类社会中是绝对见不到伟大的公民,尤其

① 〔英〕约翰·密尔:《论自由》,许宝骙译,商务印书馆 2008 年版,第 14 页。
② 〔英〕哈耶克:《自由秩序原理》(下册),邓正来译,生活·读书·新知三联书店 1997 年版,第 43 页。

是伟大的人民的……"①托克维尔认为,能激起人们对自由如此强烈热爱的,是自由本身的吸引力、固有的魅力,与它所带来的物质利益无关。"他们把自由本身看作一种宝贵而必需的幸福,若失去自由,任何其他东西都不能使他们得到宽慰;若尝到自由,他们就会宠辱皆忘。"②

三、权利本位

权利是自由主义理论的一个基本概念。近代西方从自然法到自然权利,从自然权利到人权理论发展出的这一套政治理论可谓源远流长、根深蒂固。可以说,没有权利这块基石,自由主义的理论大厦就无从建立。

第一,关于自然权利。在西方自由主义的历史上,最重要的权利概念是自然权利,而人权概念即与此密切相关。③ 前文已经谈到,霍布斯、洛克可以说是这一权利理论最早的阐述者。洛克指出,生命、自由和财产权是天经地义的权利。这种权利是基于自然法或人的本性,而不是基于实在法规定的个人内在的权利,它们是与生俱来、不可让渡、不证自明的,其合理性可以由自然法和理性

① 〔法〕托克维尔:《旧制度与大革命》,冯棠译,商务印书馆2012年版,第35—36页。
② 同上书,第208页。
③ 夏勇曾就人权与自然权利的关系进行了论证,他指出:"我们说西方人把人权看作自然权利或天赋权利,这种说法是不够全面的。因为人权与自然权利既有联系,也有区别。"参见夏勇:《人权概念起源——权利的历史哲学》,中国政法大学出版社2001年版,第166页。

主义加以论证。这种自然权利理论从英国传播到法国和美国的革命思想家,体现在法国《人权和公民权宣言》和美国《独立宣言》所宣告的普遍人权理论和口号中,也体现在联合国于 1948 年所签署的《世界人权宣言》中。德沃金对自然权利理论做了精辟分析,他认为所有权利只能落实到个人权利。"个人权利是个人手中的政治护身符。当由于某种原因,一个集体目标不足以证明可以否认个人希望什么,享有什么和做什么时,不足以证明可以强加于个人某些损失或损害时,个人便享有权利。"①在西方一些学者看来,20世纪的人权理论直接继承了关于自然权利的自由主义理论,实际上许多人是互换着使用"人权"和"自然权利"这两个概念的。② 不过,人权概念更为宽泛、更为抽象,它是人之作为人必须享有的、不受特定时代、地点与环境制约的权利,在理论上不依赖于特定的法律,而且超越特定法律之上,因此具有最高的正当性。《牛津法律大辞典》认为,除了理论界的呼吁之外,要求自然权利的主要价值还在于试图阐述保护体制,即在一个良好秩序的社会中,许多人都希望在思想上理论上得到安全和受到保护。"在现代,人们关注的焦点为实在法应予保护的公民权利和自由,或者更为广泛的人权。"③

第二,关于平等权利。平等权利是个人作为人而不是作为社

---

① 〔美〕罗纳德·德沃金:《认真对待权利》,信春鹰、吴玉章译,上海三联书店 2008 年版,第 7 页。

② 参见〔英〕戴维·米勒、韦农·波格丹诺:《布莱克维尔政治学百科全书》,邓正来等译,中国政法大学出版社 1992 年版,第 337 页。

③ 〔英〕戴维·M.沃克:《牛津法律大辞典》,李双元等译,法律出版社 2003 年版,第 790 页。

会实践的成员所拥有的最基本的道义权利。尽管在实践中对于平等有许多特殊的情境，需要一一进行考量，但从人是目的而不是手段这一康德原则出发，人在人格和道义上的平等却是天经地义的。平等的思想与自由的思想一样源远流长，古典自由主义者政治主张的出发点就是人人生而平等。在他们看来，上帝造人，赋予人们相同的生命和器官，赋予人们同样的生命和灵魂的气息，人与人之间的所有差异都是人为造成的，都是社会的，即后天的产物。洛克认为："同种和同样的人们既毫无差别地生来就享有自然的一切同样有利条件，能够运用相同的身心能力，就应该人人平等。"①卢梭则认为，构成全部社会体系的基础就是，"基本公约并没有摧毁自然的平等，反而是以道德的与法律的平等来代替自然所造成的人与人之间的身体上的不平等；从而，人们尽可以在力量上和才智上不平等，但是由于约定并且根据权利，他们却是人人平等的。"②他还指出，一切立法体系最终目的"可以归结为两大主要目标：即自由与平等。自由是因为一切个人的依附都会削弱国家共同体中同样大的一部分力量；平等，是因为没有它，自由便不能存在"③。托

---

① 〔英〕洛克：《政府论》（下篇），叶启芳、瞿菊农译，商务印书馆 2007 年版，第 3 页。

② 〔法〕卢梭：《社会契约论》，何兆武译，商务印书馆 2008 年版，第 30 页。

③ 同上书，第 66 页。法国哲学家皮埃尔·勒鲁认为，在卢梭的著作中，平等几乎构成了一种完整的学说。"卢梭的每一篇著作都建立在人类平等的基础之上；因为在他看来，公民的平等本身，只是人们自然平等的一种形式和必然结果。因此，正当卢梭精神传播到人民中间，并为我们定下法律的时候，由全体人民大声说出的平等这个词就成为一种原则、一种信条、一种信念、一种信仰、一种宗教。"参见〔法〕皮埃尔·勒鲁：《论平等》，王允道译，商务印书馆 1988 年版，第 21 页。

克维尔认为:"在这同一时期中,对平等的酷爱始终占据着人们的内心深处,它是最先征服人心的;它与我们最珍贵的感情连在一起。"[①]1776年美国《独立宣言》这样写道:"我们认为下面这些真理是不言而喻的:人人生而平等,造物主赋予他们若干不可剥夺的权利,其中包括生命权、自由权和追求幸福的权利。"[②]可见,平等是人权的核心内核之一,它本身是一项人权,同时又体现于一切其他人权之中,是其他人权之所以成为人权的根本。任何权利如果不是一项平等权利或者不具备平等这一特征,那么就只能是特权、是歧视,而不是人权。

自由主义者强调权利的平等、形式的平等,但不接受实质的平等,在他们看来,平等指的是在人格尊严上得到同等对待和在权利享有上得到公平分配。比如,奥地利经济学派的代表人物路德维希·冯·米瑟斯认为,要想把人变得真正平等起来,这是依靠人的一切力量都办不到的事情。人与人之间本来就是不平等的,而且还将不平等下去。真正理智、清醒并且合乎目的的处理方法就是争取了法律上平等待人。"自由主义并不奢望得到比这更多的东西,因为,超出这个范畴以外的东西是不存在的,因而也是不可能得到的。人们不可能把黑人变成白人,因为它超出了人的能力范围。但是,人们可以赋予黑人同白人一样的权利,从而使他们能够

---

① 〔法〕托克维尔:《旧制度与大革命》,冯棠译,商务印书馆2013年版,第245页。
② 董云虎:《人权大宪章》,中共中央党校出版社2010年版,第3页。

像白人一样同工同酬,多劳多得。"①

　　第三,关于权利本位。一般来说,对于权利本位有两种理解:一是指权利与权力之间的关系,二是指权利与义务之间的关系。②这里论及的权利本位,是基于第一种理解,即在处理个人权利与国家权力之间的关系时,以个人权利为本位。洛克认为,国家不是个人权利的创造者,而是个人权利的捍卫者,是个人合意授权的产物。个人权利先于国家权力,国家权力是个人合意的让渡。政府的目的是为人民谋福利,如果政府侵犯人民的财产,使他们自己或社会的任何部分成为人民的生命、权利或财富的主人或任意处分时,他们就背弃了他们所受的委托,人民就有反抗政府的权利。卢梭认为,政治结合的目的是为了它的成员的生存与繁荣。行政权力的受让者绝不是人民的主人,而只是人民的官吏;只要人民愿意就可以委任他们,也可以撤换他们。霍布豪斯认为,由于政府是个人出于某种目的而建立的机构,因此人民是主权者,政府则是人民的代表。"政府的功能是受限制的,可以限定的。这就是:按照社会条件的许可准确地保护人的天赋权利,其他什么都不能做。任何进一步使用国家的强制性力量的行为都是属于违背政府据以建立的协议的性质。"③总之,自由主义认为,国家机器的任务只有一

────────────

　　① 〔奥〕路德维希·冯·米瑟斯:《自由与繁荣的国度》,韩光明等译,中国社会科学出版社1995年版,第69—70页。

　　② 比如,张文显认为,"权利本位"是现代法哲学的基石范畴。他从权利与义务之间的关系来进行论述,即权利是第一性的因素,义务是第二性的因素,法是或应当是以权利为本位,而不是或不应当是以义务为本位。参见张文显:《权利与人权》,法律出版社2011年版,第61—65页。

　　③ 〔英〕霍布豪斯:《自由主义》,朱曾汶译,商务印书馆2005年版,第27页。

个,这就是保护人身安全和健康,保护人身自由和私有财产,抵御任何暴力侵犯和侵略。一切超出这一职能范围的政府行为都是罪恶。① 在米瑟斯看来,一旦人们放弃了不允许国家机器干涉任何私人生活的原则立场,那么国家就势必会对个人生活的每个细节制定规则,实行限制。个人自由就会因此被剥夺,个人就会变成集体的奴隶,成为多数人的奴仆。

可见,这种权利本位论的鲜明特征是,对个人自由的极端重视,对私人财产的无限尊崇。它从个人角度出发,确保程序上的正义,而不是寻求实质上的正义。正如罗斯科·庞德所说,它如此热衷保持于保障个人之间竞赛的公平,而疏于为社会提供保障;它依赖于个人的主动性去实施法律、维护权利,而不是通过国家的积极行为来实现实质正义。这种个人主义和程序正义的思想,成为普通法的重要特征。②

第三节　自由主义人权思想的基本特征

通过以上的分析可以看出,自由主义人权思想的实质就是将个人视为一个独立的、自由的不依附于任何组织的主体,个人拥有自己的权利和义务,政府适用权力必须受个人权利的制约,基于组

---

① 参见〔奥〕路德维希·冯·米瑟斯:《自由与繁荣的国度》,韩光明等译,中国社会科学出版社1995年版,第90页。
② 参见〔美〕罗斯科·庞德:《普通法的精神》,唐前宏等译,法律出版社2001年版,第9页。

成社会的人们的同意。自由主义对理性的弘扬和对人性的尊重，使得人权思想从涓涓细流汇集为汪洋大海。

自由主义人权思想虽然确立了西方人权思想的主要传统，但是自由主义本身并不是一个严丝合缝的思想体系。可以说，自由主义是关于国家、社会和人本质的理解，是一些基本价值的最小公分母，诸如对个人尊严和价值的尊重、对个人权利和利益的保护、对法治的信仰，等等。这些基本价值必然会反映到社会生活的方方面面。比如，在经济上，倡导发挥市场的基础作用，仅在国家调控能产生无可争议的益处时才让其介入；在政治上，强调个人自由和权利平等，用民主法治来管理国家和社会事务；在伦理上，要求尊重个人的人格和尊严，反对以国家和群体利益为理由来牺牲个人价值。这些基本原则和价值彰显了对人的尊重，促进了人权理论与实践的发展。

建立一个体系要比批判一个体系困难得多，缺憾和不足往往是思想理论体系的伴生物。一种思想体系所具备的主要特征往往既反映其理论品性，又体现出自身的局限，成为被关注和评论的重点。自由主义人权思想也不可避免地在哲学和现实中暴露出一些矛盾，显示出在理论和实践上的一些缺陷，从而遭到了社群主义、国家主义、马克思主义等的诸多批评，本书将在后面的章节进行详细论述。在这里，主要强调以下几个方面。

一、人权思想的抽象化

如前所述，自由主义人权思想的形成需要由单个人的概念演化出一般的、抽象的人的概念。但是由于人权的主体——人的意蕴的分裂,如果强调一般人的概念,则因太抽象了而缺乏现实性;如果强调单个人的概念,则因太具体了而缺乏普遍性。这便形成了关于人权主体的一种悖论,许多思想家的论述在这两者之间飘移不定,也有一些学者对这种抽象的"人"和抽象的"权利"进行了严厉批评。

一是人权主体的抽象化。"我见过意大利人、西班牙人、英国人、法国人,但我从不知道什么是普遍意义的人",法国保守主义者约瑟夫这样写道。英国保守主义者埃德蒙·伯克对1789年法国大革命进行了反思,他认为社会是人为的而不是自然的,权利并非是普遍的或绝对的,权利不属于抽象的人,而属于不同社会具体的人,具体的人会随着社会环境、传统和法律权利的变化对自己进行"不断地调整"。因而法国《人权和公民权宣言》中的普遍人性是一种虚构;现实的人性"恰是由许多不同种类的人"所组成。① 这些学者都从具体人权的角度对自由主义人权的抽象化提出了批评。在他们看来,人权可以当作一个多义词,它包括欧洲人权、美洲人权、亚洲人权、非洲人权等多种含义。虽然人权这个词是通用的,但是权利却是具体的。英国学者克利福德·格尔茨的观点具有代表性,他曾写道,在爪哇,人的含义指的是爪哇人,人的含义所指的并非所有的人,而是某个具体的人。因此如果存在人权,那么

---

① 参见〔美〕科斯塔斯·杜兹纳:《人权的终结》,郭春发译,江苏人民出版社2002年版,第107、165页。

它们就是具体人的权利。①

二是人权本质的抽象化。自由主义者认为,如果权利谋求的是统一人们的重大差异的话,抽象的过程是必要的。伯克对这种基于自然权利的"形而上学的抽象"人权提出了质疑。他认为,权利抽象的完美性是权利在实践中的缺陷,没有食物和药物,谈论抽象的人权有什么意义呢?问题的关键在于如何取得和实现权利。从这意义上说,他一般会建议寻找农民和医生的帮助,而非形而上学的教授。在他看来,社会决定了人性的内容,每个社会都会塑造具有社会特征的人,特定的历史、传统和文化造就了唯一有效的权利。因此人的普遍权利是不存在的,即便存在,也是没有意义的。伯克不去阐述一种关于抽象权利的理论,而是用一般的形式把他关于权利得以发生的社会结构的想法阐释出来。② 社会学的创始人奥古斯特·孔德也不赞成法国大革命所揭橥的自由、平等、人权的原则。他认为,人权精神强调了人权主张,对推翻封建专制和摧毁神权神话的确起了一定的作用,但是人权却无法建立起实证的范畴来填补这个空白;所谓的自由原则实际上都只是一种"学说"而已,只不过是把神学发展成为实证主义罢了,例如良心自由的学说,它仅仅是一种抽象的表达(形而上学);再比如说临时政府的极大自由,也只是腐朽的神学哲学残存下来的思想。③ 孔德反对自然

① 参见〔美〕R.J.文森特:《人权与国际关系》,凌迪等译,知识出版社1998年版,第52页。
② 参见〔美〕乔治·萨拜因:《政治学说史》(下卷),邓正来译,上海人民出版社2010年版,第304页。
③ 参见〔美〕科斯塔斯·杜兹纳:《人权的终结》,郭春发译,江苏人民出版社2002年版,第121—122页。

权利和个人主义,把"为他人而活着"作为实证主义的箴言、人类教的最高教义、人类社会关系的主要准则。按照他的意见,义务是行为的常规,是理性对每一个人的要求。每一个人有应尽的义务,并对所有人负有义务,但不存在权利。权利观念是错误的、不道德的,因为它是以"绝对的个人"为前提的。①

以上论证的实质是如何看待个人与社会的关系问题。对这一问题,一般来说有两种观点:一是认为个人是一个独立存在的现实,社会只不过是一个原子式个体的集合;二是认为社会是一个整体,个人仅仅是这个整体的一部分。汤因比认为以上两种观点都不正确,真理似乎是:"人类社会本身就是一种关系系统,人类不仅是个体而且是社会动物,在这个意义上,他们脱离了与其余部分的关系是无法生存的。我们可以说,一个社会就是个体之间关系的产物,他们的关系来源于个体行为场所的一致性,这种一致性把个体场所结合成一个共同场所,这个共同场所就是我们所说的社会。"②在汤因比看来,社会的存在有赖于个人的活动,个人也无法脱离社会而存在。只有通过与他人的交往,人类才能表现和发展自身的个性。一些自由主义者在论述人权时,总是抽象地论证每一个个人应当被赋予这样那样的权利,他们往往对社会实践方面的人权论证不以为然。杜威曾指出,这种理论上的偏执是讨论人权的一个主要麻烦:"政治理论得重新调整方向,以便探求个人可

---

① 参见王养冲:《西方近代社会学思想的演进》,华东师范大学出版社 1996 年版,第 44 页。

② 〔英〕阿诺德·汤因比:《历史哲学》(上卷),郭小凌等译,上海人民出版社 2010 年版,第 211 页。

以获得财产的途径,这样他可以行使财产的所有权,而不是继续空洞而又抽象地去做理论文章,说明每个人都应该被赋予拥有财产的权利。"杜威认为,我们越多地关注权利的实施,越少地对人权的地位与作用作抽象的思考,那么就越会对我们有好处。[①]

二、人权内容的片面化

从自由主义的角度出发,西方人权观念注重个人的公民权利和政治权利,即卡雷尔·瓦萨克所指出的"第一代人权"。这些权利主要体现在《公民权利和政治权利国际公约》中,包括个人的生命权、人身自由和安全权、私有财产权、参政议政权以及言论、出版、集会、结社自由权和思想、良心和宗教自由权等。这些权利被称为"消极权利",其最主要的共同特征就是对政府权力的限制和对个人权利的推崇。这些权利既与个人主义原则密切相关,又是自由主义原则的合理推论。可以说,这些权利的哲学基础就是自由主义。

但是,这种自由主义的人权观极少涉及卡雷尔·瓦萨克所指出的"第二代人权"即"经济、社会和文化权利"和"第三代人权"即"社会连带权利"。美国法学家亨金在比较了《经济、社会和文化权利国际公约》与《公民权利和政治权利国际公约》后认为,这两者有重要区别:后者规定充分尽速得到实现,而前者则只要求国家采取

[①] 参见〔美〕郝大维、安乐哲:《先贤的民主——杜威、孔子与中国民主之希望》,何刚强译,江苏人民出版社 2004 年版,第 147 页。

步骤"尽最大的能力"逐步实现这些权利。甚至连法律规定的语气和措辞也有微妙的而且是故意造成的区别。《公民权利和政治权利国际公约》全部都采用"个人享有的权利"这种提法;而《经济、社会和文化权利国际公约》使用的措辞是国家的行为(或义务),不是个人的权利,这些权利具有集体权利的倾向,其实现取决于国家的计划政策,取决于这些计划政策是否成功。① 正是因为有这些区别,一些西方学者认为只有公民权利和政治权利是人权,而经济、社会、文化权利不属于人权。如英国学者莫里斯·克莱斯顿认为,生命、自由和财产这些公民和政治权利是"普遍的、最高的和绝对的道德权利";但是,经济和社会权利既没有普遍性和实践性,也没有最高的重要性,而"属于不同的逻辑范畴"——这就是说,它们不真正是人权。克莱斯顿还认为,公民权利和政治权利是比较容易实现的,可以通过立法来保障,而经济和社会权利基本上不能仅仅通过立法来保障;把公民权利和政治权利转变为积极权利并没有什么特别的困难,而实现许多经济、社会和文化权利在大多数国家是绝对不可能的。② 一些西方学者特别反对第三代人权的思想,认为集体人权不是一种权利,仅是一些人或一些国家的利益上的要求。他们还认为,集体人权思想可能会导致过分强调社会责任,当拥有第三代人权的集体是国家时,政治滥用的危险就特别大。③

---

① 参见沈宗灵等主编:《西方人权学说》(下),四川人民出版社 1994 年版,第 500—501 页。

② 参见〔美〕杰克·唐纳利:《普遍人权的理论与实践》,王浦劬等译,中国社会科学出版社 2001 年版,第 31—32 页。

③ 参见徐显明主编:《国际人权法》,法律出版社 2004 年版,第 7—8 页。

第二代人权又称为"积极权利",即权利的实现要求政府采取积极的措施和步骤,保证人们真正有可能获得实质性的社会和经济利益。这显然是与自由主义原则有所冲突的。在政治方面,自由主义主张个人自由和个人权利,并以个人的自由权对抗公权力的干涉。在经济方面,自由主义坚信经济的自由放任,强调竞争原则,主张政府对经济和社会的尽少干预。正如哈耶克所说,国家对经济活动的管制,其无意识的后果必然是集权主义。因而他主张以个人主义和古典自由主义的自由放任之路来取代通向集权主义的奴役之路。① 他强烈反对凯恩斯主义,认为它主张国家干预经济,而这破坏了市场机制的作用。正因为如此,自由主义向来漠视第二代和第三代人权观。在西方自由主义人权观念中,经济、社会和文化权利向来都不是考虑的主要因素。

应当看到,《世界人权宣言》《公民权利和政治权利国际公约》《经济、社会和文化权利国际公约》这些国际人权文件包含了广泛的权利,这些权利构成了一个相互依赖、相互作用、不可分割的人权保障体系,所有人权都应被视为同等重要。正如杰克·唐纳利所指出的,实现人的尊严是人权的目标,对于任何人权的侵犯都阻碍着人们实现一种具有充分的人的尊严的生活——即使人们不能享有一种有价值的人的生活所需要的起码条件,从这个意义上来说,所有的人权都是"基本权利"。②

---

① 参见〔英〕哈耶克:《通向奴役之路》,王明毅、冯兴元等译,中国社会科学出版社1997年版。

② 参见〔美〕杰克·唐纳利:《普遍人权的理论与实践》,王浦劬等译,中国社会科学出版社2001年版,第42页。

三、人权价值的普遍化

自由主义人权思想的理论前提是抽象的、非社会的个人。从此角度出发,自由主义要求对任何人本质的一致认同,任何人都必须享有一致的权利。自由主义人权观念或许并不否认不同的社会地位、经济环境及文化特征对人们的思维与行为方式所产生的影响,但从根本上说,它强调人权价值的普遍性:"这种价值观念适用于所有的人,不管哪个阶级、哪个个人都赞成并实践这种价值,即它具有普遍适用性;这种价值观念适用于任何社会,不管哪种社会形态都存在并适用这种价值,即它具有永恒性。"①概括起来,当代自由主义者主要从四个方面来论述普遍人权理论。

一是"共同人性论"。这种观点认为,人具有客观性的本质,有一致的特征,人类生来就享有自然法所赋予的权利,即所谓"天赋人权",只要人一诞生,就有超越文化、超越国家和民族应该享有的人权,这些权利是普遍的,不因时间、地点的变化而改变。看起来,共同人性似乎是无法否定的,正所谓"只要是人,他就应该有人权"。从人的自然性及其与其他物种的区别来看,说有某种共同的人性也无大错,但人的真正本质在于其社会性,其价值追求不仅是其自然性的反映,而且是其社会性的表现。人权虽然具有普遍价值,但人权总是具体的、社会的。人是在社会中进行生产和生活的,脱离社会的个人无法生存。由于人们在社会关系中的地位不

---

① 参见"关于'普世价值'的若干问题",载《求是》2008年第22期。

一样,追求的利益也不一样,所以不同的人对同一种事物的价值判断必然也是不同的。

二是"最低标准论"。这种观点认为,人权体现了"最低道德标准",是作为人必须享有的最低限度的权利,因此具有普遍适用性。哈贝马斯认为,基本权利之所以带有一种普遍有效性要求,是因为它们只能从道德的角度获得论证。这些论据论证了确保这些规则为何符合所有人的利益,这些规则为何对每个人都有好处。① 西方许多学者都认同这种"最低道德标准"或"最低限度人权"观点。除上文提到的罗尔斯外,英国法学家米尔恩就是其中有代表性的一位。他在《人的权利与人的多样性——人权哲学》一书中认为,人类生活并非千篇一律,不同的文化和文明随处可见。一种恰当的人权观念,应当认真对待这种多样性,而不应像《世界人权宣言》那样仅以西方社会的制度和价值为前提。他认为,人权是一种道德权利,不是政治权利,应包括生命权、公平对待的公正权、活的帮助权、不受专横干涉的自由权、诚实对待权、礼貌权、儿童受照顾权七项基本权利。这是一种作为最低限度普遍道德权利的人权。"这个标准在消极方面,要求人不能仅仅当作手段;在积极方面,则要求全人类在一切交往中始终遵循共同道德原则。所以,我们将共同道德不仅仅在作为每个共同体实际道德一部分意义上,而且是在适用于一切人类而不论其为何种人、属于何种共同体和联合

---

① 参见〔德〕哈贝马斯:《包容他者》,曹卫东译,上海人民出版社 2002 年版,第219 页。

体的意义上,当作一种具有普遍意义的道德。"①在米尔恩看来,正因为这一人权标准体现了最低限度的道德,它应该不拘泥于任何特定的生活方式、特定的道德,以及特定的制度、信仰和价值,因此它应该是普遍适用的。米尔恩在该书中力图弄清人权概念的意义和局限,他说:"试图让人权概念的负荷超重,是错误的。不过否认人权概念能够有所担当,将它视为一个空洞无用之物而不予理睬,也是不对的。"②

美国法学家哈特也提出了"自然法最低限度内容"的概念。他认为,如果的确有道德权利,那么起码存在着一种人人享有自由的平等权利。"如果没有这些内容,法律和道德就不能推动人类在群体生活中自我保存这个最基本的意图。缺少了这内容,人类事实上就没有理由自愿去遵守任何规定;如果没有基于共同利益而自愿维系的合作规则,也就不可能强迫那些不愿意遵守的人去服从。"③还有一些学者划出了一条任何人都应享有的基本权利或核心权利的标准,如生存、安全和自由等。享有这些权利是享有所有其他权利的先决条件,因此,它应是普遍适用的。

三是"最高标准论"。这种观点认为,人权的内容不仅仅详细说明让每个人生活在某一基本水平之上所需的条件,而且还详尽列举了实际合理性的一切必要条件,这些条件使得人类的繁荣昌

---

① 〔英〕A.J.M.米尔恩:《人的权利与人的多样性——人权哲学》,夏勇、张志铭译,中国大百科全书出版社 1995 年版,第 153 页。

② 同上书,第 211 页。

③ 〔英〕哈特:《法律的概念》(第二版),许家馨等译,法律出版社 2006 年版,第 180 页。

盛成为可能。英国法学家约翰·芬尼斯表达的就是这种观点。他认为,人权表达的是"实践理性事实上的全部需要"。实践理性原则即通过把本性和理性连为一体来实现获取"人类繁荣兴旺"所需基本物品的目标原则。这些基本物品包括生命、知识、游戏、美感、社交和宗教。① 可见,人权在芬尼斯眼里只是自然权利在当代的一种表达方式,是一套扩大的权利范畴。这一观点认为,当今世界人权标准的逻辑起点是一系列世界人权公约,而不再是自然权利的思想。

四是"西方中心论"。这种观点认为,只有西方文化背景下的人权才是可以而且应当普及的人权,绝大多数非西方文化和政治传统不仅缺乏人权实践,也欠缺人权概念。② 一些西方学者有一种天然的种族优越感,认为西方的观念和制度具有明显的优越性,诸如理性、科学、人权等普遍信仰应当为全人类所共同遵循。比如,德国《青年世界报》一篇文章指出,多年来美国每年发布人权报告评判他国,却自以为是地忽略自己国内的人权状况。"大多数美国人深信美国始终站在天使一边,因此根本不可能做错事。这种自信还包括,认为美国是一个特殊国家,上帝赋予其为世界带来美国式自由市场经济和民主的使命('天定命运')。在必要情况下也

---

① 参见〔美〕R.J.文森特:《人权与国际关系》,凌迪等译,知识出版社 1998 年版,第 42—43 页。

② 参见〔美〕杰克·唐纳利:《普遍人权的理论与实践》,王浦劬等译,中国社会科学出版社 2001 年版,第 52 页。

可以使用炸药和火炮。"①不难看出,所谓"国际通行"的普世价值观,其实就是指西方资本主义国家的价值体系,就是指西式的民主、自由、人权、平等、法治等,由于采用了"普世"的说法,看上去较容易占据道义的制高点。

这种人权价值普遍论的观点遭到了文化相对主义者的质疑。在他们看来,文化决定因素在人权问题方面,特别是在人权的地位与内容方面显得极其重要。人权虽然有普遍性的一面,但是世界上存在着多元文化,而这些文化都创造了它们自己的价值观,西方的价值观并不是得到普遍认同和适用的。比如,美国学者亨廷顿认为,普世主义是西方对付非西方社会的意识形态,普世文明的概念是西方文明的独特产物,这一思想在其他文明中几乎得不到支持。现代化并不一定意味着西方化,非西方社会在没有放弃它们自己的文化和全盘采用西方价值观、体制和实践的前提下,能够实现并已经实现了现代化。他说:"西方化几乎是不可能的,因为无论非西方文化对现代化造成了什么障碍,与它们对西方化造成的障碍相比都相形见绌。"②文森特指出,在考察普遍人权时应注意两点:第一,在西方之外还有一个世界。地球的大部分既不是西欧,也不是北美,更不是澳大利亚。尽管地球由于西方文化在过去称霸了几世纪之久,其中一部分可能在某种程度上已经西化了,但是这种情况并不能抹杀西方世界同非西方世界之间的差别。第二,

---

① 〔德〕赖纳·鲁普:"美国的双重道德标准",载德国《青年世界报》2013年4月27日。参见《参考消息》2013年4月28日。

② 〔美〕塞缪尔·亨廷顿:《文明的冲突与世界秩序的重建》,周琪等译,新华出版社2010年版,第57页。

非西方世界并不一定同意西方的价值观。从欧洲帝国霸权中诞生的那些先进的国家已开始重视世界政治中的多元价值,并且在重新发掘土著文化的深厚根基。① 文森特试图找到一个平衡点,既坚持人因其本性所应享有的人权,又承认这些权利的存在、内涵和重要意义是有争议的。

西方国家的一些官员也对西方人权价值的普遍性表示怀疑。法国前外长韦德里纳与法国国际和战略关系研究所所长博尼法斯联合出版的《全球地图册》一书中,就谈到了人权、自由和民主等普世价值问题。他们表示,在撰写此书过程中尽量避免"传统的欧洲—西方中心论",尽可能客观真实地表现不同国家和地区的追求和关切。韦德里纳在一次法国国际关系学者的交流研讨会上坦言:"我一直坚信和捍卫这些价值,但我不无伤感地告诉您,西方世界10亿人口在全球60亿人口中占少数,我们认定的'普世价值'未必真的就是'普世',其中有的被其他国家接受,有的却未必,现在我们没有理由也没有能力强迫别人接受我们的价值观。"②美国前总统卡特则批评美国存在基督教原教旨主义倾向,在反恐怖主义名义下践踏人权,放弃环保责任,不与地球上赤贫的人分享财富,一句话,美国并非处处按"普世价值"行事。他感叹道:"我们的国家已经背弃了具有历史意义的人权卫士领导角色,而且高层官员极力为这种背

---

① 参见〔美〕R.J.文森特:《人权与国际关系》,凌迪等译,知识出版社1998年版,第50页。

② 参见杨明:《法国学者的新视角》,新华社2008年4月5日电。

道而驰的行为作法律辩护，这是多么令人尴尬的悲剧！"①

后现代主义的一些思想家也对超验和形而上的人权话语提出了批评。如美国哲学家罗蒂认为："道德原则不过是对某些经验的总结方式而已。……没有任何声明能既有革命的政治含义，同时又是不言而喻的真理。"②"我们应当摒弃西方特有的那种将万事万物归结为第一原理或在人类活动中寻求一种自然等级秩序的诱惑。"③在罗蒂看来，人权学说不能为任何想象可靠的基础理论所证明，不存在任何形而上学的普遍人权理想和人权学说，因为人权仅仅是基于西方文化的产物，是偶然性的价值与信仰，那种对基础理论的过分迷恋势必要付出扭曲人类主体的代价。当然，在他们看来，所谓人权问题不是要不要人权的问题，而是如何看待人权的问题。④

此外，一些西方学者对自由主义思想本身的缺陷提出了批评。如英国的安东尼·吉登斯认为，新自由主义最主要的挑战是它的两个同等重要的组成部分——市场原教旨主义和保守主义之间存在的张力："一方面钟情于市场，另一方面又寄托于传统的家庭和民族，这是一种自相矛盾的处境。……市场的动力机制削弱了传

---

① 〔美〕卡特：《我们濒危的价值观：美国道德危机》，西北大学出版社 2007 年版，第 114 页。

② 〔美〕罗蒂：《后形而上学希望》，张国清译，上海译文出版社 2003 年版，第 333—334 页。

③ 〔美〕罗蒂：《哲学和自然之镜》，李幼燕译，生活·读书·新知三联书店 1987 年版，第 14 页。

④ 参见王立峰：《人权的政治哲学》，中国社会科学出版社 2012 年版，第 16 页。

统的权威结构并瓦解了地方共同体；新自由主义制造了新的风险和新的不确定性，而它却要求公民们忽视它们。"①法国的雷蒙·布东则将自由主义归结为"堕落效应"，比如，自由主义市场经济以"效率"为名带来的不公正和不平等，民主社会会产生"庸俗化"的倾向，市场的力量会导致学术、艺术、文化的"实用化"，等等。②

汤因比在分析了人类文明的发展历程并对东西方文明的碰撞进行了研究后认为，社会性乃是人类的固有属性，因此，所有人类社会都是包罗万象的。"世俗化的现代西方文明近来在经济、技术领域具备了一种事实上的普适性，在政治和文化领域却没有获得相应的成功。"③同时代文明的碰撞往往给双方都带来了混乱，西方自由主义思想不断遭到各方的质疑与重构。从这一意义上讲，西方人权思想源自自由主义传统，也是在对自由主义的批评与完善中变得更加纷繁复杂。

---

① 〔英〕安东尼·吉登斯：《第三条道路——社会民主主义的复兴》，郑戈译，北京大学出版社、生活·读书·新知三联书店 2000 年版，第 16 页。

② 参见〔法〕雷蒙·布东：《为何知识分子不热衷自由主义》，周辉译，生活·读书·新知三联书店 2012 年版，第 85—93 页。

③ 〔英〕阿诺德·汤因比：《历史研究》（下卷），郭小凌等译，上海出版社 2010 年版，第 688 页。

第二章　社群主义人权思想

社群主义（communitarianism）在西方文化中有着悠久的传统,[①]在当代的实践研究是从 20 世纪 70 年代开始的。从哲学理论上看,社群主义是在批评新自由主义的过程中发展起来的,因此在理论范式、基本观点和方法论上都与新自由主义形成了鲜明的对照。新自由主义强调"权利政治学",社群主义则倡导"公益政治学"。双方争论的焦点在于:是个人权利优先? 还是公共利益（universal good,即普遍的善）优先? 概而言之,社群主义思想主要体现在两个方面:一是全力阐明这样一种观点,即自由的个人主义无论是作为一种经济理论或政治理论,还是作为一种认识论,都在根本上误解了个人与其社会存在之间的关系;二是努力揭示当下社会的社群观,强调道德共同体的价值高于道德个体的价值,并强调社会、历史、整体和关系等非个人因素在人类道德生活中的基础性和必

[①]　据考证,法国社会学家埃米尔·涂尔干（Emile Durkheim,又译杜尔克姆、杜克海姆等）在 1887 年就正式使用了这一概念,并且断定道德理论将围绕自由主义和社群主义两种极端的立场而展开。参见俞可平:《社群主义》,中国社会科学出版社 2005 年版,第 152 页。俞可平在该书中对社群主义有全面的论述,本书参照了其部分观点,不一一注明出处。

然性意义。[①] 在西方政治思想界,自由主义与社群主义之间的争论,显示的是近代以来西方主流政治思想与非主流政治思想之间的思想张力。这种张力,是西方政治思想与西方社会互动而能够保持其活力的象征;这种张力,反映在人权思想上,则使得人权的价值观与方法论更加丰富多彩。

第一节 从新自由主义到社群主义

社群主义与自由主义的论争,是西方文化的当代处境的产物,它具有自己特殊的知识渊源与现实基础。俞可平认为,从知识渊源上讲,社群主义的出现既与亚里士多德以来就存在于西方思想传统中的社群观点有密切的联系,又与对新自由主义的反驳相关。从社会背景上看,则既是对于西方国家的国家弱化的一种理论反弹,又是对于曾经在西方政治生活中发挥过重大作用却逐渐衰落的中间性社群进行重建的诉求的反应,更是 20 世纪 60 年代兴起的新社群运动的理论回应,以及对于 70 年代兴起的新人权运动的理论总结。[②] 这些特殊的文化环境因素,是构成社群主义批评自由主义的理论与实践条件,也成为社群主义人权思想形成的时代背景。

在开始讨论之前,首先应区分两组概念。一是"社群"(commu-

---

① 参见〔英〕哈耶克:《自由秩序原理》(上册),邓正来译,生活·读书·新知三联书店 1997 年版,代译序,第 44 页。

② 参见俞可平:《权利政治与公益政治——当代西方政治哲学评析》,社会科学文献出版社 2000 年版,第 255—257 页。

nity）①与"社会"（society）。在社会学理论中，社群的概念有悠久的历史，它大体上与一种特定的意识形态世界观联系在一起，与社会是两个完全不同的概念。德国社会学家斐迪南·滕尼斯认为，社群与社会彼此对立：社群的类型主要是建立在自然的基础之上的群体（家庭、宗教）里实现的。"社群是一种持久的和真正的共同生活"，是"一种原始的或者天然状态的人的意志的完善的统一体"，社群能为个人提供道德源泉。与此相反，社会产生于众多的个人的思想和行为的有计划的协调，个人预计共同实现某一种特定的目的会于己有利，因而聚合一起共同行动。"社会的基础是个人、个人的思想和意志。在人类的发展史上，社会的类型晚于社群的类型。"②因此，社群的概念意味着一种强烈的地点、接近和整体感，而社会则意味着碎片化、疏异和距离。英国学者杰拉德·德兰蒂认为，社群和社会的区分在很多方面都是与结构和动因的区分相对应的。社群表达了情感需求以及团结、信任与自主的要求，意味着更强烈意义上的动因的自主；社会则是与现代性的消极方面（理性化、个性化、工业主义、去魅）相联系的，意味着客观化和僵化的社会结构使动因异化。他认为，今天人们面临着作为一种社会性和全球性想象的社群的回归，因此必须从社群的角度来解释社会领域，社会的概念是民族国家的领域，而社群则可以指更为超越和

---

① "社群"一词的原文是"community"，国内也有学者译为"共同体"。本书采用"社群"的概念，但为了引文的规范，在不引起歧义的前提下，"共同体"与"社群"的概念交替使用。

② 参见〔德〕斐迪南·滕尼斯：《共同体与社群——纯粹社会学的基本概念》，林荣远译，北京大学出版社 2010 年版，第 2 页。

难以捉摸的东西。①

二是"社群"与"个人"(individual)。在政治哲学中,这两者构成了两个彼此联系又相互对立的概念。社群主义和保守主义常常注重社群的观点,个人主义和自由主义则常常强调个人的观点,两派之间的争论在政治思想史上屡见不鲜。菲利普·塞尔兹尼克将20世纪80年代社群主义对自由主义的批判称为新社群主义运动。他认为,新社群主义运动主要是对三个重要发展的回应。它最初是哲学家之间的一场论战,由阿拉斯戴尔·麦金太尔的《追寻美德》和迈克尔·桑德尔的《自由主义与正义的局限》挑起,这些以及其他著作批判了自由主义的假设,尤其批判了政治与经济的自由主义,以及人民可以随时按照自己的意愿摆脱无法选择的依附和义务这一论断。社群主义和自由主义的论战很快成为学院派的社会和道德哲学的主要内容。新社群主义的第二个来源,与政治问题联系比较密切,是对20世纪80年代美国和英国政府的里根和撒切尔夫人时代的一种回应。这些领导人完全放纵资本主义,鼓励对政府的不信任,并对所有问题的市场解决方法抱有强烈的偏好,这种思想导致了社会责任的倒退。新社群主义的第三个来源,是福利国家的忠实支持者对福利国家越来越感到不安,开始重新思考福利国家的道德和政治假设,意识到为自由和社会连带、权利和责任辩护的必要,其核心主题是提升个人和社会的责任。② 这里重

---

① 参见〔英〕杰拉德·德兰蒂:《现代性与后现代性:知识、权力与自我》,李瑞华译,商务印书馆2012年版,第174—177页。

② 参见〔美〕菲利普·塞尔兹尼克:《社群主义的说服力》,马洪等译,上海世纪出版集团2009年版,第5—6页。

点讨论哲学家论争的情况。

1971 年,美国哲学家约翰·罗尔斯发表了《正义论》一书。此后,罗伯特·诺齐克的《无政府、国家与乌托邦》和罗纳德·德沃金的《认真对待权利》等新自由主义哲学著作相继问世。无论是罗尔斯、诺齐克还是德沃金,他们的哲学论辩方式基本上都是一种以"个人权利"(或个人自由)为核心概念、以制定社会公共道德规范为理论宗旨的"社会契约论式"的伦理学论证。他们在具体的观点上不尽相同,但都反对把功利作为唯一的价值,也反对社会功利原则的最大化。他们以权利价值取代功利价值,并将权利视作一种反映个人利益要求的个人价值,强调个人权利的正当性和绝对优越性。他们认为,个人是社会基础与价值本原,社群、社会关系不过是个人的派生形式与集合形式,社会和国家的正当合理性就在于其对于确保个人生命和个人权利的积极意义,因而其价值只能是相对的、工具性的。

20 世纪 80 年代,在与罗尔斯、诺齐克和德沃金为代表的新自由主义论战中,桑德尔、泰勒、麦金太尔和沃尔泽等社群主义者①提

---

① 社群主义的代表作有:迈克尔·桑德尔(Michael J. Sandel)的《自由主义与正义的局限》(*Liberalism and the Limits of Justice*)、阿拉斯戴尔·麦金太尔(Alasdair MacIntyre)的《追寻美德》(*After Virtue*)、查尔斯·泰勒(Charles Taylor)的《自我的根源》(*Sources of the Self*)、迈克尔·沃尔泽(Michael Walzer)的《正义诸领域:对多元主义和平等的辩护》(*Spheres of Justice: A Defence of Pluralism and Equality*)、罗伯托·昂格的《知识与政治》(*Knowledge and Politics*)、菲利普·塞尔兹尼克(Philip Selznick)的《社群主义的说服力》(*The Communitarian Persuasion*)和阿米泰·伊兹欧尼(Amitai Etzioni)的《社群的精神》(*The Spirits of Community*)等。参见俞可平:《社群主义》,中国社会科学出版社 2005 年版,第 53 页;李义天主编:《共同体与政治团结》,社会科学文献出版社 2011 年版。

出了两种社群主义:一是方法论的社群主义,一是规范性的社群主义。方法论的社群主义认为,自由主义的主要观点(如理性经济人的自由选择)是错误的。他们主张,社群是社会基础与价值本原,个人至少部分地受其所生存的社群的决定。要理解个人的行为,必须把个人置放在社会、文化和历史的背景中来考察。这也就是说,要理解个人及其行为,必须把个人放在社群和与他人的关系中来研究。作为社群的成员,个人必然要分享社群的文化传统、价值理想、物质利益乃至社会责任,其自由必然要受到限制。而规范性社群主义者则认为,自由主义的主张导致伦理上不能令人满意的结果,其中主要是自由主义不能导致一个真正的社群。正如俞可平所说:"社群既是一种善,也是一种必需,人们应当努力追求而不应当放弃。正义优先的原则要求权利优先的政治学,而善优先的原则要求公益优先的政治学。因此,用公益政治学替代权利政治学,便成为社群主义的实质性主张。"①

在面临社群主义者的批评之后,新自由主义者做出了全面回应。他们在为自由主义传统进行辩护的同时,也改进了自己的若干观点。例如,罗尔斯在1993年出版的《政治自由主义》一书中,表达了他不同于《正义论》中所表达的观点。他承认,"在《正义论》中我所使用的公平正义之秩序良好社会的理念是不现实的。这是因为,它与在最佳可遇见条件下实现自身的原则不一致。因此,《正义论》第三部分关于秩序良好社会的稳定性解释也不现实,

① 俞可平:《社群主义》,中国社会科学出版社2005年版,第27页。

必须重新解释。"①他将作为公平的正义重新理解为一种有特色的自由主义政治观点,正如他所说:"不幸的是,在《正义论》中,没有在一种完备性学说与一种政治观念之间作出区分,而如果说,那时候我几乎相信公平正义的所有结构和实质性内容(包括作为合理性的善),可以在不改变该观念的情况下变为一种政治观念的话,那么对这种观念的整体理解则发生了重大的转变。"②丹尼尔·贝尔认为,新自由主义者在受到社群主义者的挑战后,分别从自由主义自我观、普适论和原子主义三个方面做出了全面的回应,可以说,"自由主义的前提已经被罗尔斯本人也许还有其他自由主义者社群主义化了"③。

下面通过考察社群主义与新自由主义之间的争论,来探讨社群主义思想的主要内容。

一、社群主义的个人观

如何看待个人与社群的关系,这是社群主义和新自由主义在理论上的根本区别。新自由主义以个人权利的正当性为当然的基点,认为个人权利(或自由)是优先的和基本的,社会是由独特的每个个人组成的,个人的属性不为其所处的社群决定。例如,罗尔斯

---

① 〔美〕约翰·罗尔斯:《政治自由主义》,万俊人译,译林出版社2000年版,第4—5页。

② 同上书,第187页注③。

③ 〔美〕丹尼尔·贝尔:《社群主义及其批评者》,李琨译,生活·读书·新知三联书店2002年版,引言,第14—15页。

围绕着正义这一核心范畴指出，"个人在政治思想和信念等方面的基本自由和权利是不能以任何名义牺牲的"，"每个人都拥有一种基于正义的不可侵犯性，这种不可侵犯性即使以社会整体利益之名也不能逾越。……由正义所保障的权力决不受制于政治的交易或社会利益的权衡"。①在他看来，个人权利是个人的政治护身符。诺齐克认为，有关个人和个人权利之正当性是先定的道德假设，正如他所言："个人拥有权利，而且有一些事情是任何人或任何群体都不能对他们做的（否则就会侵犯他们的权利）。这些权利是如此重要和广泛，以致它们提出了国家及其官员能够做什么的问题。"②他们只关注"社会的基本结构"对于自由个人之权利的维护与实现的正当意义，而不关注个人权利和行为的社会实践限制及其对于社群价值目的所承诺的责任。

社群主义者对新自由主义者这种"个人权利至上"的观点进行了批判，他们主张个人是社群的一个部分，是社群决定了个人，而不是个人决定了社群。比如，麦金太尔对罗尔斯和诺齐克的观点进行了反驳。他说，社会是由个体组成的，每一个体都带有自身的利益，然后人们不得不走到一起，制定共同的生活规则。在他们的理论中，个体是第一位的，社会是第二位的，而且对个体利益的确认，优先并独立于个体之间的任何道德的或社会纽带的建构，缺乏所必需的社群的概念。罗尔斯和诺齐克所共有的社会性预设是，

① 〔美〕约翰·罗尔斯：《正义论》，何怀宏译，中国社会科学出版社 1988 年版，第 3—4 页。

② 〔美〕罗伯特·诺齐克：《无政府、国家与乌托邦》，姚大志译，中国社会科学出版社 2008 年版，第 1 页。

人们仿佛是船只失事后被抛到荒岛上的,和一群其他个体在一起,彼此都不相识。这种个人主义的观点当然有其杰出的先驱:霍布斯、洛克、马基雅维里和其他人,而且它本身就包含了某种关于现代社会的现实主义提示。但是,他们的各种观点都排除了有关人类社群的任何解说,而在这样一种社群中,与对社群在追求共同利益中的共同使命做出贡献相关的观念,能够为有关美德与非正义的判断提供基础。①

麦金太尔认为,人处于社群关系之中,只有理解个人所处的社会文化环境和历史文化传统,才能解释个人的价值与目的。在他看来,个体通过他在各种社群中的成员资格来确定自己的身份并被他人所确认。"我可以同时是哥哥、堂兄和孙子,可以既是家庭成员,又是村社成员,还是部落成员。这些并不是偶然属于人们的特性,不是为了发现'真实自我'而须剥除的东西。作为我的实体的一部分,它们至少部分地,又是甚至是完全地确定了我的职责和义务。每个个体都在相互连接的社会关系中继承了某个独特的位置;没有这种位置,他就什么也不是,或者至多是一个陌生人或被放逐者。"②麦金太尔特别强调语境对个人行为的作用,他说:"在成功地确认并理解他人的行为的过程中,我们总是趋向于将特定的事件放到一系列叙事性历史的语境中,这些历史同时包括所涉及的各个个人的历史和他们在其中活动与经历的

---

① 参见〔美〕A.麦金太尔:《追寻美德:道德理论研究》,宋继杰译,译林出版社2011年版,第318—319页。
② 同上书,第42页。

背景的历史。"①

桑德尔也提出了类似的观点,他认为:"在更深层的意义上,罗尔斯的观念是个人主义的。罗尔斯式的自我不仅是一个占有的主体,而且是一个先在个体化的主体,且总与其所拥有的利益具有某种距离。这种距离的一个后果是,将自我置于超越经验极限的地位,使之变得无懈可击,一次性地也是永久性地将其身份固定下来。"他说:"既然我是独立于我所拥有的价值之外的,我就总能离开它们;我作为道德个人的公共身份在我的善观念中'并不随着时间的变化而受到影响'。但是,如此彻底独立的自我排除了任何与构成性意义上的占有紧密相连的善(或恶)观念。它排除了任何依附(或迷恋)的可能性,而这种依附(或迷恋)能够超过我们的价值和情感,成为我们的身份本身。它也排除了一种公共生活的可能性,在这种生活中,参与者的身份与利益或好或坏都是至关重要的。而且它还排除了共同的追求和目的能或多或少激发扩展性的自我理解,以至于在构成性意义上确定社群的可能性——这个社群描述的是主体,而不是共享志向的目标。"桑德尔指出,没有任何理由认为一个有序社会应当首先鼓励个人主义价值,如果个人主义意味着这样一种生活方式:使个人只追寻自己的路而对他人的利益毫不关心的话(尽管也尊重他们的权利和自由)。一般来说,人们期望大多数人都属于一个或多个的联合体,而且至少在意义上有一些集体的目的。②

---

① 〔美〕A.麦金太尔:《追寻美德:道德理论研究》,宋继杰译,译林出版社2011年版,第268页。

② 参见〔美〕迈克尔·J.桑德尔:《自由主义与正义的局限》,万俊人等译,译林出版社2001年版,第76—77页。

桑德尔还认为，独立的自我不符合实际，切断了个人与集体的联系："如果道义伦理不能履行它自己的自由解放诺言，它也就无法令人信服地解释我们道德经验的某些不可或缺的方面。因为道义论坚持认为，我们把我们自己看作是独立的自我，即在我们的认同与我们的目的和依附联系永远没有关系的意义上的独立自我。……但是，我们无法以这种方式把我们自己看作是独立的，除非我们为这些忠诚和确信付出沉重的代价，这些忠诚和确信的道德力量部分在于这样一个事实，即：靠这些忠诚和确信而活着，与把我们自己理解为我们所是的特殊个人——理解为某一家庭、共同体、国家或民族之一员；理解为某一历史的承担者；理解为某一场革命的儿女；理解为某一共和国的公民——是分不开。诸如此类的忠诚不同于我所偶然拥有的价值，或者不同于我'在任何既定时刻所支付的'那些目的。它们超出了我志愿承担的职责，和我对人类所承担的'自然义务'。我对某些人所持有的这些忠诚不同于正义，它们不需要、甚至不允许我所作出的契约推理，相反，倒是需要和允许我凭借那些或多或少能够持久保持的依附与承诺，正是这些依附和承诺一道给予我所是的个人以部分规定。"①

查尔斯·泰勒把极端的个人主义和自由主义称之为"原子主义"（atomism），他指出，从广义上说，原子主义指的是把人放在首位，认为个人及其权利优先于社会的契约论。他说："我们继承了17世纪的原子论，不是因为我们仍信奉契约论（尽管各种翻版仍旧

---

① 〔美〕迈克尔·J.桑德尔：《自由主义与正义的局限》，万俊人等译，译林出版社2001年版，第216—217页。

流行），而是因为我们仍然发现易于把政治社会考虑成经由意志建立的，或工具般思考它。在后一种情况下，即使我们不再把社会的起源理解为依赖于同意，可我们仍旧这样理解也这样评估社会的作用，即它是达到归因于个体或选民集团的目标的工具。"①泰勒强调，一个人只有在社会关系中才能发现和界定自我，"我的自我定义被理解为对我是谁这个问题的回答。而这个问题在说话者的交替中发现其原初意义。我通过我从何处说话，根据家谱、社会空间、社会地位和功能的地势、我所爱的与我关系密切的人，关键地还有在其中我最重要的规定关系得以出现的道德和精神方向感，来定义我是谁。"②泰勒认为，个体人格并不是独立存在的，只有在与某些对话者的关系中，我才是自我："一种方式是在与那些对我获得自我定义有本质作用的谈话伙伴关系中；另一种是在与那些对我持续领会自我理解的语言目前具有关键作用的人的关系中——当然，这些类别也有重叠。自我只存在于我所称的'对话网络'中。"③

菲利普·塞尔兹尼克则在"个体人"与"社会人"之间持一种均衡的立场。他认为，在现代自由主义学说中，人被认为是自由和独立的，他们是自己生活的上帝、自己意志的创造者，不受非其所选义务的干预。在这种传统中，群体成员身份是自愿的，社会生活由基于双方一致的契约而形成。这一学说加强了民主的基础，孕育

① 〔加〕查尔斯·泰勒：《自我的根源：现代认同的形成》，韩震等译，译林出版社2012年版，第279页。
② 同上书，第50—51页。
③ 同上书，第52页。

了法治。然而"这种自我咨询、自我决定、自足的个人在道德上是短视的。责任、关怀、真实性和承诺,这些都被忽略或考虑得少了"。至于作为社会人的社群主义的个体概念,它是历史和文化的产物,既不是理想的,也不是抽象的。每一种生活都渗透着义务,每一条生命都是道义和关怀的对象。但是也应该看到,"无论人们如何与他人生活紧密相联,也无论人们如何与社会生活的基本要求紧密相联,他们的幸福需要私人和安全的受保护领域。"因此,必须在社会需要和个人需要之间保持平衡。塞尔兹尼克强调社群对个人的作用,"离开我们从社会生活中获得的理解和纪律,我们就不可能知道什么是值得拥有的、什么是值得做的。我们就不可能发现自己真正的利益和他人的利益。""人们不会孤立地或在完全客观的环境中茁壮成长,把人当人看,就是要承认一个人的性格是在与他人的交往中形成的,是一个有同伴和家庭分享快乐和痛苦的人。"①

二、社群主义的社群观

如果说自由主义哲学的价值本原是作为个体的"我",那么社群主义哲学的价值本原则是作为社群的"我们"。社群主义者宣称:"一个社会不只是经由契约联系在一起的个人间的结合,它毋

---

① 〔美〕菲利普·塞尔兹尼克:《社群主义的说服力》,马洪等译,上海世纪出版集团 2009 年版,第 40—42 页。

宁是一个人们因共享一些相同的习俗和信念而结合在一起的社群。"①社群的观念最早见于古希腊,古希腊城邦是最原本意义上的社群。"古希腊城邦是一个空间概念,是神庙和公众聚会的广场的所在地,它不是近代意义上的国家,而毋宁说是共同信仰者的团体,城邦的公民就是共同的神的分享者,他们共享同一个神。个人只有进入城邦,参与城邦的祭祀活动,才能取得公民资格。城邦是共享者参与其中的空间,是人的本质实现的场所。"②亚里士多德认为,人是天生的政治动物,城邦就是通过实现其目的而获得完善和完成的人类社群。社群主义者对社群的认识最早源自亚里士多德的理解,但是在对社群的具体界定上,他们之间的理解各有不同。

桑德尔特别强调社群对于其参与者的自我的构成性质。正是因为具有构成性,所以社群具有相对个体而言的优先性,是社群构成了个体,而不是相反。他说,所谓社群,"就是那些具有共同的自我认知的参与者组成的,并且通过制度形式得以具体体现的某种安排,其主要特征就是参与者拥有一种共同的认同,如家庭、阶级和民族等"。"问一个社会是否是一个社群,也不只是问是否其多数成员恰巧在他们各种不同的欲望中,有一种和他人联合并推进社群目的的欲望——尽管这可能是社群的一个特征——而是问,这个社会本身是否按照某种方式组织起来的,以至于我们要用社群来描述该社会的基本结构,而不仅仅是这一结构中的人的性情。对于一个严格意义上的社群,该社群必须由参与者所共享的自我

---

① 转引自万俊人:"美国当代社会伦理学的新发展",载《中国社会科学》1995年第3期。

② 洪涛:《逻各斯与空间》,上海人民出版社1998年版,第104页。

理解构成,并且体现在社会制度安排中,而不仅仅是由参与者的人生计划的某种特征构成。"①桑德尔提出了三种不同性质的社群:手段意义上的社群、感情意义上的社群和构成意义上的社群,他所强调的是构成性的社群。他说:"按照这种强观点,说社会成员被共同体意识约束,并不只是说他们中的大部分人承认共同体的情感,都追求共同体的目的,而是说,他们认为他们的身份——既有他们情感和欲望的主体,又有情感的欲望的对象——在一定程度上被他们身处其中的社会所规定。对于他们来说,共同体描述的,不只是他们作为公民拥有什么,而且还有他们是什么;不是他们所选择的一种关系(如同在一个志愿组织中),而是他们发现的依附;不只是一种属性,而且还是他们身份的构成部分。比起手段型和情感型的共同体观念,我们可以把这种强观念称之为构成性观念。"②

迈克尔·沃尔泽强调社群参与者的成员资格。他指出,在人类的某些社群里,人们互相分配的首要善是成员资格。成员资格之所以重要,是因为一个政治社群的成员对彼此而非别人,或者说在统一程度上不对别的任何人承担义务。他们彼此承担的第一种义务便是安全与福利的共同供给。这种要求也可以反过来:共同供给是重要的,因为它使人们认识到成员资格的价值。在他看来,如果人们不为彼此提供安全和福利,如果人们不承认成员和陌生人之间的区别,人们就没有理由构建和维系政治社群;如果不具备

---

① 〔美〕迈克尔·J.桑德尔:《自由与正义的局限》,万俊人等译,译林出版社2001年版,第209页。

② 同上书,第181—182页。

成员资格,就不能享受那些安全和福利,他们的利益就得不到保障。① 阿米泰·伊兹欧尼认为社群是两个要素的结合:(1)一种个体之间可以相互影响的网络——这种相互影响的关系往往彼此交织、互相增强;(2)对一系列共同的价值、规范、意义以及共同的历史与认同——简言之,一种特殊的文化——的一定程度的承诺。他认为,该定义容许在某个既定的社群中存在一定数量的冲突,但同时又将该社群界定为一个拥有某些必需要素从而能够把冲突包含在稳定的边界之内的社会团体。② 菲利普·塞尔兹尼克则认为社群是"社会连带和尊重的联合体"。在他看来,社群的道德联系更像是朋友和家庭成员之间的协议,这些忠诚也展示了连带和尊重的联合。人们在他们作为个体的需要和他们彼此之间的相互需求之间达成了一种平衡,因而连带关系呈现出一种特殊的品格,服从道德判断。他相信,尽管社群建立在家庭、熟人和本地人有限且亲密联合的基础上,但是社群召唤人们创立新视野和更为广泛的忠诚,社群的经验从外部和内部吸引人们走向包容与排斥。在此基础上,他对社群做了如下界定:"就一个群体包含许多利益和活动的范围意义上,它就是一个社群;当一个群体考虑所有人,而不只是考虑那些作出特殊贡献的人的意义上,它就是一个社群;就一个群体共享承诺的约束和文化的意义上,它就是一个社群。"③

----

① 参见〔美〕迈克尔·沃尔泽:《正义诸领域:为多元主义平等一辩》,褚松燕译,译林出版社2002年版,第78—79页。

② 参见〔美〕阿米泰·伊兹欧尼:"创造好的共同体与好社会",史军译,载李义天主编:《共同体与政治团结》,社会科学文献出版社2011年版,第350页。

③ 〔美〕菲利普·塞尔兹尼克:《社群主义的说服力》,马洪等译,上海世纪出版集团2009年版,第20页。

可见,社群的含义是非常广泛的,指社会存在的、基于主观或客观上的共同特征(包括种族、观念、地位、遭遇、人物、身份等)而组成的各种层次的团体、组织,既包括小规模的社区自发组织,也可指更高层次上的政治组织,①即亚里士多德所说的,为了达到最大和最高的善而组成的人类团体或人类关系,也就是政治社群。杰克·克里特登把这种性质的社群称之为"完全性社群",并认为它具有下列四个特征:"一、它享有完整的生活方式,而不是为了分享利益而组合的;二、社群的参与者的关系是一种面对面的关系;三、社群成员彼此的利益紧密相连,休戚与共;四、社群是其成员自我认同的核心,社群的关系、义务、习俗、规范和传统对成员有着决定性的意义。"②

在社群主义者心中,社群还是一种善,个人只有在社群中其生命才有意义,其生活才有价值。比如,菲利普·塞尔兹尼克认为,像家庭、友谊和知识一样,社群是不言而喻的善。社群最主要的美德是"无限义务"这一特征,当它历经环境和期待的变化而仍然延续时,当它扩张或收缩以回应这些变化时,义务就是无限的。他反对自由主义的"有限义务"原则,认为自由主义传统赞扬契约自由,由此推动了经济的繁荣,也推动了选择、尊严、合意和理性的理念,但是在期待或需要持续关系的场合,契约理念就没有什么意义。随着合作的生根,随着社群经验的加重,有限义务的原则失势,只

---

① 参见〔英〕齐格蒙特·鲍曼:《共同体》,欧阳景根译,江苏人民出版社2007年版,序曲,第1页。
② 〔英〕杰克·克里特登:《超越个人主义:重建自由的自我》,牛津大学出版社1992年版,第132—133页。

有当人们预计关系破裂或期待关系破裂时才援引它。而无限义务
则培育信任并鼓励交流,信任是群体生活不可或缺的结合剂,意味
着人们可以彼此依赖,以尊重他们作为父母、朋友或商业伙伴的承
诺;他们可以诉诸共同的目的而不是顺从;他们可以靠公认的理解
事物的方式生活,而这些构成了承诺和政策的基础。塞尔兹尼克
认为,社群的另一个美德是它有助于做出负责任的判断。追求个
人的理想而不考虑他人,是某种意义上的不负责任。离开社群的
约束,理性通常是不稳定的、容易消失的。参与社群就要意识到并
回应复杂的利益和价值模式,因而,"我们追求的目标和我们所拥
有的理想,由于关注它们对于其他目标和价值的影响而得以
缓和。"①

三、社群主义的公益观

桑德尔在《自由主义与正义的局限》一书第二版的前言中谈
到,他与罗尔斯争执的关键,"不是权利是否重要,而是权利是否能
够用一种不以任何特殊善生活观念为前提条件的方式得到确认和
证明。争论不在于是个体的要求更重要,还是社群的要求更重要,
而在于支配社会基本结构的正义原则,是否能够对该社会公民所
信奉的相互竞争的道德确信和宗教确信保持中立。易言之,根本

---

① 参见〔美〕菲利普·塞尔兹尼克:《社群主义的说服力》,马洪等译,上海世纪
出版集团 2009 年版,第 23—25 页。

的问题是,权利是否优先于善。"①

在西方思想史上,康德基于人类主体的理论最早解释了权利之于善的绝对优先性。在康德看来,人类拥有某种意志并且能够自由地实践自己的意志;他们有能力自律地行动。正是这种能力,而不是运用这种能力的结果,对于人类的尊严和价值来说才是最重要的,因为它使人类与其它动物区别开来并且使人类上升到决定的自然王国之上。在根本上使他们成为人类主体的东西不是特定的利益、目的以及他们决定采用和遵循的善观念,而是在这种决定中显现出来的思想与行动的能力。换言之,根据康德的观点,对于人类来说,最为重要的不是我们所选择的目的,而是由此而假定的做出选择的能力。正是因为权利优先于善,所以主体也就优先于他的目的;这种有关正义的绝对优先性的指派与主体的绝对优先性的指派是相互对应的。② 罗尔斯等新自由主义者继承了康德的观点。他们认为,对人类来说,真正重要的是他们制定、追求和修正自己的善观点的能力,从这一意义上说,权利优先于善。

社群主义者对以上观点给予激烈批评。在他们看来,权利优先于善实际上等于个人的善优先于公共的善,或个人目的优先于公共目的,其基础是个人优先于群体的个人主义。权利优先论使个人成为抽象的、超历史的、脱离社会的先验自我,当这个自我进入社会时,可以自由选择自己的目的和善生活,而所谓正义即是平

---

① 〔美〕迈克尔·J.桑德尔:《自由与正义的局限》,万俊人等译,译林出版社2001年版,第二版前言,第2页。

② 参见〔英〕史蒂芬·缪哈尔、亚当·斯威夫特:《自由主义者与社群主义者》,孙晓春译,吉林人民出版社2007年版,第48页。

等保护这种自由选择权。泰勒认为,在"善"意味着某种结果主义理论的主要目标的地方,在权利仅仅是被其适用于这一目的的工具性意义所决定的时候,我们应当坚持权利优先于善。"但是,如果在我们这里讨论的意义上使用'善',而它意指的是所有被性质差别标明为高级东西,那么我们可以反过来说,在这个意义上,善总是优先于权利。其所以如此,并不在于它在我们早先讨论的意义上提供着更基本的理由,而在于,就其表达而言,善总是给予规定权利的规则以理由。"①在社群主义者看来,社群成员所具有的权利并非基于他的自然人性和抽象人格,而是基于他的成员资格,与其说他具有权利,不如说他具有特权,即由社群赋予其成员的权利,它并不为非成员所享有,只有享有成员资格的个人才有可能享有各种政治和经济权利。因此,权利从来不是与生俱来、先验的、普遍的,权利之有无、权利之大小、权利之种类等等完全取决于特定社群的特定善(目的),是善先于权利,而不是权利先于善。

　　桑德尔认为,这种权利优先于善的主张从根本上说是错误的。正如他所说:"功利主义没有认真对待我们的差异性,那么,公平正义就没有认真对待我们的共同性。当公平正义把自我的界限视之为优先的,并将之一劳永逸地固定下来时,它也就把我们的共同性降格为善的一个方面,进而又把善降格为纯粹的偶然性,成为一种与'德立场无关'的无所区分的需求和欲望产物。既然善的观念被

---

　　① 〔加〕查尔斯·泰勒:《自我的根源:现代认同的形成》,韩震等译,译林出版社 2012 年版,第 129—130 页。

以这种方式抹杀，那么正当的优先性似乎的确是一种无懈可击的主张。"①他主张共同的善必须得到尊重，个人的权利必须得到限制。菲利普·塞尔兹尼克也对共同的善予以高度评价，他说，我们不是把共同的善当作充满危险和最多是难以捉摸的东西来看待，而是注意集体智慧的承诺。"共同的善不是被贬低为无意义的、神秘的或无用的梦想，它被视为一种程序美德，而不是实体美德，是手段而不是目的。按照这种理解，如果政治过程公正并保护基本权利，结果将会是共同的善的一种令人满意的表达。"②

四、社群主义的国家观

对大多数社群主义者来说，国家是最大的政治社群，他们对新自由主义者"国家中立"的原则进行了反驳，强调国家在实现公共利益方面的重要作用，以及个人积极的政治参与。许多自由主义者认为："国家不是对于人们应该如何引导他们生活做出自己的判断，而是应该有意地回避这种判断，只是寻求一个中立的结构，人们可以在这个结构下做出他们自己的判断。"③诺齐克在此基础上提出了"最小国家"的原则，即正义的国家是最少干预个人事务、最能保障个人权利充分实现的国家。20世纪后期，在自由主义"小国

① 〔美〕迈克尔·J.桑德尔：《自由与正义的局限》，万俊人等译，译林出版社2001年版，第209页。
② 〔美〕菲利普·塞尔兹尼克：《社群主义的说服力》，马洪等译，上海世纪出版集团2009年版，第120页。
③ 〔英〕史蒂芬·缪哈尔、亚当·斯威夫特：《自由主义者与社群主义者》，孙晓春译，吉林人民出版社2007年版，第29页。

家、大社会"的理论导向的驱动下,当代西方国家能力的进一步弱
化。社群主义者非常清醒地看到了这一点,他们呼吁充分发挥国
家的职能和作用,从保持国家中立、注重个人利益,转向发挥积极
作用、增进公共利益。

　　麦金太尔对自由主义的国家观提出了批评,他认为,在自由主
义的现代性立场和他所勾勒的古代与中世纪的美德传统的立场,
看待道德品格与政治社群的关系的方式之间,存在一种根本区别。
对于自由主义来说,社群只是一个竞技场,在那里每一个人都在追
逐其自身所选择的善的生活概念,而政治制度机构的存在则提供
了使这类自我决定的活动成为可能的秩序。政府与法律是或应当
是在各种对立互竞的观念之间保持中立,并且尽管增进对法律的
遵守乃是政府的使命,但按照自由主义的观点,灌输任何一种道德
观却绝非政府的合法功能。虽然现代国家总的来说,的确不适于
像任何一种社群的道德教育者那样行动,但是,美德的践行要求对
社会与政治问题有一种高度确定的态度,人们始终是在某个有其
自身独特的社会制度形式的社群内学习美德,"现代国家产生的历
史本身显然是一部道德的历史。"[①]在麦金太尔看来,国家不仅需要
美德的践行以维系自身,而且国家对人们美德的践行具有重要
使命。

　　菲利普·塞尔兹尼克不认同自由主义把国家和社会对立起来
的观点,他认为,法律、政府和社会三者之间的协作是一个值得追

---

　　① 〔美〕A.麦金太尔:《追寻美德:道德理论研究》,宋继杰译,译林出版社 2011
年版,第 247 页。

求的、切合实际的理想。政府能够并且应当是社会的一个不可或缺的部分,是共同的善的动机和领导能力的渊源。政府能够增强并使社会生活充满活力,许多经验已经证明,仅仅靠私人的力量来对付普遍的贫穷、不正义和不受控制的私利是靠不住的。政府有利于动员私人对慈善和社群服务的活力,这些活动有赖于领导和组织,包括有效的补充、训练和对自愿者的管理。持续和全方位的努力必须指望整个社群,包括各个层面的政府。塞尔兹尼克提出了"回应型政府"的概念。他认为,法律、政府和社会的整合呼吁回应型的政府。当政府和社会协调时,人民就忠于并服从政府;政府依赖私人群体和机构的合作,保护人民权利,按照原则行事,在法庭上证明自己的行为是正当的。"当政府主要是通过坚持宪法原则来保护它的完整性,同时保持对新的利益和责任的主张,包括前所未闻和目前尚未满足的责任时,政府就是回应型的。一个回应型的政府把自己视为更为广义的观念和制度的一个部分,政府从中获取力量——并要求参与。"①

沃尔泽特别强调国家在维护公共安全、增进社会福利和繁衍文化多样性方面的重要作用。他认为,国家权力是管理所有不同追求——包括对权力本身的追求在内——的手段,它是分配正义至关重要的代理人,它警戒着每一种社会的善在其中得以分配和配置的领域的边界。只有在国家至少可能封闭的情况下,居民区才能开放。只有国家在成员中做出选择并保证它选出的个人的忠

① 〔美〕菲利普·塞尔兹尼克:《社群主义的说服力》,马洪等译,上海世纪出版集团2009年版,第63—64页。

诚、安全和福利的条件下,地方社群才作为"无足轻重"的社团而存在,只取决于个人偏好和市场能力。他说,一个现代民主制的政治和文化可能要求国家提供这种宽大胸怀和这种边界。他并不是要否认区域文化和少数民族社群的价值,他的意思只是暗示在缺乏包容性和缺乏保护性的国家的情况下,区域文化与民族社群有可能变得僵化。①

阿米泰·伊兹欧尼则从另一个方面理解社群同国家的关系。他认为,社群有助于政府的最小化,特别是使强制行为最小化。这是因为,社群对于人们道德承诺的引导与强化,有助于建立一个更自愿的社会。除非人们的道德承诺得到持续强化,否则他们就会堕落。而道德承诺之所以可以被有效地强化,是因为人们非常需要得到他人的持续认可,而在社群中最容易实现。因此,社群能够促进人们对社会规范的遵循;特别是当社群支持亲社会价值时,更是如此。"这样,警察与法庭的作用均可被降至最低限度。同时,对于政府极其维持社会秩序的强制措施的需要,也会有所降低。"②除此之外,伊兹欧尼还认为,社群能够促进人的进步与人类繁荣。

以上简要介绍了社群主义哲学的基本观点。概而言之,社群主义强调人的社会性质的重要性,旨在确立一种共同善或共同目的的学说,而不仅仅是保护和增进个人权利。对社群主义者来说,引人注目的现实是承认人类的相互依赖性;重要的真理是对个人

①　参见〔美〕迈克尔·沃尔泽:《正义诸领域:为多元主义与平等一辩》,褚松燕译,译林出版社 2002 年版,第 47 页。

②　〔美〕阿米泰·伊兹欧尼:"特殊主义义务是否合理?",史军译,载李义天主编:《共同体与政治团结》,社会科学文献出版社 2011 年版,第 171 页。

和社会责任的普遍深入的需求。那么,如何看待新自由主义与社群主义的争论呢? 关于新自由主义与社群主义的关系,学术界有三种看法。第一种观点认为,社群主义可以批判自由主义的不足,但是不能替代自由主义。比如,俞可平认为:"社群主义与新自由主义是一对由当代西方发达国家的土壤所培育出来的同胞兄弟,它们是互补的。社群主义是个人主义极端发达的产物,是对个人主义不足的弥补,它的价值也只有在自由主义和个人主义极端发达的前提下才能得以凸显,它的不足也只有通过自由主义才能得以补偿。"①英国学者史蒂芬·缪哈尔和亚当·斯威夫特所著《自由主义者与社群主义者》一书也认为:"我们既不能简单地断定,在自由主义与社群主义思想之间并不存在根本的不一致,也不能说,如果存在这种不一致的话,前者很有可能会胜出。"②菲利普·塞尔兹尼克也认为:"社群主义者的挑战目的在于修正自由主义,而不是反对它。没有什么理想化的问题,更不是回到保护特权世界的问题;不是放弃自由主义政府的设计者所支持的主要的经济、政治和社会自由的问题。然而,社群主义者的修正不是细枝末节方面的,他们主张连贯性,其要旨是社会连带的修复,是秩序良好的机构和文明规范对自由的保护。"③第二种观点认为,社群主义是自由主义的另一种形式,社群主义与自由主义之争,只是自由主义内部

---

① 俞可平:《社群主义》,中国社会科学出版社 2005 年版,第 163 页。
② 〔英〕史蒂芬·缪哈尔、亚当·斯威夫特:《自由主义者与社群主义者》,孙晓春译,吉林人民出版社 2007 年版,第 407 页。
③ 〔美〕菲利普·塞尔兹尼克:《社群主义的说服力》,马洪等译,上海世纪出版集团 2009 年版,第 10 页。

不同倾向的争论。比如，一位社群主义者认为："社群主义者并不想要取代自由主义，而是要保全它……社群主义者是这样的自由主义者，他们想在人们中间重建对于这些问题的常识：国家的目的是什么，其人民在历史中有什么共同的东西，他们应该争取达到什么目的。"①第三种观点认为，社群主义是一种新哲学，是一种后自由主义哲学，尽管目前社群主义还是草创时期，还不能完全取代自由主义。② 应当指出的是，社群主义的概念是比较模糊的，社群主义者内部的观点也并非完全一致，一些社群主义名家也很少以社群主义者自居。桑德尔就认为，虽然社群主义这一术语在某种程度上还是合适的，但他并不总是认为他站在社群主义一边。

　　不管社群主义与新自由主义如何争论，但两者都是关于如何处理个人、社会、国家关系的理论。正如桑德尔所说："这场争论有时表现为这样两类人之间的论战：一些人重视个人自由（权）的价值，而另一些人则认为，共同体的价值或大多数人的意志永远应该占压倒地位；或者，表现为另外两部分人之间的论战：一部分人相信普遍人权，另一部分人则坚持认为，不存在任何批评或判断不同文化和传统之价值的方式。"③这种争论对于丰富和发展政治哲学和人权理论显得殊为重要。从以上分析可以看出，社群主义与自

①　转引自徐友渔：《重读自由主义及其他》，河南大学出版社 2008 年版，第 152 页。

②　参见韩震："后自由主义的一种话语"，载《公共论丛：自由与社群》，生活·读书·新知三联书店 1998 年版，第 15—23 页。

③　〔美〕迈克尔·J.桑德尔：《自由与正义的局限》，万俊人等译，译林出版社 2001 年版，第二版前言，第 2 页。

由主义在个人与社群、权利与公益、强国家与弱国家等方面形成互补的理论结构,是对西方极端个人主义思想的矫枉过正。正是在这个意义上,社群主义的思想,在西方的文化语境中,既与中国传统文化全无瓜葛,也与社会主义的中国实践完全没有联系。

第二节　社群主义人权思想的主要内容

社群主义是否承认人权思想? 或者说,社群主义同人权是否具有相关性呢? 一些西方学者认为,社群主义与人权要求是不相吻合的。比如,杰克·唐纳利认为,社群主义使社群具有凌驾于个人之上的思想和实践的优先地位,可是它们把自己的成员仅仅看作充当规定角色的社会成员。它们关于人的尊严的观念并不植根于人权观念之中,因为它们"否认个人的自主性,否认每个人不可或缺的道德平等,否认共同利益和任何个人合法权益之间发生冲突的可能性,所以,这种社会是与实行和保持人权相对立的"①。在这些学者看来,人权只能是自由主义的人权,人权概念同其他哲学观念不涉。实际上,从更广阔的视野来看,社群主义的产生同20世纪70年代后兴起的新人权运动(或第三代人权运动)有很大关系。

1979年,时任联合国教科文组织人权与和平处处长的卡雷

---

① 〔美〕杰克·唐纳利:《普遍人权的理论与实践》,王浦劬等译,中国社会科学出版社2001年版,第83页。

尔·瓦萨克提出了三代人权的概念。其中,第三代人权则是指集体人权,包括民族自决权、发展权、环境权、和平与安全权等,这一类人权又称为"社会连带关系权利",即这些权利要由一定的社群集体地共享。[①] 从某种意义上说,第三代人权运动同20世纪80年代的新社群主义运动在理论和实践上具有一致性和相关性,这两者甚至是互为背景的。如果说,自由主义人权思想体现了第一代人权的特征,那么,社群主义人权思想更多地反映了第三代人权的特征。

一、善优先于权利

社群主义者对自由主义的"权利优先论"提出激烈批评,他们认为,根本不存在这种无归属的、先于目的、先于社会的个人自我,存在的只是一定社群中的、被公共善培养熏陶出来的社会成员或公民;根本不存在那种普遍的、先验的、与生俱来的个人权利,从来没有无条件的逻辑在先的个人权利;权利只能依赖一定的社会条件,是善先于权利,而不是权利先于善。

麦金太尔在《追寻美德》一书中论证了自由主义权利观的非现实性,从而提出人权不是天赋的、与生俱来的,而是来源于一定的社会历史条件,是特定的社会制度的产物。他指出,自由主义所说的"权利"是属于人类本身的那些权利,这些权利被援引来作为这样一种主张的根据,即:人们在其对生命、自由与幸福的追求中不

---

① 参见徐显明主编:《国际人权法》,法律出版社2004年版,第6—7页。

应当受到干涉。它们是消极地、严格地作为不受干涉的权利被界定的，是18世纪作为自然权利或人的权利而被提及的权利。不过在18世纪的某些时候，人们也把积极的权利——例如正当程序权、受教育权或就业权——加在其中。现在，"人权"（human rights）这个措辞比18世纪的"自然权利"或"人的权利"（rights of man）都更为通用。但是无论消极的抑或积极的，也不论如何称呼它们，人们都认定它们平等地属于个体，而不论其性别、种族、宗教、天赋和功过，并且为各种各样的特殊道德姿态提供一种根据。①

麦金太尔认为，在中世纪临近结束之前的任何古代或中世纪语言中，都没有可以准确地用"权利"一词来翻译的表达式。"这就是说，大约在1400年前，古典的或中古的希伯来语、拉丁语或阿拉伯语，更不用说古英语了，都缺乏任何恰当的方式来表达这一概念。在日语中，甚至到19世纪中期仍是这种情况。从这点来看，居然存在着这类人之为人都具有的权利，自然令人诧异。显然，这个事实并不意味着根本不存在任何自然的或人的权利；它只意味着没有人知道它的存在。而这也至少产生了某些问题，但我们用不着分神去解答这些问题，因为真理是显而易见的，即：根本不存在此类权利，相信它们就如相信狐狸精与独角兽那样没有什么区别。"②根据他所提供的语言学事实，他断言，自然权利或人权是虚构的，只不过是具有高度特殊性质的虚构。他说："特殊类型的社

---

① 参见〔美〕A.麦金太尔：《追寻美德：道德理论研究》，宋继杰译，译林出版社2011年版，第87页。

② 同上书，第88页。

会结构或实践的存在,是那种要求拥有权利的概念成为一种可理解的人类行为样式的必要条件(作为一个历史事实,这类社会制度机构或实践并不普遍地存在人类社会各种社会当中)。在缺乏任何这类社会形式的情况下声张一种权利,就像在一种没有货币机构的社会中签发支票付账一样可笑。"①麦金太尔这里所指的权利是指自由主义的权利概念,而不是由成文法或习俗授予特定阶级成员的那些权利。可见,他彻底否定的是自由主义的权利观,而不是权利这一概念本身。

菲利普·塞尔兹尼克特别强调了权利或人权在语境中的意义。他认为,为了理解权利——几乎大多数基本权利或人权,我们必须理解语境。在语境中,权利的意义清晰可见,它们的主张被证明是正当的。忠于语境,就要考虑我们在社会环境中发现的特定目的和价值。语境告诉我们什么类型的自由、创新活动或纪律是合适的,语境思维不是理想和原则的敌人,它是使它们有效的东西。他指出,忠于语境和共同的善,并不是蔑视权利而是赋予它们在道德、政治和法律秩序中以适当的地位,而是因为不了解共同的善,我们就不可能知道我们应当享有什么权利。"当权利主张是由狭隘的私利驱动时,当他们在特定语境中对应的价值未被知晓时,当不考虑成本和权衡而主张它们时,当权利与义务脱节,包括通过发现共同的基础和不同利益增进合作的义务时,那么权利主张就是值得怀疑的。"他确信,"抽象的、不到位的权利是道德判断和社

①　〔美〕A.麦金太尔:《追寻美德:道德理论研究》,宋继杰译,译林出版社2011年版,第86页。

会政策的拙劣的指引。社群主义的批判提醒我们,权利属于集体
生活而不是在集体生活之外,权利属于社会组织的整体思考而不
是不考虑社会组织的整体。"①在他看来,人权来自于每个人在与他
人的关系中过一种脆弱的生活所需要的安全基础,人权必须反映
人们对人性和人类环境的反思。

二、权利和义务相结合

社群主义赞成权利和义务的结合。菲利普·塞尔兹尼克认
为,社群主义对自由主义的批评主要是这种抱怨:"自由主义作为
我们所熟悉的一种西方传统,它缺乏责任伦理。它关注的焦点在
于自由和权利,而对义务和责任关注不够。"②社群主义并不反对个
人权利,相反,他们仔细划分权利类型,探讨权利如何受保护,寻求
个人或群体的权利与整体承诺之间的平衡。但是他们对自由主义
权利本位的思想提出批评,主要是担心这种权利本位的思想导致
在追求共同的善中,社群成员的特定需要和正当主张得不到充分
的承认。社群主义者认为,权利本位的精神漠视合作和共同义务,
可能意味着没有细心地关注人们的特殊利益、不考虑市场的补偿
或损害赔偿,就牺牲地方社群的利益。总之,他们认为在公共生活
中,自由主义的权利本位造成了社会分裂、僵局和扭曲的优先权,

---

① 参见〔美〕菲利普·塞尔兹尼克:《社群主义的说服力》,马洪等译,上海世纪
出版集团 2009 年版,第73—78 页。
② 同上书,第9页。

这种基于权利的观点并不计算成本、促成调和,或不太考虑期待的目的或得失攸关的其他价值。也就是说,在权利本位的思想背景下,过分强调了权利被"认真对待",而忽视了人们对社群的责任和义务。

为了实现权利与义务的有机结合,菲利普·塞尔兹尼克特别强调"责任伦理"。他认为,社群主义者的核心是呼吁增强个人和社会的责任。尽管我们迫在眉睫的责任是对他人的责任,但是我们也有对于理想、制度和作为整体的社群的责任。责任原则必须按照语境来裁量——也就是说,按照特定的目的、权衡、民主的优点和弱点、教育或家庭生活。责任伦理自身不可能提供政策问题的明确答案,相反,伦理会使我们倾向于和解、社会连带关系和包容性的策略。在谈到责任与义务的关系时,菲利普·塞尔兹尼克认为:"我们如何认识我们自己并与他人的联系,这创造和丰富了责任,或削弱缓和扼杀责任。因而,我们不能脱离义务进行选择。……为了认真对待责任,我们必须密切关注我们如何生活和工作。"①可见,社群主义并非蔑视个人权利,而是强调个人权利与社会责任的平衡。一个好的社会是需要秩序的,但秩序应与其成员的个人品德紧密相连;秩序也不是自我生成的,而是社会成员基于共同的价值创造出来的。

阿米泰·伊兹欧尼用"反相共生"的概念来解释权利和义务的关系。他认为,社群的向心力和离心力之间的关系是一种"反相共

① 〔美〕菲利普·塞尔兹尼克:《社群主义的说服力》,马洪等译,上海世纪出版集团 2009 年版,第 28 页。

生"关系:两种力量在某种限度内相互促进,形成了一种平衡的共生关系,但是如果一方的力量过强,它们就会相互对抗。运用这种"反相共生"的概念,权利与义务在某个限度内是相互促进的。他举例说,如果从社会学的视角看待言论自由权利,便意味着那些服从该权利的人(不同于那些使用该权利的人)必需容忍他们感到讨厌的言论;而如果人们心胸狭窄,那么言论自由权利就会陷入论战,最终难以为继。同样,大多数美国人数十年来坚信,他们有权利获得大量的政府服务,但他们拒不承认自己有为这些服务付费的义务。而社群主义者则认为:"我们处在一个相互促进的地带:政府对个人的服务越多,就意味着个人越发愿意通过纳税而承担责任。"简言之,对个人权利(自由)政体的社会学保护,目的就是为了确保社群成员的基本需要得到满足。这反过来又要求社群成员履行他们的社会义务——他们必需纳税,邻里之间必须相互守望,必须照顾老幼。阿米泰·伊兹欧尼说:"在此我们看到,在公民民主社会的核心部分,存在个人权利与社会义务之间令人羡慕的互惠关系。"①

　　社群主义还提出了一种道德义务说。俞可平认为:"社群主义者所说的道德义务,实际上指的是社群成员被其所在的社群强制性地从善的责任。按照通常的自由主义理论,个人除了承担法律规定的义务外,不承担任何其他义务。根据社群主义的观点,个人

---

① 参见〔美〕阿米泰·伊兹欧尼:"回应性共同体:一种共同体主义的视角",史军译,载李义天主编:《共同体与政治团结》,社会科学文献出版社2011年版,第49—50页。

除了承担国家法定的义务外,还要承担其所在社群的道德义务。"①
在社群主义者看来,道德义务就是要遵循一种整体的善,只有在整
体秩序的层次上,人们才能理解每种事物都是因善的原故而有秩
序的。查尔斯·泰勒认为:"整体的善,其秩序显示着善的理念,是
最终的善,这种善包容着所有不完全的善。它不仅包括它们,而且
赋予它们较高的尊严;因为至善要求我们绝对的爱和忠诚。它是
强势评估的最终根源,是某种因其自身而值得渴望和追求的东西,
而不只是把可欲性给予现存的目标和爱好。它提供超越事实上的
欲望变动的欲求标准。根据至善,我们可以明白,我们的善,我们
的灵魂中的恰当秩序,具有这种绝对的价值,它把这部分推崇为整
体秩序的高尚部分。……对永恒的、善的秩序的爱,是我们对善良
行为和善良生活热爱的最终根源和真实形式。"②菲利普·塞尔兹
尼克则将"整体的善"理解为"共同的善",他说:"共同的善不是希
望和想象力的抽象表达,它不存在于社会需要中,也并非不可修
正,它也不是演绎推理的产物。共同的善应当被理解成一个永无
止境的诉求,对新环境和新观点提出的问题作一种集体的回应。"③

三、法律权利优先于道德权利

　　社群主义者主张法律权利,反对道德权利。而自由主义者大

---

　　①　俞可平:《社群主义》,中国社会科学出版社 2005 年版,第 111 页。
　　②　〔加〕查尔斯·泰勒:《自我的根源:现代认同的形成》,韩震等译,译林出版
社 2012 年版,第 173 页。
　　③　〔美〕菲利普·塞尔兹尼克:《社群主义的说服力》,马洪等译,上海世纪出版
集团 2009 年版,第 129 页。

都认为,人权是一种道德(伦理)权利,无须由实在法来解释。这种观点可以从两个层面来论证。一是从人权的性质来看,人权本身是一项目的,人的基本自由和权利是不能以任何名义牺牲的。罗尔斯、德沃金及诺齐克都认为功利原则可能导致一种不能忍受的结果,即使某些个人陷入成为最大限度地增加功利总额(或平均额)的牺牲品的危险境地。①人权是"人们作为人凭其自然能力而拥有道德权利,不是凭借他们所能进入任何特殊秩序或他们要遵循其确定的特定的制度而拥有的权利"②。美国的杰克·唐纳利也认为:"人权是一种特殊的权利,一个人之所以拥有这种权利,仅仅因为他是人。因此,它们是最高等级的道德要求。"③这种人之为人应该享有的权利,是从道德范畴对人权所作的界定,它强调人权超越地域、时空对一切人均有效的普遍性,是一种应然的权利。这种作为道德权利的人权,在价值上体现了这样一个道德律:"无论是谁,在任何时候都不应该把自己和他人仅仅当作工具而应永远看作自身就是目的。"④二是从人权的实施来看,人们享有人权不依赖于国家的实在法,而取决于个人良心判断和道德选择。德沃金认为:"如果他享有言论自由的道德权利,也就是说,他享有违反法律

---

① 〔美〕约翰·罗尔斯:《正义论》,何怀宏等译,中国社会科学出版社1988年版,译者前言,第13页。

② 〔英〕戴维·米勒、韦农·波格丹诺:《布莱克维尔政治学百科全书》,邓正来等译,中国政法大学出版社1992年版,第337页。

③ 〔美〕杰克·唐纳利:《普遍人权的理论与实践》,王浦劬等译,中国社会科学出版社2001年版,第7页。

④ 〔德〕康德:《道德形而上学原理》,沈叔平译,上海人民出版社1980年版,第86页。

的道德权利,根据他的权利性质,政府没有权力规定这样的权利。不服从法律的权利不是孤立存在的,除了与其他的反对政府的权利相关之外,它还与良心有关。"他强调:"公民享有言论自由的主张,必须具有以下含义:即使政府认为公民要说的话带来的害处大于好处,政府阻止他们发表言论也是错误的。"①

社群主义者认为,法律先于权利而存在,权利只有依赖于法律才能得到确认和保障,自由主义建立在抽象正义理念上的道德权利仅仅是一种虚构,不能得到切实保障。麦金太尔指出:"诉诸于人类普遍的裁决实际上就是诉诸于那些在生理与社会问题上与休谟有着相同的态度和世界观的人,前者无非是后者所戴的面具而已。"②真正的权利乃是基于社会规则而存在,法律是权利存在的前提,而由于社会规则是历史和文化的产物,因此不存在普遍人权。英文"right"(权利)一词兼有的"正当"和"权利"两种意义,一般来说,一个人的正当行为经过法律的确认后便可成为个人权利,但在实际生活中两者又往往是分离的。有些正当的道德要求并没有成为个人的普遍权利,个人普遍享受的某些权利在道德上却未必正当。鉴于此,社群主义反对自由主义的道德权利说(抽象的无限权利),主张法律权利说(现实的具体权利),认为权利是由法律规定的人与人之间的社会关系,离开了一定的法律规范,任何个人的正当利益和正当行为都不可能成为现实的权利。

---

① 〔美〕罗纳德·德沃金:《认真对待权利》,信春鹰、吴玉章译,上海三联书店2008年版,第255、257页。

② 〔美〕A.麦金太尔:《追寻美德:道德理论研究》,宋继杰译,译林出版社2011年版,第293—294页。

四、积极权利优先于消极权利

社群主义者主张积极权利。从个人与政府的关系来看,人权可以分为消极权利和积极权利。这种划分,与伯林关于消极自由与积极自由的划分是密切相关的。所谓消极权利,指的是个人不需要政府作为而拥有的权利,比如上文谈到的作为第一代人权的公民权利与政治权利。对于个人的消极权利,政府只能消极不作为,不得加以侵犯,而且还要尊重和保护它们不受他人侵犯。所谓积极权利,指的是个人需要政府积极作为而获得的权利,比如上文谈到的作为第二代人权的经济、社会、文化权利。对于个人的积极权利,政府要积极作为,创造条件,提供资源,保障它们有效实施。

自由主义强调个人的自主性和独立性,认为只要国家采取不干预、不制约的消极态度,个人权利就有保证,强调所谓免除制约的自由(free from),从而强调消极权利。社群主义强调自我对社会的依赖性,强调成员资格是个人权利的前提条件。沃尔泽认为:"只有作为某个地方的成员,男人们和女人们才有希望分享所有其他社会物品——安全、福利、荣誉、职务和权力——而这些物品都是公共生活可能提供的。"①由此看来,像公民的受教育权、工作权、保健权、休假权、接受社会救济权等"共同供给"只有通过共同的努力才能实现,所以国家对于这些权利的实现负有不可推卸的责任,

---

① 〔美〕迈克尔·沃尔泽:《正义诸领域:为多元主义与平等一辩》,褚松燕译,译林出版社 2002 年版,第 79 页。

应该采取积极态度并有所作为,这就是所谓主动促成的自由(free to)。社群主义还认为,社群对成员具有内在吸引力,这种吸引力的主要来源之一便是它对成员提供仅凭个人行为无法实现的权益。所以在实现个人权利方面,包括政府在内的任何社群的积极作为比起无所作为要好得多,个人在与政府合作中所实现的权利必通过其单独行动所实现的权利的意义也大得多。①

社群主义者十分注重国家在保护和促进人权中的积极作用。一般来说,国家在人权保障中的作用体现了两个方面:一方面是消极的不作为的义务,即履行尊重人权的职能,不得任意限制和剥夺人权;另一方面是积极的作为的义务,包括确认、保护和促进人权。② 社群主义认为国家应担负起保护和促进人权的职责。戴维·米勒认为国家有五项职能:一是保护职能,即保护个人及其资源和利益不受外部侵夺;二是分配职能,即按照公正的原则对资源进行分配和再分配;三是经济管理职能,即调节经济使之满足效率的标准;四是提供公共物品的职能;五是履行自我再生产的职能。俞可平认为,自由主义与社群主义关于权利政治与公益政治的争论,在国家问题上进而体现为"弱国家"与"强国家"之争,前者主张"弱国家",后者主张"强国家"。换言之,前者主张限制国家权力,尊重公民的消极权利;后者主张发挥国家作用,保护和促进公民的积极权利。前者认为国家做了不应该做的事情,就是践踏人

---

① 参见俞可平:《社群主义》,中国社会科学出版社 2005 年版,第 108 页。
② 参见徐显明主编:《国际人权法》,法律出版社 2004 年版,第 178—179 页。

权；后者主张国家没有做应当做的事情，也是对人权的践踏。①

　　社群主义者积极倡导个人参与社会的公共生活，他们主张只有通过积极的政治参与，个人的权利才能得到最充分的实现。沃尔泽指出，最基本的个人权利就是个人的成员资格，成员资格不仅决定着安全与福利的分配，而且体现了成员的政治权利。"男女们或者服从于国家权威，或者不服从国家权威；如果他们服从国家权威，在这种权威的行使方面，他们就必须被授予发言权，最终是一种平等的发言权。"②在沃尔泽看来，没有积极的政治参与，这种成员资格就不能真正实现，从而个人的权利也就不能充分实现。塞尔兹尼克也认为："只有当我们了解决策是如何产生的，包括官员听取谁的意见，以何种方式听取意见，我们才能了解权力的真谛。有效地审查要求公共参与政府的决策。以这种方式，知识得以共享、审查和扩展。"③

　　以上简要论述了社群主义者对人权的认识和理解。社群主义人权思想的实质就是，强调社会关系决定着个人，个人组成社群，是社群的一个部分；认为一定的政治、经济、文化条件是实现个人权利的前提和基础，与通过个人的单独行动获得的权利相比，个人通过社群的集体行动以及通过与政府的合作所能够实现的权利要大得多。

---

①　参见俞可平：《社群主义》，中国社会科学出版社2005年版，第144页。
②　〔美〕迈克尔·沃尔泽：《正义诸领域：为多元主义与平等一辩》，褚松燕译，译林出版社2002年版，第76页。
③　〔美〕菲利普·塞尔兹尼克：《社群主义的说服力》，马洪等译，上海世纪出版集团2009年版，第132页。

第三节　社群主义人权思想的基本特征

大多数社群主义者虽然反对自由主义人权观,但他们并不反对人权本身。与自由主义者不同的是,他们认为人权不是天赋的,只有在一定的社群中才能产生,人权的实现有赖于社群的公共利益。社群主义人权思想在人权的来源、人权的主体、人权的内容等方面进一步丰富了人权理论体系。

一、人权来源的社会性

前文提到,社群主义体现了第三代人权的某些特征。第三代人权又称"社会连带关系权利",主要是指人们要通过社会联系或合作所享有的权利。"社会连带关系"理论有悠久的历史。19 世纪末,法国社会学家涂尔干在《社会劳动分工论》一书中,曾着重指出并详细论述了"社会连带关系"理论。他认为,人所以能组成社会,由于人是理性的动物,人从进入社会起才真正成了人。维系社会存在的是社会连带关系。从人类社会的发展看,社会连带关系分为机械的连带关系和有机的连带关系,两者的区别决定于有没有社会分工和社会分工程度的高低,由此出现了不同的社会形式和结果。涂尔干强调道德的重要性,指出:"总的说来,由于分工成为社会连带关系的突出的根源,它一下子成为道德秩序的基础。""人们可以说,凡是连带关系的根源,凡是使人重视别人,而不凭他

149

的利己主义的冲动来安排他对别的事物的行动的,都是道德的,而品德比这种那么多又那么强有力的连接物更要牢固。"①

法国法学家狄骥继承和发展了涂尔干的"社会连带关系"理论。他说:"人们有共同的需要,这种需要只能通过共同的生活来获得满足。人们为实现他们的共同需要而做出了一种相互的援助,而这种共同需要的实现是通过其共同事业而贡献自己同样的能力来完成的。"他认为,这就构成社会生活的第一种要素,形成涂尔干所称的机械的连带关系。换言之,这种机械的社会连带关系,是人们追求共同利益而结成的共同协作的社会关系。"在另一方面,人们有不同的能力和不同的需要。他们通过一种交换的服务来保证这些需要的满足,每个人贡献出自己固有的能力来满足他人的需要,并由此从他人手中带来一种服务的报酬。这样便在人类社会中产生一种广泛的分工,这种分工主要是构成社会的团结。"②按照涂尔干的术语来说,这就是有机的连带关系。换言之,这种有机的社会连带关系,是人们为了追求各自的利益而结成的相互合作的社会关系。在狄骥看来,社会连带关系是一种以人们的共同协作为主要内容的社会联系。

基于这种"社会连带关系"理论,狄骥对自由主义的人权学说进行了批判。他说,如果我们假设自然人是完全孤立的,在进入社会之前,人的确拥有某种天生的能力,但他绝不会享有任何权

① 参见王养冲:《西方近代社会学思想的演进》,华东师范大学出版社1996年版,第122—126页。
② 〔法〕狄骥:《宪法论》,钱克新译,商务印书馆1962年版,第63—64页。

利。人不可能将其一出生就享有的天赋权利带进社会；只有在他进入社会之后，他才可能享有权利，因为只有这时他才与其他人发生了关系。只有当他成为社会的成员时，他才有可能获得权利，因为这时他已成为社会的一个组成部分。"人不可能借助自己所不拥有的自然权利来反对社会，也不能利用自己进入社会之后才享有的权利来对抗社会。"①狄骥认为，那种认为自然人是独立的、生来就自由的、与人隔绝的，并且具有这一种自由、这一种独立性所构成的权利的说法，是毫无现实意义的抽象说法。"事实上人生来就是集体的一个成员；他总是在社会中生活，而且也只能在社会中生活，讲到权利基础的一切学说，无疑地必须以自然人作为它的基本论点，但自然人不是十八世纪哲学家所说的孤立而自由的人，是按照社会连带关系来理解的个人。我们必须肯定：人们不是生来就有自由和平等权利的，但他们生来都是集体的一个成员，并且由于这个事实，他们有服从和发展集体生活的一切义务。"②在狄骥看来，人权不是天赋的自然权利，而是基于一定的社会联系，并只能在社会规范中产生出来。"个人自由是作为社会连带关系的基本因素出现的，因为这种关系越加增大，个人活动也就日益发展起来。不同的需要越得到满足，社会纽带便更加坚固；社会生活也愈益紧张，个人的活动将发展得更加积极和更加自由。"③

---

①　〔法〕狄骥：《公法的变迁·法律与国家》，郑戈等译，辽海出版社、春风文艺出版社1999年版，第245页。

②　〔法〕狄骥：《宪法论》，钱克新译，商务印书馆1962年版，第153页。

③　同上书，第64页。

德国社会学家乌尔里希·贝克则从反思现代化的角度考察了个人与社会的关系。他认为,在历史上个体化被认为是与社会化过程相对立的,但是在现代性的社会变迁中,个体自身日益成为生活世界中社会性的再生产单位,社会性总是与个体决定缠绕在一起。比如,在发达的劳动市场中,个人主义并不标示着个体的复兴,相反,"解传统化"的个体变得依赖于劳动市场,并因此依赖于教育、消费、社会法规的规范和支持,交通规划、产品报价、医学的可能性和方式,等等。贝克强调在风险社会中共同体对私人"个人生活"的重要性,"一方面,新的社会运动(生态学、和平、女权主义)是风险社会中新的风险状况的表现。另一方面,它们来自于在解传统文化中对社会的和个人的认同与责任的追求。"①

以麦金太尔等人为代表的社群主义者在论述人权的来源时,与涂尔干、狄骥和贝克的观点是颇为相似的。他们不仅反对将个人与社会割裂开来,而且反对新自由主义人权的不证自明性。在麦金太尔看来,个人所享有的权利是以某种社会规则和社会条件为前提的,个人权利是一种人与人之间的社会关系,自由主义人权不是人类社会的普遍特征,也不是人类社会从来就有的,作为一种无论性别、种族、宗教、天赋和功过等条件而平等地赋予每一个人的权利,在历史上从来不曾有过。那种脱离历史条件和社会环境的权利只能是子虚乌有。

① 〔德〕乌尔里希·贝克:《风险社会》,何博闻译,译林出版社2003年版,第109—110页。

二、人权主体的综合性

狄骥虽然认为人权来源于社会连带关系,但在论述权利的主体时,他不赞同社团是法律主体和权利主体。有学说主张,社团本身有一种必须受法律保护的地位,而且只有在它构成一种主观权利时才能受到这种保护的地位,因此必须肯定社团有一种主观权利,并且是一个权利主体。狄骥对这一学说提出质疑,他认为,没有社团的权利,但有一项社团所追求的目的;如果这项目的是合法的话,它就受客观法保护。"每当人们为了追求一个合法的共同目的而结社的时候,为这个目的而作的行为必须用依法申诉的方法来取得法律保护。为此,人们不必假定社团是一个执掌权利的人格,是一个法律主体。只要了解一切具有符合法律对象并为合法目的所限定的行为是受社会保护的,而法律效果不是由执掌所谓权利的一种人的意志,而是由客观法所创造出来的就够了;但是这种客观法的实施却受制于对象和目的都符合法律的意志行为。"①

狄骥强调法律的客观性,得出了没有社团权利,只有成员权利的结论。新自由主义者则承袭个人主义传统,主张个人权利是个人的政治护身符,人权的主体只能是个体,而不能是集体。他们认为,集体是由个体构成的,即使集体有权利,也会转化为集体如何对待个体权利的问题。"各种形式的集体主义有一个致命的弱点,即依赖于如集体意志或民族意志这样虚无的存在,所以他们反对

---

① 〔法〕狄骥:《宪法论》,钱克新译,商务印书馆 1962 年版,第 364 页。

任何看起来依赖于这类可疑的存在的自然权利理论。"①自由主义则认为,个人权利观念并未预设任何虚无的形式,个人与社会的联系是后天的、外加的,离开了个体的权利就没有集体的权利;反之,只有实现了个体权利,集体的权利才能得到保障。

社群主义者则既承认个人权利,也承认集体权利。他们认为,人权的主体可以是个人,也可以是集体。社群并非个人原子式的松散的集合,而是一个有机的整体。一个社群划定了自己的边界,也确定了自己的核心利益,同样具备了作为权利主体所要求的基本条件,如独立的意志和行为能力、承担一定的义务等。如果社群自身没有权利,它就不能实现其功能,如对成员分配各种利益和资源,满足成员的物质和文化需要,促进内部团结统一,应对外部的压力,等等。沃尔泽以个人的居住场所权利为例阐述了个人权利与集体权利的关系。他说,这项权利并非针对一个特定的场所,它是在国家的背景下实施的,国家的存在就是为了保护它。国家所主张的领土管辖权从根本上来源于个人对场所的权利。因此,"这项权利既有集体形式,也有个人形式,而这两种形式又可能彼此冲突。但并不能说第一种形式总是或必然凌驾于第二种形式之上。因为第一种形式是为第二种形式而存在的。"②

英国社会学家齐格蒙特·鲍曼在《共同体》一书中阐述了人权与社群的关系。他指出,人权原则是这样一个持续性的要求,即表

---

① 〔美〕罗纳德·德沃金:《认真对待权利》,信春鹰、吴玉章译,上海三联书店2008年版,第7页。

② 〔美〕迈克尔·沃尔泽:《正义诸领域:为多元主义与平等一辩》,褚松燕译,译林出版社2002年版,第53页。

达过去的和未实现的权利要求、明确阐述新的权利要求并争取对那些权利要求的承认。人权的实质是,尽管它们应该独立地被享受,但它们不得不被集体地争取和赢得,而且只有被集体地争取,它们才可能得到承认。在证明这种权利要求的正当合理上,它需要变成一种集体性的利害关系。鲍曼认为,人权意味着这种让某人自己的差异得到承认并因而可以保持这种差异的应有权利,而用不着担心被训斥或被惩罚。这种差异——它适合于被承认是一种可以归入人权这一总类目下的对权利主张的应有权利——必须被发现和被理解。只有这样,人权原则才发挥了一种促使差异的产生与自我维持,以及围绕它建立一个社群的努力的作用。①

有英国学者以北爱尔兰权利法案为例阐述了社群权利的重要性。2002 年,北爱尔兰人权委员会提出了一份有关北爱尔兰人权法案的咨询文件。这份咨询文件指出,它必须承认和保证平等对待和尊重两个主要社群的成员②,但是,它也必须避免将这些社群之间的分歧予以制度化的风险。人们抱怨,先前的人权法草案侧重于把权利赋予作为社群成员的个人,而不是社群本身。于是,两年后在北爱尔兰人权委员会的一份文件《促进北爱尔兰权利法案》(2004 年新版)中,单列一部分就"认同和社群的权利"

---

① 参见〔英〕齐格蒙特·鲍曼:《共同体》,欧阳景根译,江苏人民出版社 2007 年版,第 85—87 页。

② "两个主要社群"指新教社群和天主教社群,前者主张与英国政府联合,后者则要求承认北爱地区的民族独立。

做出了明确规定。① 这充分说明了个人权利与社群权利处于同等重要的位置。

三、人权内容的公益性

狄骥认为,无论从主观还是从客观方面说,人都不可能离开社会连带关系,因而能够在为大家谋取共同利益和满足他人利益的同时来取得自己的利益。在社群主义者看来,由于在一个具有共同性和构成性的社群中,人们之间的关系呈现为一个可以相互影响的网络——这种相互影响的关系往往彼此交织、互相增强(而不仅仅是一对一的关系或链条式的个体联系),因此一个行为者与其他成员具有共同利益,这会使之更加注重自己的利益增减对整个社群的作用。同时,由于一个行为者同其他行为者具有共同的价值取向,因此他更可能培养和实践一种尊重和帮助他人的行为倾向。"个体成员的行动可能牵连整体;相应的,社团也对个人拥有巨大的强制力。这种系统性的结果之一,就是为社会行动者提供了确定的认同。而这种认同约束着社会互动过程中各方成员的可能性范围。"②这样,在社群之中,他人存在对自身存在具有重大影响,个人利益与公共利益紧紧连在一起了。

社群的权利包括两个方面。一是社群作为一个整体的权利,

① 参见〔英〕多米尼克·布莱恩:"共同体政治",刘曙辉、李义天译,载李义天主编:《共同体与政治团结》,社会科学文献出版社 2011 年版,第 69—71 页。
② 参见李义天主编:《共同体与政治团结》,社会科学文献出版社 2011 年版,前言,第 18—19 页。

这是对外而言的，包括作为第三代人权的发展权、民族自决权、环境权等。这些权利不单单为某个人所独自享有，而是社群中的成员共同所享有；实现这些权利不仅仅依靠个人的努力，还有赖于个人同社群中其他成员的合作；这些权利不仅仅有利于个人，而且还有利于社群内的所有人。二是社群面向成员的分配权利，这是对内而言的，包括分配利益和资源等。沃尔泽将社群的这种分配权利称为"公共供给"。他认为，人们走到一起是因为他们有共同的需要，他们的生存和幸福需要一种共同的努力，如对抗诸神的愤怒、其他人的敌意、大自然的冷漠与恶意（饥荒、洪水、大火和疾病）、人生的短暂易变等。他们确立且创造了彼此的需要，社群的目的就是为人们提供"安全与福利"。沃尔泽认为，公共供给分为一般和特殊两种。每当公共资金的花费使全体或绝大多数成员受益，而同时又没有面向个人做任何分配时，公共供给便是一般的；每当物品分配给某个特定人群，但实际上全部或任何成员都受益时，公共供给就是特殊的。例如，建造水库是一种一般供给，但将水输送给一个居民区就是特殊供给；保证食品供应是一般供给，对寡妇和孤儿分配食品则是特殊供给；公共保健通常是一般供给，对病人的照料却通常是特殊供给。就特殊供给而言，即便向个人提供物品对整个共同体来说也产生非排他性的好处。他举例说，向孤儿颁发的奖学金对孤儿来说是私人的，但对于孤儿将来一起工作和投票的公民社群而言，则是公共的。既然资源常常是稀缺的，人们就不得不做出艰难的选择。这些优先考虑的需要不仅同人性有关,而且与他们的历史和文化有关。①

　1991 年的一份社群主义宣言可以说十分完整地表达了社群主义的基本思想。这一年,美国有五十多名学者和政治家在《负责的社群》杂志冬季号上发表了一份题为《权利和责任》的社群主义宣言。宣言指出:"美国的男人、女人和儿童属于许多不同类型的社群,如家庭、邻里;这些社群表现为无数社会性、宗教性、种族性、工作地点的、行业协会的,以及政治的等各种形式。我们都属于各种相互依存的重叠的社群。如果置身这些社群之外,人类就不能长久生存,个人自由也不能长久维持。不论哪个社群,假如它的成员不将精力和资源奉献给共同的事业,它亦不能长久生存下去。单纯追求私利会腐蚀我们赖以生存的社会环境体系,并将破坏我们共同进行的民主自治实验。基于这些原因,我们认为,没有一个社群的观念,个人的权利就无法长期存在。社群观念既承认个人的尊严,也承认人的生存的社会。"②宣言还特别强调历史和现实条件的重要性:"社群主义的基本主张是在个人和群体之间,在权利和责任之间,在国家宪法、市场和市民社会之间寻求平衡,这是持久的事业。不过,由于这种寻求是在历史之中,在变化的社会条件中进行,评价什么是恰当的道德立场也将随时间、地点条件的变化而不同。如果我们是在今天的中国,我们会为更多的个人权利而作

---

① 参见〔美〕迈克尔·沃尔泽:《正义诸领域:为多元主义与平等一辩》,褚松燕译,译林出版社 2002 年版,第 81—82 页。
② 〔美〕丹尼尔·贝尔:《社群主义及其批评者》,李琨译,生活·读书·新知三联书店 2002 年版,引言,第 1 页。

强有力的证明;而在当代美国,我们强调个人的和社会的责任。"①

这一宣言阐述了社群主义的基本立场,也是社群主义人权思想的

生动体现。

---

① 转引自徐友渔:《重读自由主义及其他》,河南大学出版社 2008 年版,第 166—167 页。

第三章　国家主义人权思想

　　国家理论是政治理论的核心,西方许多政治理论家们几乎都把政治学理解为国家学。国家主义是一个比较复杂的概念。① 本书所指的国家主义哲学是指关于国家起源、国家主权、国家功能等的理论,它是一种古老的哲学传统,可以追溯到古希腊哲学思想中。下面,我们分别分析古代的柏拉图、亚里士多德、马基雅维里,近代的黑格尔、鲍桑葵,以及现代的吉登斯关于国家的学说,来探讨国家主义哲学的人权思想。

---

　　① 陈小文在考察"国家主义"的语源后认为,与国家主义相关的词汇有三个:raison d'être、nationalism 和 statism。"raison d'être"是国家理由,这是由马基雅维里创立的学说,强调国家的绝对权威和至上理由。"Nationalism"一词既可以指国家主义也可以指民族主义,是与法国大革命一起产生的,强调人民对于国家的认同感和归属感以及中央集权的权威结构,我们称现代国家为民族—国家(nation-state),即源于此,因为现代国家一般都是以民族为主体结成的。在某种程度上说,国家主义与民族主义是一而二、二而一的东西。"statism"这个词一般指的是由国家实施中央经济计划的一种意识形态。参见陈小文:《行政法的哲学基础》,北京大学出版社 2009 年版,第 84 页。陈小文在此书中对国家主义哲学思想有全面的分析和精到的见解,本书参照了其部分观点,不一一注明出处。

第一节　国家主义哲学思想的发展历程

一、古希腊国家主义哲学

如同自由主义的历史渊源一样，国家主义哲学也可以追溯到古希腊。在古希腊奴隶社会的漫长历史阶段中，文化思想光彩夺目，国家学说也精彩纷呈。随着城邦国家的出现，国家的本质是什么，它是怎样产生的，如何维护奴隶主城邦国家等问题，引起了古希腊哲学家们的普遍关注。

公元前 5 世纪出现的智者派试图从人的角度解释国家的起源和作用。普罗泰戈拉从"人是万物的尺度"的著名命题出发，认为道德、法律、国家等都不是自然的，不是神意决定的，而是人为的，国家出现的目的在于维护个人利益和保障公共的安全。[①] 原子论唯物主义的著名代表德谟克利特认为，国家和法的观念不是依靠某种彼岸意志的干预产生的，而是人们在长期斗争中形成的。由于"内战对于双方都是有害的；它使胜利者和失败者一样遭到毁灭"[②]，从而迫使人们联合起来形成国家。他强调国家的公共利益具有至高无上的地位，"一个治理得很好的国家是最可靠的庇护

---

① 参见《国家观的历史发展》，http：// phi. gzhu. edu. cn/tabloid/ylfzs/gjg. htm，最后访问时间：2013 年 6 月 10 日。
② 北京大学哲学系外国哲学史教研室：《古希腊罗马哲学》，生活·读书·新知三联书店 1957 年版，第 119 页。

所,其中有着一切。如果它安全,就一切安全;而如果它毁坏,就一切都毁坏了。"他反对贵族专制,拥护民主制度:"在一种民主制度下受穷,也比在专制统治下享受所谓幸福好,正如自由比受奴役好一样。"①古希腊著名哲学家苏格拉底认为,法律对国家和社会至关重要,公民应该服从国家的法律,"我说守法就是正义"②,一个国家的公民若遵守法律,他在和平时期就幸福,在战争时期就坚定。他认为,治理国家的人应该是懂得"国王的艺术"的人。他说:"国王和统治者并不是那些头戴王冠手执权杖的人,或是由张三李四选举出来的人,或是靠抽签、靠暴力或靠欺骗取得权力的人,而是善于进行管理的人。"③这样的统治者是既有知识又有美德的"知识贵族",类似于后来柏拉图讲的"哲学王"。

柏拉图继承了苏格拉底的国家观,他把国家的产生看成是人类生活需要的结果。在他看来,之所以要建立一个城邦,是因为每一个人不能单靠自己达到自足,人们需要许多东西。"因此我们每个人为了各种需要,招来各种各样的人。由于需要许多东西,我们邀集许多人住在一起,作为伙伴和助手,这个公共住宅区,我们叫它作城邦。"④柏拉图在这里把国家和社会混同起来,用社会的起源

---

① 北京大学哲学系外国哲学史教研室:《古希腊罗马哲学》,生活·读书·新知三联书店 1957 年版,第 120 页。

② 〔古希腊〕色诺芬:《回忆苏格拉底》,吴永泉译,商务印书馆 1984 年版,第164 页。

③ 参见吴恩裕:《西方政治思想史论集》,天津人民出版社 1981 年版,第 50—51 页。

④ 〔古希腊〕柏拉图:《理想国》,郭斌和、张竹明译,商务印书馆 2012 年版,第58 页。

代替国家的起源。在他设想的"理想国"中,等级分明,各安其位,各从其事。他认为,人的灵魂具有理性、意志和情欲三个部分,理想国里的居民也应分为三个等级:一、统治者、有学问有智慧的人;二、战士;三、供应日常生活物品的人:农民、手工匠等。他将理想国的统治者称之为监护者,主要是指具有真正科学知识、富有哲学教养的政治家:"除非哲学家变成了我们国家中的国王,或者我们叫做国王或统治者的那些人能够用严肃认真的态度去研究哲学,使得哲学和政治这两件事情能够结合起来,而把那些现在只搞政治而不研究哲学或只研究哲学不搞政治的人排斥出去,否则我们的国家就永远不会得到安宁,全人类也不会免于灾难。"①这种"哲学王"的观点,是柏拉图理想国的核心。

柏拉图是从正义这一概念的定义及其分析,开始他对国家理论的研究的。他说:"当每一个个人只做一种对国家有关的工作,而这个工作又是最适合于他的天性时,这个国家就有了正义。所以这样一来,每个人不必兼操多种职业,而是各人做其特殊适合的工作,不论老幼、男女、自由人、奴隶、手工人、统治者和被统治者都是这样。"②正义既是一种公共美德也是一种私人美德,对个人来说,善莫大于能胜任适合自己的工作;对社会来说,善莫大于每个人都专注于自己独立的职位。国家除了作为正义的管理者外,没

---

① 北京大学哲学系外国哲学史教研室:《古希腊罗马哲学》,生活·读书·新知三联书店1957年版,第231页。

② 转引自〔德〕黑格尔:《哲学史讲演录》(第二卷),贺麟、王太庆译,商务印书馆1995年版,第255页。亦可参见〔古希腊〕柏拉图:《理想国》,郭斌和、张竹明译,商务印书馆2012年版,第157页。

有任何别的或更高的目标。在国家之内，正义"表现为不同阶层之间的'几何对称'，根据这种对称，社会实体的每个部分都接受它的应得利益，并协助维护整体秩序。这个概念使柏拉图成为'法治国家思想'的奠基人和第一个捍卫者"。柏拉图所探询的不是既存的国家，而是"理想的"国家，也就是旨在追求美好生活的人类社会。"倡导一种国家理论，不是把它看作一种关于杂多材料的知识，而是把它看作一个系统的思想体系，柏拉图是第一个人。"①

柏拉图的国家观对以后的国家学说产生了深远的影响，最直接受其熏陶的是他的学生亚里士多德。不过，亚里士多德和柏拉图两人在国家观上具有许多不同之处。首先，他们立论的原则不同。柏拉图把国家和社会混同起来，把国家看作放大了的个人，以分工为原则，论证贵族奴隶主统治的合理性；亚里士多德则把社会同国家做了区分，从"人是政治动物"的原则出发，论证国家的起源和国家的目的，以及建立合理政体的必要性。其次，立论的方法不同。亚里士多德不像柏拉图那样从理念出发，而是从实际出发。他曾具体地研究了古希腊一百多个城邦的政治体制，写出了堪称西方第一部阐述国家学说的专著《政治学》。他以完整的理论形式阐述了国家的实质、国家的产生以及各种政体形式。② 再次，两人对国家起源的看法也有所不同。亚里士多德说，"早期各级社会团体都是自然地生长起来的，一切城邦既然都是这一生长过程的完

---

① 〔德〕恩斯特·卡西尔：《国家的神话》，华夏出版社 1999 年版，第 82—83 页。

② 参见《国家观的历史发展》，http://phi.gzhu.edu.cn/tabloid/ylfzs/gjg.htm，最后访问时间：2013 年 6 月 10 日。

成,也该是自然的产物。""城邦出于自然的演化,而人类自然是趋于城邦生活的动物(人类在本性上,也正是一个政治动物)。"①在亚里士多德看来,国家不是从来就有的,也不是人们基于自己的意志特意签订的契约的产物,而是自然而然形成的。在人类发展中,作为政治动物的人的本性的需要而产生了国家。

亚里士多德十分关注国家的政体问题。他的政治学的目的,主要是阐明政治团体在具备了相当的物质条件以后,什么形式的政治社会"才是最好而又可能实现人们所设想的优良生活的体制"②。他认为,凡是与国家本质相符合的,也就是根据"共同利益"而建立的政体就是最好的政体。他说:"依绝对公正的原则来评断,凡照顾到公共利益的各种政体就都是正当或正宗的政体;而那些只照顾统治者们的利益的政体就都是错误的政体或正宗政体的变态(偏离)。这类变态政体都是专制的[他们以主人管理其奴仆那种方式施行统治],而城邦却正是自由人所组成的团体。"③符合国家本质的好的政体有三种,即王制、贵族政体、共和政体。如果"以一人为统治者,凡能照顾全邦人民利益的,通常就称为王制(君主政体)。凡政体的以少数人,虽不止一人而又不是多数人,为统治者,则称贵族(贤能)政体 ……以群众为统治者而能照顾到全

---

① 〔古希腊〕亚里士多德:《政治学》,吴寿彭译,商务印书馆 2007 年版,第7页。
② 同上书,第43页。
③ 同上书,第135页。

邦人民公益的,人们称它为共和政体"①。与三种好的政体相对应的"变态政体"也有三种,这就是僭主政体,寡头政体和平民政体。"僭主政体为王制的变态;寡头政体为贵族政体的变态;平民政体为共和政体的变态。僭主政体以一人为治,凡所设施也以他个人的利益为依归;寡头(少数)政体以富户的利益为依归;平民政体则以穷人的利益为依归。三者都不照顾城邦全体公民的利益。"②他还认为,用理想的国家和最好政体的标准来衡量,现实存在的政体大都是一种"变态政体"。

在论及对于大多数的人类和城邦来说,究竟哪种政体和哪种生活方式最为优良这个问题时,亚里士多德认为:"在一切城邦中,所有公民可以分为三个部分(阶级)——极富、极贫和两者之间的中产阶级。"因为"中产阶级(小康之家)比任何其他阶级都较为稳定。他们既不像穷人那样希图他人的财物,他们的资产也不像富人那么多得足以引起穷人的觊觎。既不对别人抱有任何阴谋,也不会自相残害,他们过着无所忧惧的平安生活",所以"最好的政治团体必须由中产阶级执掌政权"。③ 在亚里士多德看来,对于最大多数的国家来说,由中产阶级执掌政权是最好的政治形式。凡是中产阶级强大,极贫和极富的两个阶级谁都不能主治政权,就可能组成优良的政体。只有这种共和政体,才能既防止绝对的平民政体,又避免单纯的寡头政体;既防止党派之争,又有助于政治安定。

---

① 〔古希腊〕亚里士多德:《政治学》,吴寿彭译,商务印书馆 2007 年版,第 136 页。

② 同上书,第 137 页。

③ 同上书,第 208、209、210 页。

所以,这种国家在所有切实可行的政体中是最安全、最守法的政体。建立了这种共和政体,公民们都有充分的资产,能够过上小康的生活,实在是一个国家无上的幸福。

上述可见,古希腊时期的国家学说的内容是很丰富的,涉及国家的主权、国家的本质、国家的政体,等等,这种形形色色的观点对后世国家理论具有极大影响。

二、马基雅维里的国家主义哲学

文艺复兴时期,一些思想家摆脱了中世纪伦理学和神学传统的束缚,抛弃了君权神授说,坚持用人的眼光来研究国家问题,意大利思想家马基雅维里就是这种观点的典型代表。马基雅维里的《君主论》被认为是近代国家主义理论的开山之作。而对近代国家主权观念的系统论述,则是由 16 世纪法国法理学家和政治思想家博丹完成的。博丹关于主权原则的阐述,被公认为是其政治哲学中最重要的部分。他在《国家论》一书中认为,主权是授予一个国家的绝对的、永恒的权力,也是制定普遍法律不可分割的权力。一个国家如果没有这样的法律权力,那么严格地说,就不能认为它是国家。[①] "主权的出现乃是把国家同包括家庭在内的所有其他群体区别开来的标志,因此,他一开始便把公民身份定义为对

---

① 参见〔英〕彼得·斯特克、大卫·韦戈尔:《政治思想导读》,舒小昀等译,江苏人民出版社 2008 年版,第 283 页。

主权者的服从。"①

马基雅维里则力图从历史和社会现实的经验出发,建立他的国家学说。当时的意大利由那不勒斯、教皇国、佛罗伦萨、米兰和威尼斯五个互相制约的国家所组成。马基雅维里认为,正是教皇的政策妨碍了意大利的统一。尽管他表面上尊敬教会(这种尊敬往往同讽刺和批评混合在一起),尽管基督教观点对他有着重要影响,但"他心底里是个不信上帝的人"②,对当时的教会进行了猛烈的抨击:"人同我们的宗教首脑罗马教会越接近,信仰越不虔诚……我们意大利人亏赖罗马教会和它的祭司,才成了不敬神的败类;但是我们还受它一件更大的恩惠,一件终将成为我们毁灭根苗的恩惠;那就是这教会使我们国家弄成四分五裂,现在仍让它四分五裂。"③为了使意大利成为一个统一的独立自主的国家,他主张政治绝对不应受教会的统治。对于教会国家,他带有某种轻蔑和嘲讽。这种国家依靠宗教上的古老制度不断强化权威,想要维持是很容易的。"但是,由于这种国家是依靠人类智力所不能达到的更高的力量支持的,我就不再谈论它了;因为这种国家显然是由上帝所树立与维护的,如果议论它,就是僭妄的冒失鬼的行为。"④

① 〔美〕乔治·萨拜因:《政治学说史》(下卷),邓正来译,上海人民出版社2011年版,第81页。

② 〔德〕弗里德里希·迈内克:《马基雅维里主义》,时殷弘译,商务印书馆2008年版,第89页。

③ 〔英〕罗素:《西方哲学史》(下卷),马元德译,商务印书馆1997年版,第21页。

④ 〔意〕尼科洛·马基雅维里:《君主论》,潘汉典译,商务印书馆2005年版,第53页。

引起马基雅维里兴趣的,不是想象中的国家,而是确实存在的君主国。"现在尚待考察的是,君主对待臣下和朋友应该采取的方法和行动。关于这一点,我知道有许多人已经写过文章,现在我也写起文章来,特别是当我讨论这个问题的时候,我的观点与别人的不同,因此,我恐怕会被人认为倨傲自大。可是,因为我的目的是写一些东西,即对于那些通晓它的人是有用的东西,我觉得最好论述以下事物在实际上的真实情况,而不是论述事物的想象方面。许多人曾经幻想那些从来没有人见过或者知道在实际上存在过的共和国和君主国。"①在他看来,国家不是神定的,而是由强者所创造,并由强权来维持的。他希望从纯自然的角度出发,唤起具有伟大灵魂和强壮肉体的英雄主义。正是这样强有力的领袖,把人们联合起来,树立了权威,颁布了法律,从而产生了世俗国家。"这是一种新的自然主义伦理,这种伦理将无所偏袒和义无反顾地顺从自然的指示。"②

马基雅维里的思想是围绕着"美德"、"命运"、"必须"和"国家"这四个概念来展开的。马基雅维里认为,要实现国家的长治久安,君主就必须用"美德"战胜"命运"。"美德"指的是"肉体上和精神上的力量,包括才能智慧,只是在少数场合特指美德善行"③,

―――――――――――――

① 〔意〕尼科洛·马基雅维里:《君主论》,潘汉典译,商务印书馆2005年版,第73页。

② 〔德〕弗里德里希·迈内克:《马基雅维里主义》,时殷弘译,商务印书馆2008年版,第89页。

③ 〔意〕尼科洛·马基雅维里:《君主论》,潘汉典译,商务印书馆2005年版,第3页,注③。

包含着公民的德行与统治阶级的德行；它既意味着一个人随时为公益做奉献的准备，也意味着国家创立者和统治者的智慧、精力和抱负。"命运"指的是人类不能加以控制的所有情景，它与君主的成败有着直接的关系。"命运是我们半个行动的主宰，但是它留下其余一半或者几乎一半归我们支配。"如果人们同命运密切地协调，他们就成功；而如果不协调，他们就不成功。马基雅维里认为，君主不应该完全依靠命运，而应该战胜命运，让命运屈服在自己的意志之下。君主要战胜命运，就必须根据特定情况使用自己的美德。君主如何使用自己的美德？马基雅维里认为就是要执行"必须"。他在《论李维》第一篇第四段里说，人从不会按照自己的利益做任何善事，除非某种"必须"驱使他们如此。他接着说，饥饿和贫困使人勤劳，法律使他们善良。对任何犯法行为的惩罚导向认识正义。因此，对他来说，道德上的善和正义是可以靠国家的强迫性权力来产生，个人的权利只有靠国家的权力来维持和给予。如果说"美德"是人创造和维持国家，并且赋予其意识和意义的活力；那么"必须"就是原因性压力，是使得怠惰涣散的群氓聚合为"美德"所需形态的手段。①

可以说，马基雅维里的整个思想就是为了阐明君主为了国家的长治久安所必须做的事情。马基雅维里被称为西方近代政治学的奠基者，一是因为他颠倒了基督教自奥古斯丁以来的基本等级秩序，即强调"好公民"问题绝对高于好基督徒的问题（爱你的城邦

---

① 参见〔德〕弗里德里希·迈内克：《马基雅维里主义》，时殷弘译，商务印书馆2008年版，第92、97页。

高于爱你的灵魂），从而让人可以看清西方现代性的起源。① 二是因为他引进了一种全新的国家概念。马基雅维里在为"国家"这个现代政治术语添加含义方面所做出的贡献，超过了其他政治思想家的努力。萨拜因认为，甚至国家这个术语本身，作为一个主权性政治实体的称谓，似乎也主要是因为他的论著而在现代语言中广泛流行开来的。国家作为一种有组织的力量，在自己的领土内处于至上的地位，并在同其他国家的关系中推行一项有意识的扩张政策。这样的国家不仅成了现代典型的政治制度，而且还日益发展成了现代社会中最强有力的制度。"这种国家在现代政治中所发挥的作用，正是马基雅维里在洞见政治演变之趋势的时候所明确揭示出来的那些作用。"②

三、黑格尔的国家主义哲学

自文艺复兴以来，西方思想界一直存在两种国家观。一种是自由主义的国家观，以霍布斯、洛克、卢梭等为代表。这一观点认为，人们为了使自己生活得更好，将自己组成国家，国家起源于社会契约，其目的就是为了保护个人权利。另一种是国家主义的国家观，以马基雅维里为代表。这一观点认为，国家不是为了个人本身的利益而组织起来的一种模式，国家的"普遍"福祉不仅包含各

① 参见〔美〕列奥·施特劳斯：《自然权利与历史》，彭刚译，生活·读书·新知三联书店 2006 年版，导言，第 49—50 页。
② 〔美〕乔治·萨拜因：《政治学说史》（下卷），邓正来译，上海人民出版社 2010 年版，第 26 页。

个分立的个人的福祉,还包含整个集合体的福祉,这个集合体不只是个人的单纯总和,而是代表一个集体人格。而且,"不仅人民是个集体人格,领导他们的国家本身也是另一个这样的集体人格;的确,它是个比单纯的人民活跃得多的集体人格,因为它有组织,能够在任何时刻使自己的意志有效。"前者从理性主义出发,讨论的是国家的最佳形态;后者从经验主义出发,讨论的是国家的现实存在。这两种国家观彼此共存,相互竞争,有时候一种观点优势突出,有时候另一种观点独占鳌头。①

　　能否有一种观点能解决这两种国家观之间的冲突呢?这一历史任务是由德国哲学家黑格尔来完成的。在黑格尔之前,康德和费希特也曾对国家学说的发展做出了重要贡献。康德认为国家起源于契约,是人们协议的结果,国家应建立在自由、平等、独立的三项理性原则之上的,作为国家成员的公民是自由和平等的,并享有政治权利。马克思指出:"康德认为,共和国作为唯一合理的国家形式,是实际理性的基准,是一种永远不能实现但又是我们应该永远力求和企图实现的基准。"②费希特和康德不同,他不把国家看作是目的本身,而仅仅把它看作是实现理想制度的工具和手段。他说:"国家生活不属于人的绝对目的,相反地,它是一种仅仅在一定条件下产生的、用以创立完善社会的手段。国家也和人类的一切

① 参见〔德〕弗里德里希·迈内克:《马基雅维里主义》,时殷弘译,商务印书馆2008年版,第485—486页。
② 《马克思恩格斯选集》第1卷,人民出版社1995年版,第465页。

172

典章制度一样,是纯粹的手段。"①在他看来,人民是一切其他权力的渊源,人民有权对政府不信任。康德和费希特将理性主义的国家学说推进了一大步。

正是黑格尔,他的国家学说将理性主义与经验主义结合起来。他宣称:"凡是合乎理性的东西都是现实的,凡是现实的东西都是合乎理性的。"②按照他的观点,实际存在的国家也是理性国家。他把国家作为其自身是一种理性的东西来理解和叙述,绝对避免把国家依其所应然来构成。为达此目的,他"必须重新解释理性这一概念,使之成为流动的;他必须剥去它的规范至此为止拥有的稳定性,将这些规范本身变成一种流动不息但不断升华的生命形态,转变成历史人类的发展过程。"③黑格尔认为,人作为理性动物都具有自由意志,逻辑学、自然哲学和精神哲学,是理性发展的三个阶段。精神哲学又包括主观精神、客观精神、绝对精神,客观精神又包括三个阶段:抽象法、道德和伦理。在他看来,抽象法是自由意志借助外物的直接体现,比如对物的占有和所有权;道德是自由意志在个人内心中的实现;自由意志既通过外物,又通过内心,得到充分的现实性,就是伦理。伦理是一个精神性的、活生生的、有机的世界,是一种价值体系,是人们必须遵守的社会规范。黑格尔认为,伦理的发展过程分为三个环节:第一,直接的或自然的伦理精

---

① 〔德〕费希特:《论学者的使命》,梁治学、沈真译,商务印书馆1980年版,第17页。

② 〔德〕黑格尔:《法哲学原理》,范扬、张企泰译,商务印书馆1996年版,序言,第11页。

③ 〔德〕弗里德里希·迈内克:《马基雅维里主义》,时殷弘译,商务印书馆2008年版,第490页。

神——家庭；第二，市民社会——各个成员作为独立的单个人的联合，因而也是在形式普遍性中的联合，这种联合是通过成员的需要，通过保障人身和财产的法律制度，以及通过维护他们特殊利益和公共利益的外部秩序建立起来的；第三，伦理精神或实体充分实现、完成，返回于自身，并再集中统一起来，就是国家。①从家庭、社会到国家，是一个螺旋上升的过程，是客观精神发展的必然结果。

黑格尔认为国家与市民社会有着本质区别，这正是他的国家学说区别于社会契约国家的原因之所在。他认为，市民社会有两个原则：一方面，"个别的人作为市民，就是私人。他们都把本身利益作为自己的目的。"②又说："具体的人作为特殊的人本身就是目的；作为各种需要的整体以及自然必然性与任性的混合体来说，他是市民社会的一个原则。"另一方面，个人只有在与其他人的相互关系中才能达到自己的目的，这样他人就成了自己的手段，这样个人的特殊性就在与他人的关系中实现了普遍性，"并且在满足他人的福利的同时，满足自己"。黑格尔认为，"这一普遍性的形式是市民社会的另一原则"③。由此可见，第一个原则是自利的原则，第二个原则是在自利的同时利他的原则。自由主义的国家观是建立在社会契约的基础之上的。黑格尔认为社会契约论者混淆了社会和国家的根本区别，将国家混同于社会。他说："神自身在地上的行

---

① 参见〔德〕黑格尔：《法哲学原理》，范扬、张企泰译，商务印书馆1996年版，第173—174页。
② 同上书，第201页。
③ 同上书，第197页。

进，这就是国家。国家的根据就是作为意志而实现自己的理性的力量。"①因此，在他看来，如果把国家看作契约的结果，就是把国家看成人们任性的产物，把国家等同于市民社会，这是完全错误的。黑格尔在很多地方批评了这种混淆。他说，社会契约论所讲的国家实际上是市民社会，"许多现代的国家法学者都不能对国家提出除此以外任何其他看法"②。

在论及国家的起源时，黑格尔认为，国家不仅是历史的产物，是历史生活的一部分，而且是历史生活的本质和核心。"各民族在达到它们这个使命以前，也许已经没有国家而经过一个长时期的生命，在这个时期内，它们也许已经在若干方面获得某些方面的文化……就是在今天，我们仍然知道还有若干民族没有形成一个社会，更谈不上形成一个国家，然而它们早就如此存在着了……但是那些显得如此广泛的大事变，是属于历史范围之外的；实际上是先于历史的。"在黑格尔看来，在国家之外和在国家以前，人们是不能对历史生活进行谈论的，国家要"首先提出一种内容，这种内容不但适合于历史的散文，而且在它自己的生存的进展中产生这类历史。"黑格尔强调法律对国家的作用，他说："一个生存渐见稳定、进展而成为国家的社会，不是要求政府方面发出纯属主观的命令来满足目前的需要，而是要求各种正式的诰论和法律——范围广大

---

①〔德〕黑格尔：《法哲学原理》，范扬、张企泰译，商务印书馆1996年版，第259页。

② 同上书，第197页。

而且普遍适用的规定。"①在他看来,只有在对于法律有自觉的国家里,才能有明白的行为的发生,同时对于这些行为才能有一种清楚的自觉,才会有客观的历史。

黑格尔是德国古典唯心主义和国家主义的集大成者。马克思在《黑格尔法哲学批判导言》中说:"德国的国家哲学和法哲学在黑格尔的著作中,得到了最系统、最丰富和最完整的阐述。"②黑格尔的国家学说引起了很大反响,恩斯特·卡西尔认为黑格尔的哲学是"两大思想汇流之间的分水岭,它标志着两个时代、两种文化、两种意识形态之间的转折,它站在十八世纪和十九世纪的分界线上"③。此后,英国的格林、布拉德雷、鲍桑葵等"牛津唯心主义"学者就受到了黑格尔哲学很大的影响。特别是鲍桑葵继承和发展了黑格尔的国家学说,被认为是英国新黑格尔主义的首领人物之一。

鲍桑葵的国家学说集中反映在《关于国家的哲学理论》一书中。他明确地把自己的国家理论与密尔、斯宾塞等自由派思想家的理论对立起来。他认为,自由派思想家在解决国家与个人的关系问题时把二者对立起来,把国家看作个人自由发展的障碍。他们在一定程度上也承认需要国家参与社会事务,但要求大大加以限制,把国家仅当作保证人们在和平和安全社会环境中追逐个人目的的工具。鲍桑葵认为这种理论是极为肤浅的。国家并非是与

---

① 〔德〕黑格尔:《历史哲学》,王造时译,生活·读书·新知三联书店1956年版,第100、101页。

② 《马克思恩格斯全集》第1卷,人民出版社1956年版,第459页。

③ 〔德〕恩斯特·卡西尔:《国家的神话》,范进等译,华夏出版社1999年版,第328页。

人相对立的力量,而是众多的个人的要求,即公共意志的体现。如果不把国家仅仅看作是一群人,而是看作"一个有效的生活概念。正如柏拉图所教导的,它是指导每一个国民使之能够履行其职责的概念"①,那就可以把国家与公共意志统一起来。如果这样看待国家和社会,个人的思想和意志对社会的思想和意志的关系就与个别的物体对整个自然界的关系相类似。在这两种情况下,自我封闭的个体不过是一种抽象,因为个体与全体融合在一起了,单个人的现实的意志与国家所代表的公共意志统一起来了,二者之间的对立就不存在了。国家、社会对个人来说并不是外在的、异己的力量,而正是各个个人意志的体现。个人服从国家就是服从自己的真实意志,个人如被国家强制去做某种事也就是按自己的真实意志去做某种事。他不是被奴役,而是自由。

四、吉登斯的新国家主义

20世纪以来,国家学说经历了一个波浪式的发展历程。20世纪五六十年代,在西方政治学行为主义变革的推动下,"国家"这一概念因"含混不清"而为众多政治学者所摒弃。西方政治学的核心术语由"政治系统"一词代替了"国家"。一些学者将系统分析引入政治研究框架之中,使政治系统理论成为风靡一时的新理论、新流派。但是,由于政治系统分析具有高度抽象性,不易进行经验证实等缺点,这一理论也遭

---

① 〔英〕鲍桑葵:《国家的哲学理念》,汪淑钧译,商务印书馆2010年版,第164页。

到诸多批评。① 最近三十年来,经济全球化进程的加快,使西方国家重新思考如何正确处理国家和市场的关系问题:"怎样才能有效地发挥自我调节的市场的配置功能和发现功能,而不致造成背离民主制自由社会的一体化条件的不平等分配和社会代价?"②这种形势推动了国家概念和国家理论的复兴。英国社会学理论家安东尼·吉登斯就是国家学说的典型代表,他的《超越左与右——激进政治的未来》、《第三条道路——社会民主主义的复兴》两本著作阐述了新国家主义思想,进一步拓展了国家概念和国家理论。

吉登斯认为,当今时代是一个全球化的时代和一个充满不确定性的时代。③ 全球化并不只是经济的一体化,而是一种政治和经济的合力推动的范围广泛的进程。④ 而社会的不确定性来源于我们的人为风险,即科学技术的发展带来的负面效应。这种人为的风险包括四个方面:现代性对世界生态体系的冲击;大规模贫困的发展;大规模破坏武器的存在;民主权利的困境。⑤ 自由主义与国家主义融合而成的社会民主主义,被吉登斯称之为"第三条道路"。

---

① 美国政治学家戴维·伊斯顿是政治系统理论的主要创立者,他率先将系统分析引入政治研究框架之中,出版了包括《政治生活的系统分析》在内的一系列著作和文章,发展和完善了政治系统理论。参见王彩波主编:《个人权利与社会正义》,中国社会科学出版社 2007 年版,第 271 页。

② 〔德〕哈贝马斯:"超越民族国家?",载《全球化与政治》(论文集),中央编译出版社 2000 年版,第 77 页。

③ 参见〔英〕安东尼·吉登斯:《超越左与右——激进政治的未来》,李惠彬、杨雪冬译,社会科学文献出版社 2003 年版,第 4—7 页。

④ 参见〔英〕安东尼·吉登斯:《第三条道路——社会民主主义的复兴》,郑戈译,北京大学出版社、生活·读书·新知三联书店 2000 年版,第 36 页。

⑤ 参见〔英〕安东尼·吉登斯:《超越左与右——激进政治的未来》,李惠彬、杨雪冬译,社会科学文献出版社 2003 年版,第 101—107 页。

吉登斯的第三条道路理论探讨的是个人、公民社会和国家这三者之间的关系。

一是自主的个人。传统的思维方式认为,在家庭关系中,父与子、夫与妻之间的关系被视为一种主客对立的关系,这种关系是通过角色认同来实现的,由此建构了一套父与子、夫与妻之间的"命令—服从"的家庭伦理学。然而,这套家庭伦理学是与传统的政治法律所确认的自由、平等的观念背道而驰的。这就是自由主义的困境:即一方面要求自由平等,另一方面在家庭价值上要求保持"命令—服从"观念。当今社会个人主义急剧发展,一方面自由主义所倡导的形式上的自由平等的观念,另一方面国家主义通过福利国家所实现的实质上的自由平等政策,"将个人从过去某些僵化的制度中解放出来"①,使得个人主义被制度化了,形成了一种新的个人主义,吉登斯称之为"制度化的个人主义"②。个人已经变成了自主的个人,不再是依附的个人。个人不再盲目地接受和信仰既定的价值观念,而是有自己的自主选择。这种道德选择不仅不是道德沦丧,而且是更为敏感的道德关怀。③ 正是个人的这种自主性的发展,为个人、社会和国家之间的互动性的协商民主打下了基础。

二是积极的公民社会。无论是自由主义还是国家主义,都将公民社会与国家的分立作为自己的理论基础。公民社会主管私人

---

① 〔英〕安东尼·吉登斯:《第三条道路——社会民主主义的复兴》,郑戈译,北京大学出版社、生活·读书·新知三联书店2000年版,第39页。

② 同上书,第38—39页。

③ 同上书,第38页。

领域的事情,国家主管公共领域的事情,两者井水不犯河水,否则就是越权。吉登斯认为,当今社会应该是一种积极的公民社会,公民社会不再只是固守私人领域的问题,而是开始涉足公共领域的事情,吉登斯从六个方面来加以阐述。(1)作为合作伙伴的政府和公民社会。这种合作伙伴关系体现为,政府和公民社会要彼此成为协助者和监督者。政府和公民社会之间不要建立人为的鸿沟,彼此固守自己的领域,而是要"根据情况的不同,政府有时候需要比较深入地干预公民社会的事务,有时候又必须从公民社会中退出来"①。干预公民社会时,也不能一味采取"命令—服从"的措施,而是需要公民的协助和自觉。从公民社会中退出来时,也不能放任不管,而是需要由公民社会自己组织的协会来加以调控,政府进行监督。(2)通过激发地方的主动性而实现社区复兴。公民们自己组织一些小群体,这些小群体与传统的按照区域组成的团体不同,他们是"一群志趣相投的人走到一起来,共同寻求一条'生活旅程'","体现的是公民生活的丰富性"。②(3)第三部门的介入。志愿性的组织、慈善团体、各种行业性的协会,将从前属于国家的一些服务和监管的职能接受过来,通过提供民间性的服务和自律的监管,取代了国家的部分职能。(4)地方公共领域的保护。政府应该对社会组织加以保护,给予必要的资金支持,同时监督公民社会的权力膨胀,"国家还应当保护个人免受公民社会中经常出现的

---

① 〔英〕安东尼·吉登斯:《第三条道路——社会民主主义的复兴》,郑戈译,北京大学出版社、生活·读书·新知三联书店2000年版,第83页。
② 同上书,第84、85页。

利益冲突之害"①。(5)以社会为基础预防犯罪。建立一种合作治安的方式,不仅让公民参与预防犯罪,而且要改变警方特有的思维方式。"一种经过更新的侧重犯罪预防而不是法律执行的模式,将同治安与社区力量的重新结合紧密配合起来。"(6)民主家庭。这种民主性的家庭包括七个方面的内容:情感平等与性平等;在共同生活关系中的相互权利责任;共同承担养育子女责任;终身的家长契约;父母对子女的有商量余地的权威;子女对父母的义务;社会整合性的家庭。②

　　三是积极的国家。全球化与风险的不确定性,注定国家要承担更多的职能,单纯的公民社会自身是不能够解决这些问题的。"国家边界(尤其以欧洲的例子为甚)与过去相比正在不断地变得模糊。但是民族国家尚未消亡;并且从总体上来说,政府的活动范围与其说是随着全球化的不断推进而缩小,倒不如说是变得更为扩大了。一些国家在某些情况下(例如苏联解体后的东欧各国),权力比它们在过去拥有的不是更小了而是更大了。"③在吉登斯看来,全球化看起来正在消解国家的边界,但是全球治理使得国家的责任更大。国家需要与个人、与公民社会互动合作,实现共同治理,才能增进公共利益,促进社会和谐稳定。

　　有学者认为:"从吉登斯所面对的问题,即全球化和人为风险,我们可以看出,他的目的还是国家主义的公共利益,而不是自由主

---

①　〔英〕安东尼·吉登斯:《第三条道路——社会民主主义的复兴》,郑戈译,北京大学出版社、生活·读书·新知三联书店 2000 年版,第 89 页。
②　同上书,第 99 页。
③　同上书,第 35 页。

义的个人权利。尽管他强调了个人、社会的积极作用,但是国家的积极职能仍然是他的重点。他的目的是想通过个人和社会来实现国家主义的理想。因此我们可以称之为新国家主义。"①

第二节 国家主义人权思想的主要内容

从上面的探讨中,我们可以看出,国家主义同自由主义是两个完全不同的哲学谱系,两者在一定意义上是相比较而形成、相对立而发展的。自由主义强调个人主义,强调个人的绝对优先地位,个人权利为国家和社会行为划定边界;国家主义强调国家至上,国家是人类社会发展的最高阶段,人们必须为国家恪尽职守。自由主义强调权利本位,限制国家权力,保障个人权利;国家主义强调管理理论,国家的职能在于管理,个人对于国家有应尽的义务和职责。自由主义崇尚消极的国家职能,强调消极自由和程序正义;国家主义崇尚积极的国家职能,强调积极自由与实质正义。国家主义的人权思想与自由主义的人权思想也是迥然不同的,具体来说,体现在以下几个方面。

一、国家至上

在个人与国家之间的关系上,从柏拉图、经过亚里士多德、马

---

① 陈小文:《行政法的哲学基础》,北京大学出版社 2009 年版,第 141 页。

基雅维里,到黑格尔都认为,国家高于个人,国家权力高于个人权利,国家利益高于个人利益。因此,个人的权利和义务必须由国家来设定,个人必须服从国家。柏拉图认为,个人的天职从一开始就是安排好了的,他必须投入这个天职之中,自觉地实现自己在社会中的价值,完成自己在国家中的使命。亚里士多德认为,国家在本性上先于个人和家庭。没有国家的人不是神祇就是野兽。"从个人到国家被他认为是个由不完全到完全、由根本意义到十足意义上的人实现其本性的过程。家庭生活、村落生活只是使生活成为可能,而国家则以实现人的美满生活为目的。因此国家的生活是人的本性的完成。"①

欧洲中世纪以来的自然法认为,法律被置于国家之上,国家则是贯彻法律的一种手段。但是到马基雅维里这里,国家理由高于法律,法律必须屈从于国家。马基雅维里将"自然法"变成了"自然力"即"必需":"在国家的行为中,甚至肮脏的手段也是有理的,只要关系到赢得或维持国家必需的权势。它展示了人的这么一幅图景:人被剥去了所有超然的美善,被孤身抛在战场上面对自然的恶魔般的力量,因而现在感到自己也拥有了恶魔般的力量,以眼还眼,以牙还牙。在马基雅维里看来,'美德'有一种完全真实的权利来不择手段,以达到征服命运之目的。可以很容易看出,这个从外面看去显得如此二元的信条,实际上是出自一种幼稚的一元论,它将生活中的一切权势归结为自然力。它现在变成了一个前提,马基雅维里就'国

---

① 吴恩裕:"论亚里士多德的《政治学》",载亚里士多德:《政治学》,商务印书馆 2007 年版,序言,第 10 页。

家理由'的本质所作的发现就是依据了这个前提。"①

　　马基雅维里从人们要求结束动乱、实现统一的愿望出发,提出了一整套君主专制的主张。他认为,国家的基本形式分为君主制和共和制两种,对于一个国家来说,共和制是最好的政体形式。但为了结束当时意大利四分五裂的局面,首先需要建立的不是共和政体,而是强有力的君主专制政权。他从性恶论出发,认为人类是忘恩负义、容易变心的,是伪装者、冒牌货,是逃避危难、追逐利益的。因此,君主必须将统治建立在使人畏惧上。马基雅维里主张政治和道德截然不同,君主为了实现其强有力的统治,可以不顾道德原则,一切手段在政治领域中都是可取的。评价君主行为的标准只有一个,即他所采取的各种政治手段是否成功地扩大或保持了其国家的力量。他劝告君主必须懂得善于运用野兽的方法,"应当同时效法狐狸与狮子。由于狮子不能够防止自己落入陷阱,而狐狸则不能抵御豺狼。因此,君主必须是一头狐狸以便认识陷阱,同时又必须是一头狮子,以便使豺狼惊骇。"②如果残酷能使自己的臣民团结一致和同心同德,君主就不应该介意残酷这个恶名;如果遵守信义和履行诺言反而对自己的统治不利,君主绝不能够、也不应该遵守信义。他说:"一位君主如果能够征服并且保持那个国家的话,他所采取的手段总是被人们认为是光荣的,并且将受到每一个人的赞扬。因为群氓总是被外表和事物的结果所吸引,而这个

　　① 〔德〕弗里德里希·迈内克:《马基雅维里主义》,时殷弘译,商务印书馆2008年版,第96页。
　　② 〔意〕尼科洛·马基雅维里:《君主论》,潘汉典译,商务印书馆2005年版,第83—84页。

世界里尽是群氓。"①可见,马基雅维里认为,在个人与国家之间,国家处于至上的地位,为了国家的安全和稳定可以牺牲个人的一切。

　　黑格尔认为,国家是至高无上的,它高于个人的自由和权利。"神自身在地上的行进,这就是国家。"②国家被看成是绝对的神物,被赋予绝对的权威。黑格尔对国家本质的看法表现在他给国家下的定义中。他说:"国家是伦理理念的现实。""国家是绝对自在自为的理性的东西"。③ 他还宣称:"国家应是一种合理性的表现,国家是精神为自己所创造的世界……国家高高地站在自然生命之上,正好比精神是高高地站在自然界之上一样。因此,人们必须崇敬国家,把它看做地上的神物。"④他认为国家是第一性的和超阶级的东西,国家的职能就是对外维护国家主权,对内保护市民社会。他说:"其实国家的其他任何一种制度都和各等级一起来保障公共的福利和合乎理性的自由,其中的一些制度,如君主主权、王位世袭制、审判制度等所提供的保障甚至还要大得多。"⑤在他看来,保护和保证作为单个人的生命和财产不是国家实体性的本质,"反之,国家是比人更高的东西,它甚至有权对这种生命财产本身提出要求,并要求其为国牺牲。"⑥黑格尔反对将个人自由和权利视

① 〔意〕尼科洛·马基雅维里:《君主论》,潘汉典译,商务印书馆2005年版,第86页。
② 〔德〕黑格尔:《法哲学原理》,范扬、张企泰译,商务印书馆1996年版,第259页。
③ 同上书,第253页。
④ 同上书,第285页。
⑤ 同上书,第320页。
⑥ 同上书,第103页。

为国家的目的,他主张国家本身就是目的,保障人权应被视为市民社会的任务,而不是国家的任务。国家应当是绝对的,因为只有它才能体现各种伦理价值,个人只有在致力于为国家服务的条件下才能获得尊严和自由。

鲍桑葵从对国家和个人的关系的解释中,找到了对政治义务的唯一真实的解释,这就是个人必须服从国家和社会,不得违抗。为了保障个人自由发展,不仅不应削弱国家的作用,反而应当强化国家的作用。对国家的强制措施不应当反抗,而应当服从。他说:"国家是必要的暴力;它是唯一得到承认并被证明是正当的暴力……认为国家所使用的暴力只限于由警察镇压妨害治安的人和惩罚故意犯法的人,那就大错特错了。国家是我们生活的飞轮。它的体制使我们经常想到自己所承担的从环境卫生到托管事务等各方面的责任。"①

以上可见,国家主义哲学认为,个人的权利和义务是由国家决定的。为了实现国家的目的,可以牺牲个人的权利,可以规定个人义务。国家权力来源于国家的意志,没有正当性的问题。如果有问题,就是国家的意志的内容是否正当,即它是否合乎国家追求的目的。

二、义务本位

国家主义者强调国家至上,但并不是说不重视人权,只不过将

---

① 〔英〕鲍桑葵:《国家的哲学理念》,汪淑钧译,商务印书馆 2010 年版,第164—165 页。

人权理解为"一系列审慎考虑的政治义务",并同国家紧密结合起来。柏拉图将公民分为三个等级,每个等级各有其自己的权利和义务,这一点突出了权力和特权的重要性,"它使得权力和特权的不平等但不是不正义,成为可能。"①一个人要合乎正义,就是干自己分内的事而不干涉别人分内的事,因此这种权利也是他的使命,他必须干这份工作,而不能干别的工作,这份工作的权利同时也是他的义务。在柏拉图看来,"木匠做木匠的事,鞋匠做鞋匠的事,其他的人也都这样,各起各的天然作用,不起别种人的作用,这种正确的分工乃是正义的影子。"②建立国家的目标不是为了某一个阶级的单独突出的幸福,而是为了全体公民的最大幸福,只有在一个这样的城邦里才最有可能找到正义。因此,首要任务是"铸造出一个幸福国家的模型来,但不是支离破碎地铸造一个为了少数人幸福的国家,而是铸造一个整体的幸福国家"③。柏拉图认为,要研究正义只能从国家这个"较大的字体"入手,将国家视为正义的先决条件。国家按照等级组织起来,"从而使其全体得以实现某种伦理思想"④。柏拉图认为,法律是文明的教化。一方面它将人类的最高的善通过立法的方式用文字明确下来,使人们认识到这种善,只

① 〔英〕罗素:《西方哲学史》(上卷),何兆武等译,商务印书馆1997年版,第155页。

② 〔古希腊〕柏拉图:《理想国》,郭斌和、张竹明译,商务印书馆2012年版,第174页。

③ 同上书,第135页。

④ 〔英〕罗素:《西方哲学史》(上卷),何兆武等译,商务印书馆1997年版,第155页。

有认识到这种善，并且去追求这种善，个人才能得到幸福；另一方面由于人的意志非常薄弱，经不起各种私利的诱惑而卷入私利的竞争，很难自觉地去追求这种善，因此要用法律这种手段来强制人们按照法律的规定行动。这种最高的善就是正义，这种正义就是每个人各司其职，实现自己应分的权利。①

亚里士多德说，人类在本性上，也正是一个政治动物，人自然是趋向于城邦生活的动物。② 一个没有城邦的人，不是一只野兽就是一位神祇。③ "城邦的一般含义就是为了要维持自给生活而具有足够人数的一个公民集团"④，个人之所以要加入城邦，是出于人类生活的发展，而其实际存在是为了"优良生活"，只有在城邦里人类的生活可以获得完全自给自足。⑤ 亚里士多德认为，决定城邦的是政制，决定政制的是正义，而决定正义的是"善"："政治团体的存在并不由于社会生活，而是为了美善的行为。［我们就应依照这个结论建立'正义'的观念。］"⑥国家的存在不是为了保护个人的生命、自由和财产，而是为了提高整个社会的道德境界。个人就是这个道德伦理整体中的一部分，他必须完全融合到这个整体之中，而要融合到这个整体中，就得做好他作为一个公民所应有的那一部分

① 参见〔英〕厄奈斯特·巴克：《希腊政治理论：柏拉图及其前人》，卢华萍译，吉林人民出版社 2003 年版，第 420 页。
② 参见〔古希腊〕亚里士多德：《政治学》，吴寿彭译，商务印书馆 2007 年版，第 7 页。
③ 参见同上书，第 9 页。
④ 同上书，第 117 页。
⑤ 参见同上书，第 7 页。
⑥ 同上书，第 143 页。

工作,例如议事和审判的工作,因此议事和审判与其说是公民的权利,毋宁说是公民的义务。可以说在希腊人那里,权利本身就是义务。①

黑格尔认为,个人在国家中享有多少权利,并不取决于人格和自由意志本身,而取决于个人对国家所尽的义务。"国家的力量在于它的普遍的最终目的和个人的特殊利益的统一,即个人对国家尽多少义务,同时也就享有多少权利。"②他认为,必须把自由理解为一种社会现象,自由与其说是一种个人的天赋,还不如说是社会支持的法律制度和伦理制度所赋予个人的一种地位。个人权利和自由是与他在社会中的地位施加于他的义务相对应的,甚至私人的幸福也要求以那种与社会地位相伴随的尊严和那种参与有益于社会的工作的意识为条件。③ 在黑格尔看来,道德便是义务,便是实体权利:"国家的道德并非由个人自己的确信来支配的那种伦理的、反省的道德;后列的那种更是现时代的特色,那真正的古老的道德则是各人恪守义务这个原则的。"他强调,服从法律是人们应尽的义务。"只有服从法律,意志才有自由;因为它所服从的是它自己——它是独立的,所以也是自由的。"国家那种"合理的本质"作为实体的东西,它是必然的;当我们承认它为法律,并且把它当

---

①　参见陈小文:《行政法的哲学基础》,北京大学出版社 2009 年版,第 85—86 页。

②　〔德〕黑格尔:《法哲学原理》,范扬、张企泰译,商务印书馆 1996 年版,第 261 页。

③　参见〔美〕乔治·萨拜因:《政治学说史》(下卷),邓正来译,上海人民出版社 2010 年版,第 343 页。

作我们自己存在的实体来服从它,我们就是自由的。当人类主观意志服从法律的时候,"自由"和"必然"的矛盾就消失了。于是,"客观的意志和主观的意志互相调和,从而成为一个相同的纯粹的全体。"①

鲍桑葵认为:"权利是得到社会承认并由国家加以维护的要求。因此,我的位置或地位及其附带物,只要经国家认可就构成了我的权利——这时是把它当作某种我所要求的或者我认为是有助于达到我的目的的东西。……如果我实际上并不关心这个目的,但由于假定我具有达到这个目的的能力,我同样享有这些权利。不过在这种情况下,它们虽然在表面上被认为是权利,却倾向变成义务。"②在鲍桑葵看来,权利是提出的要求,义务是应尽的责任。"义务是可以强制推行的,是一种无达到目的意愿的行为或不履行责任的行为,权利则包含着不能强制的因素,即行为和一个人想达到的目的之间的关系"。③ 事实上,每一项权利都包含一项责任和义务。

英国当代学者理查德·贝拉米沿着鲍桑葵的思想进路,论述了确立根本义务的益处。④ 他认为,与权利相比,义务能提供更有效的行为指导原则。第一,尽管构筑基本人权的一致性要求我们

---

① 〔德〕黑格尔:《历史哲学》,王造时译,生活·读书·新知三联书店1956年版,第79页。
② 〔英〕鲍桑葵:《关于国家的哲学理论》,汪淑钧译,商务印书馆2010年版,第207—208页。
③ 同上书,第208—209页。
④ 参见〔英〕理查德·贝拉米:《重新思考自由主义》,王萍等译,江苏人民出版社2008年版,第238—239页。

确认一整套相互关联的可共存权利,但义务却可以通过拒斥那些与参与者大致平等的异质公共领域不相容的行为规则,而不断地得到确认。第二,可以在不涉及将特定人类中介理想化的前提下,通过笼统而抽象的方式全面规定普遍义务。相对于权利,义务的非理想化特征使自身更适宜成为多元社会的根本原则。第三,以权利作为其全部内容的道德理论变得非常空洞,因为它只能容允通过尊重其他人的互惠权利来确定完全义务。第四,权利本身并未为怎样行使权利提供任何暗示。相反,将义务置于首位,却迫使我们考虑有一系列权利规定的集体安排及其对其他人的生命影响。第五,强调义务提供的行动框架远比权利有效,因为义务直接表明了必须做出的行为,而权利则可能未经考虑就被公布或认定,而不考虑别人该如何做才能达到这些要求。真正界定权利的是权利作为其中一部分义务的组合。理查德·贝拉米的论述同国家主义的义务观是一脉相承的,在权利与义务之间,义务更加充实而有效。

吉登斯也强调“无责任即无权利”。政府对于其公民和其他人负有一系列责任,包括对弱者的保护。不过,既不能将权利作为不附带任何条件的种种要求,也不能只扩张权利不履行义务。他认为,作为一项伦理原则,“无责任即无权利”不仅受益于福利的受益者,而且也适用于每一个人。如果不这样做的话,规则就只能适用于那些穷人或需要得到福利的人——正如政治权利的实际情形一样。[①]

① 参见〔英〕安东尼·吉登斯:《第三条道路——社会民主主义的复兴》,郑戈译,北京大学出版社、生活·读书·新知三联书店2000年版,第68—69页。

三、公共利益

国家主义哲学认为,国家是公共利益和私人利益的统一,私人利益要服从公共利益。在黑格尔看来,国家与市民社会的不同就在于,市民社会的存在是为了满足个人的特殊利益,而国家的存在则是为了满足社会的普遍利益。市民社会不能实现个人利益与公共利益的统一。在市民社会中,个人分享普遍财富的可能性是要受到许多限制的,这就产生了各个人财富的不平等,不可能实现社会正义。所以,"在市民社会中不但不扬弃人的自然不平等(自然就是不平等的始基),反而从精神上产生它,并把它提高到在技能和财富上,甚至在理智教养和道德教养上的不平等。"①黑格尔认为,国家是"普遍性和特殊性的统一"②,国家的出现正是为了实现普遍利益,但是普遍利益并不排斥个人的特殊利益,而是将特殊利益包含在自身之中,国家这种普遍性"既是特殊性的基础和必要形式,又是特殊性的控制力量和最后目的"③。国家的目的就是为了实现公民的幸福和国家的长治久安这种国家自己的"绝对的不受推动的自身的目的",个人必须将这种国家目的作为自己的最高义务,同时国家也为公民提供必要的公共服务,以满足公民自身发展所必需的条件。

---

① 〔德〕黑格尔:《法哲学原理》,范扬、张企泰译,商务印书馆 1996 年版,第 211 页。
② 同上书,第 263 页。
③ 同上书,第 198 页。

　　鲍桑葵认为,国家本身除公共目的外,不能有别的目的。国家的行动体现在一种权利制度中,而其组成因素则无不取决于与公共利益的关系。"任何权利都不是绝对的,或者说都不能与整体分开,而是都在整体的目的中有它们的依据,这同时意味着对权利的调整和控制是根据总的原则进行的。法律的这种普遍性实际上是对抵制无理干扰的个人的巨大保护力量。它使每一项规定针对的都是一类人,而不是单独的一个人。"①吉登斯的社会民主主义也以公共利益而不是以个人权利为目的,它强调国家应该为了公共利益"普遍而深入地介入社会生活和经济生活","对公民社会进行支配"。② 吉登斯力图复兴社会民主主义,将自由主义的一些因素贯彻到传统的国家主义之中,强调个人、社会与国家的合作伙伴关系,认为自己的理论是超越左与右的第三条道路,实际上是经过改造的国家主义。

　　国家主义十分重视法律在国家中的重要作用。柏拉图在《理想国》中提倡"哲学王"对国家的统治,把法律排除在理想国之外;但随着时间的流逝,他逐渐认识到这个理想是无法实现的,由法律来统治国家始终是对人性脆弱的一种让步。他在《法律篇》中所论述的国家是一种法律至上的统治,亦即统治者和臣民都必须同样

---

　　①　〔英〕鲍桑葵:《关于国家的哲学理论》,汪淑钧译,商务印书馆2010年版,第229页。

　　②　〔英〕安东尼·吉登斯:《第三条道路——社会民主主义的复兴》,郑戈译,北京大学出版社、生活·读书·新知三联书店2000年版,第8页。

服从法律。① 在他看来,既然由最好的人来统治的最优国家不能实现,那么只能强调由最好的法律来统治的次优国家。亚里士多德继承了柏拉图《法律篇》的思想,把法律视为道德生活和文明生活的一项不可或缺的条件,视为善国家的一个标志。他在《政治学》开篇写下了柏拉图的一句名言:"人类由于志趋善良而有所成就,成为最优秀的动物,如果不讲礼法,违背正义,他就堕落为最恶劣的动物。"②马基雅维里强调法律和军队对于维护国家统治的重要性:"一切国家,无论是新的国家、旧的国家或者混合国,其主要的基础乃是良好的法律和良好的军队,因为如果没有良好的军队,那里就不可能有良好的法律,同时如果那里有良好的军队,那里就一定会有良好的法律。"③他认为法律制定者不仅是国家的建筑师,也是社会的建筑师,在社会中具有至上的重要性。黑格尔认为,在国家产生和实施统治的过程中,都离不开法律的作用,"好的法律可以使国家昌盛,而自由所有制是国家繁荣的基本条件。"④他将司法权放到了市民社会之中,认为司法体系必须要为财产权和人身权提供保障,而这些权利是市民社会履行其职能所不可或缺的。可见,国家主义者理解的法律与自由主义者所理解的法律是有区别的。在国家主义者看来,国家体现的是社会的公共利益,其法律是

---

① 参见〔美〕乔治·萨拜因:《政治学说史》(上卷),邓正来译,上海人民出版社 2008 年版,第 103—104 页。

② 〔古希腊〕亚里士多德:《政治学》,吴寿彭译,商务印书馆 2007 年版,第 9 页。

③ 〔意〕尼科洛·马基雅维里:《君主论》,潘汉典译,商务印书馆 2005 年版,第57 页。

④ 〔德〕黑格尔:《法哲学原理》,范扬、张企泰译,商务印书馆 1996 年版,第237 页。

国家自己管理自己的公法;市民社会体现的是个人的私欲,其法律是管理私人利益的私法。国家是高于市民社会的,国家不可能用市民社会的法律来进行约束,而必须用体现公共利益的公法来进行管理。可以说,强调公共利益高于私人利益,强调公法与私法的分立,正是国家主义哲学的特征之一。

四、实有权利

我们知道,自古希腊罗马时期以来的西方思想史中,自然法被认为代表了道德、正义,它是评价实在法(主要指国家创制的法律)的标准。从 19 世纪开始,一些思想家、法学家将休谟和康德关于"应然"和"实然"两个领域之分的思想引入法学中,自然法或自然权利就被认为是"应然"的法律或权利,而实在法或其他规定的权利则被认为是"实然"的法律或权利。[①] 可以说,自由主义哲学里无论是"天赋人权",还是基于"契约"和"人性",人权都是应然的道德权利。但是在国家主义看来,人权是实然权利,这一方面体现在国家主义哲学合目的性的特征上,另一方面体现在权利只有得到国家和社会的承认,才具有实际效力。

国家主义哲学是以合目的性作为理想国家的基础的。柏拉图认为,国家按照等级组织起来,它是最高的善,是合乎目的的。亚里士多德认为,"所有事物都以善为目的",个人的每种实践和选择

---

① 参见沈宗灵等主编:《西方人权学说》(下),四川人民出版社 1994 年版,第10 页。

也都是以善为目的。① 马基雅维里认为,合目的性高于合法性,国家的健康和稳定是最重要的。政府的一切行为都要受到这个目的的指导,一个人可以用哪怕是可耻的方式来救国:"当问题在于拯救祖国时,一个人不应当有丝毫迟疑去考虑某事是合法还是不合法,是文雅的还是残酷的,是值得赞美的还是可耻的。相反,他应当抛开一切别的想法,把无论何种将拯救国家生命和维持其自由的决心坚决贯彻到底。"② 马基雅维里特别强调君主"务必不要碰他人的财产","当他需要剥夺任何人生命的时候,他必须有适当的辩解和明显的理由才这样做"。在他看来,人性是恶劣的,人都是爱财如命的,"因为人们忘记父亲之死比忘记遗产的丧失还来得快些。再说,夺取他人财产的口实是永远好找的;一个人一旦开始以掠夺为生,他就常常找到侵占他人财产的口实。"君主如果贪婪、霸占臣民的财产,特别容易被人衔恨。"当大多数人的财产和体面都没有受到侵犯的时候,他们就安居乐业。"③ 因此,君主要维护自己的统治,使自己在臣民心中既可敬又可畏,就必须考虑到人性的普遍欲求。在这里,马基雅维里强调政府的统治必须把财产安全和生命安全作为首要目标。

黑格尔对自由主义权利思想的抽象性提出质疑,他认为,自由权利的原则"始终是形式的,因为它发自抽象的'思想'——'理

---

① 参见〔古希腊〕亚里士多德:《尼各马可伦理学》,廖申白译,商务印书馆2005年版,第1页以下。

② 〔德〕弗里德里希·迈内克:《马基雅维里主义》,时殷弘译,商务印书馆2008年版,第106页。

③ 〔意〕尼科洛·马基雅维里:《君主论》,潘汉典译,商务印书馆2005年版,第81、87页。

智',这个思想根本是'纯粹理性'的自我意识,因为它是直接的抽象"。自由主义所揭示的原则"主张以个人的意志为依归,认为一切政府都应该从个人明白的权利出发,并且应该取得各个人明白的承认",这种自由是抽象的,政府的各种特殊部署就被拥护"自由"的人强烈反对。① 这样一来,骚动和不安就成了家常便饭。黑格尔认为,"国家是伦理理念的现实",个人的权利、个人的道德自由,均以社会性的、客观的伦理实体为归宿、为目的、为真理。法和道德单就本身来说是没有现实性的,它们必须以伦理为基础,作为伦理的体现者而存在。抽象的法只能实现形式正义,只有解决市民社会中个人利益与社会利益之间的矛盾的伦理国家,才能实现实质正义。

黑格尔并没有否认个人享有生命、自由和财产的权利。个人权利的享有的确构成了文明社会的基础,但这并不是自由主义者所认为的那种国家的概念。黑格尔认为,这只是一种市民社会,是由市场交换予以满足的一种需要体系,人是以人的身份而不是以特定共同体的成员资格进入这个社会。而市民社会则类似于这种特定的共同体,一旦加入这个共同体,个人权利就毫无意义了。这是因为如果对选择的内涵不加控制的话,启蒙运动时期的那种消极的自由只意味着在感情和冲动之间进行选择的自由。如果确实允许这种控制进行自我表现的话,则需要那个独立的个人接受一种更广义的自由观,而这种自由观只有在把社会视为整体的情况

———————————

① 参见〔德〕黑格尔:《历史哲学》,王造时译,生活·读书·新知三联书店1956年版,第490、498页。

下才能形成。要正确理解个人,不仅要把个人视为社会的一员,还必须把个人视为国家的一员。黑格尔认为,"由于国家具体表现为理智,个人本身只是作为其成员才具有客观性、真正的个性和道德生命。"①他相信,现代立宪政体以某种方式创造了高于以往时代任何形式的政体所能创造的人身自由,也比以往任何时代任何形式的政体更加尊重个人的独立和自决权,这意味着对人权的尊重:"人之所以为人,正因为他是人的缘故,而并不是他是犹太人、天主教徒、德国人、意大利人等等不一。"②

鲍桑葵始终认为权利就是要求,由国家来维护它们不过是达到了社会对它们承认的顶点。那么,"为什么我们这样需要对权利的承认呢?如果我们否认会有未被承认的权利,岂不是放弃人类的自由,听任专制主义或民众为所欲为吗?"③他说:"权利既然是为了占据某个地位而受到保护的一种权力,人们承认这种地位有助于实现共同利益。承认是一个根据并通过经验而起作用的逻辑问题,而不是一个选择或爱好问题。假若我的精神对你的精神不持任何态度,那就不存在相互依存的关系,我就不可能参与保证你的权利。在我看来,你就没有资格分享我们每一个人必然关心的共同利益。"④换言之,权利只有得到普遍承认,才能得到国家和社

---

① 参见〔美〕R.J.文森特:《人权与国际关系》,凌迪等译,知识出版社 1998 年版,第 37—38 页。

② 〔德〕黑格尔:《法哲学原理》,范扬、张企泰译,商务印书馆 1996 年版,第 217 页。

③ 〔英〕鲍桑葵:《关于国家的哲学理论》,汪淑钧译,商务印书馆 2010 年版,第 211 页。

④ 同上书,第 212 页。

会的保障,才能有效实施;那些不被承认的权利,往往以虚伪的方式得到关注,并不能得到实质保障。鲍桑葵认为,国家的存在是为了促进美好生活,国家必须尊重人性和人类的利益,并通过建立各种制度来维护个人和共同体所拥有的权利。

吉登斯认为新自由主义关于机会均等和精英统治的平等模式是站不住脚的,一个精英统治的社会在结果上可能存在严重不平等。新的政治学把平等定义为"包容性",把不平等定义为"排斥性"。"包容性"意味着公民资格,意味着一个社会成员不仅在形式上而且在其生活的现实中所拥有的民事权利、政治权利以及相应的义务;意味着机会以及在公共空间的参与,其中,工作的机会和教育的机会尤为重要。吉登斯认为,具有包容性的社会具有以下特征:作为包容的平等、有限的精英统治、公共空间(公民自由)的复兴、"超越劳动的社会"、积极的福利政策、社会投资型国家。[①]在他看来,只有在这种包容性的社会里,才能够实现社会的平等,处于社会底层的人们才能享受更多物质和文化权利。

第三节 国家主义人权思想的比较研究

以上探讨了国家主义人权思想的主要特征。在政治哲学的发展史上,国家主义哲学并不是孤立发展的,它同其他哲学思潮在相

---

① 参见〔英〕安东尼·吉登斯:《第三条道路——社会民主主义的复兴》,郑戈译,北京大学出版社、生活·读书·新知三联书店2000年版,第107、109页。

互比较、相互碰撞和相互扬弃中丰富和发展起来的。通过将国家主义哲学与其他哲学思潮的比较研究,更能够清晰地看到其人权思想的基本特征、演进脉络和发展趋势。

一、国家主义与自由主义的融合

传统国家主义人权思想与自由主义人权思想有着本质的不同。如果说传统的国家主义体现的是"左"的方面,传统的自由主义体现的是"右"的方面,那么全球化时代和风险社会要求超越"左"与"右"的对立,使得它们必须面对共同的问题:"这种对立在今天已经变得不那么尖锐了。左和右同样都逐渐地接受了科学与技术所具有的'双刃'的性质:它们不仅为人类带来了极大的利益,同时也制造了新的危险和动荡。"①正如英国学者米切尔所说:"国家权力与个人自由是不可分割的,它们彼此影响对方,我们不能把它们孤立起来考虑。一方是国家的权力和义务,另一方是个人的权利和义务,我们不能认为这两者基本是彼此对立的。实际上,国家的权力从某种意义上讲只不过是组成国家的个人所享有的公共权力而已。"②因此是计划还是市场,是权力至上还是权利至上,是实质正义还是程序正义,这些传统的国家主义与自由主义之间的对立已经变得不再重要了,因为它们面对的是全球化和不确定性

---

① 〔英〕安东尼·吉登斯:《第三条道路——社会民主主义的复兴》,郑戈译,北京大学出版社、生活·读书·新知三联书店2000年版,第46页。

② 转引自〔英〕马丁·洛克林:《公法与政治理论》,郑戈译,商务印书馆2002年版,第272页注③。

的同样问题,并且都受到了严峻的挑战。

　　国家主义通过对经济和社会的计划和控制的方式来管理国家,在一个相对稳定的社会,人们具有固定的生活习惯和生活方式,可以得到相对可靠的供求信息,从而做出科学的计划,并进行科学的管理,这是可行的。但是在一个全球化的时代,充满了不确定性,不可能制订一个稳定的计划,而必须根据市场的变化随机应变。苏联僵化的国家计划模式最终导致了国家的解体,而中国的市场经济则能够灵活地应付这样的变迁,就是一个很好的说明。另一方面,传统的自由主义也不能应对这些状况:如果任由自由放任的市场经济无节制地发展,社会生态就会继续遭到毁灭性的破坏,对人类带来灾难性的后果。当今世界面临许多矛盾和问题,比如,贫富差距越来越大,世界性的社会矛盾越来越大;传统的道德的破坏,使得家庭伦理面临危机;本土文化的侵害,导致极端的原教旨主义进行恐怖活动;生态环境的恶化,给人类的健康状况和生活质量造成很大危害,等等。在这样的大背景下,自由主义和国家主义不仅仅是一种哲学理念,更要回应现实的需要,两者的融合就应运而生了。正如吉登斯所说:"问题并不在于是要更大政府还是更小政府,而是要认识到目前的治理方式必须适应全球化时代的新情况;而且,权威,包括国家的合法性,必须在一种积极的基础上得到重构。"①

　　在国家权力与个人权利的关系上,传统国家主义认为,国家高

---

　　①　〔英〕安东尼·吉登斯:《第三条道路——社会民主主义的复兴》,郑戈译,北京大学出版社、生活·读书·新知三联书店2000年版,第76页。

于个人,国家权力高于个人权利,国家利益高于个人利益。因此,
个人的权利和义务必须由国家来设定,个人必须服从国家。古典
自由主义则认为,个人权利是国家权力的基础,国家存在的目的就
是保护个人的生命、自由和财产权利。国家职能是消极的、中立
的,只有当个人的权利受到侵害时,国家才能予以保障。新国家主
义与新自由主义在这一问题上有一种相互靠拢的倾向。新国家主
义认为,个人是自主的,公民社会和国家都是积极的,国家必须保
障个人的基本权利,必须抛弃抽象的公共利益的思想,确保个人的
生存发展,个人对国家有积极主动的请求权和监督权。新自由主
义认为,国家必须对社会的共同善进行公平的分配,因此必须扬弃
古典自由主义不干涉私人领域的消极思想。如果说,新国家主义
扬弃了国家权力的独断性,那么新自由主义赋予了国家权力必要
的积极性。在两者的相互融合中,吉登斯提出了"新个人主义"的
观点,它并不是"撒切尔主义",也不是市场个人主义或原子论。恰
恰相反,它意味着"制度化的个人主义":"例如,福利国家中的许多
权利和对权利的授予都是为个人而不是为家庭设置的。在很多情
况下,它们预示着就业权。而就业权相应地意味着受教育权,而这
两项权利又预示着社会流动。具备了所有的这些必要条件之后,
人们就可以将他们自己构建成个人:即作为个人来规划、理解和设
计自身。"①在这里,个人责任与国家责任之间找到了新的平衡。

在实质正义与程序正义的关系上,传统国家主义与古典自由

---

① 〔英〕安东尼·吉登斯:《第三条道路——社会民主主义的复兴》,郑戈译,北
京大学出版社、生活·读书·新知三联书店 2000 年版,第 39 页。

主义的观点也是不同的。传统国家主义强调实质正义和实有权利。个人在国家中享有多少权利，并不取决于人格和自由意志本身，而取决于个人对国家所尽的义务。国家的目的就是实现公民的幸福和国家的长治久安，个人必须将这一目的作为自己的最高义务。古典自由主义反对公共利益至上，强调程序正义和形式平等。只要程序合法就是正义的，只要在人格尊严上得到同等对待就是平等的，只要在权利享有上得到公平分配就是合法的，而不必考虑实质的平等。新自由主义则认为，个人实质权利也是根本的权利，国家要采取有效措施保障这种权利。罗尔斯作为公平的正义吸收了福利国家的思想，要求社会的公共利益必须向弱小者倾斜："所有的社会基本善——自由和机会、收入和财富及自尊的基础——都应被平等地分配，除非对一些或所有社会基本善的一种不平等分配有利于最不利者。"[1]

新国家主义在坚持实质正义的同时，也十分注重程序正义。传统国家主义以公共利益作为自己的追求目的，新国家主义则认为，公共利益随着时代的发展具有很大的变化。当今的时代，公共利益是要解决全球化和人为风险给社会带来的问题，国家的任务是解决社会风险，"应付集体性的危险情况"[2]。传统国家主义要求一切行为要有制定法的依据，但由于全球化及社会风险带来的不确定性，法律不能从实体上来加以约束，只能从程序上来保证这种合法性。

---

[1]　〔美〕约翰·罗尔斯:《正义论》，何怀宏等译，中国社会科学出版社1998年版，第62页。

[2]　〔德〕哈贝马斯:《在事实与规范之间:关于法律和民主法治国的商谈理论》，童世骏译，生活·读书·新知三联书店2003年版，第537页。

哈贝马斯认为,"在程序主义的法律范式中,首先值得保护的是民主过程的程序条件。这些条件的价值至少在于使我们对许多冲突案子有新的看法。也就是说,私人自主的市场参与者和福利国家科层机构的当事人所留下的空缺位子,被政治公民所占据,他们参加政治商谈,要求满足受到伤害的利益,并且在表达这些利益的过程中,协商制定平等者平等对待,不平等者不平等对待的标准。"①在这里,国家和个人不再是相互对立,而是一种协同治理;国家权力与公民权利不再是此消彼长,而是一种互动平衡。这种由主体性向主体间性的转变,为国家主义的程序正义提供了哲学基础。

二、国家主义与极权主义的分野

国家主义强调国家至上和义务本位,但是,过分强调国家至上会不会导致极权主义,造成人权的灾难呢? 要回答这一问题,就要认清国家主义与极权主义的根本区别。极权主义(totalitarianism)的概念最早出现于 1925 年,一般认为是意大利法西斯党人的创造,意指独裁统治者或统治集团的中央集权,强调国家对社会生活的全面渗透与控制。美国哲学家汉娜·阿伦特认为,极权主义政府的出现,只是西方文明内部产生的现象,极权主义政权在严格意义上是指希特勒执政时的纳粹德国政权和苏联的斯大林肃反时期,极权主义以统治全世界为目标,实行"组织上国际化、意识形态

---

① 〔德〕哈贝马斯:《在事实与规范之间:关于法律和民主法治国的商谈理论》,童世骏译,生活·读书·新知三联书店 2003 年版,第 543 页。

全面化、政治野心全球化"，因此最后走向帝国主义。在她看来，极权主义意识形态的目标不是改变外部世界，或者社会革命性的演变，而是改变人性。摧毁了道德人格，取消了法律人格，毁灭个体性就几乎永远是成功的。因为毁灭了个体性就是毁灭了本能，毁灭了人的力量，使人变成了人面傀儡。[①]

汉娜·阿伦特对极权主义政权的集中营和种族灭绝营进行了强烈谴责，认为集中营不仅意味着灭绝人和使人类丧失尊严，而且被选用于在科学控制下的条件下可怕的杀人试验，消灭人类行为的自发性表现，将人类个性转变为一个纯粹的事物，转变成连动物都不如的东西。"在一个政治瓦解的时期，突然出人意料地使千百万人无家可归，失去国籍，丧失公权，被社会遗弃，几百万人在经济上看来是多余的，对社会就业问题是个负担。反过来说，这种情形必然发生，因为人权在它的传统形式上失去了有效性，它只是被提出，但从未在哲学上确定地位，它只是被宣布，但从未在政治上得到保障。"[②]在这里，阿伦特对古典自由主义的人权概念提出质疑，毋宁说是她对极权主义反人类罪行的控诉。

在追溯极权主义产生的理论渊源时，不能不提到黑格尔。黑格尔提出，每一个历史时期都有一个民族是世界精神的代表，这个民族有权统治其他民族："这种环节作为自然原则所归属的那个民族，在世界精神的自我意识的自我发展进程中，有执行这种环节的

[①] 参见〔美〕汉娜·阿伦特:《极权主义的起源》，林骧华译，生活·读书·新知三联书店2008年版，译者序，第15—18页。

[②] 同上书，第558页。

使命。这个民族在世界历史的这个时期就是统治的民族;它在世界历史中创立了新纪元,但只能是一次。它具有绝对权利成为世界历史目前发展阶段的担当者,对它的这种权利来说,其他各民族的精神都是无权的,这些民族连同过了它们的时代的那些民族,在世界历史中都已不再算数了。"①可以说,黑格尔这一思想为法西斯主义和帝国主义做了理论铺垫。

但是,国家主义与极权主义有着明显不同,这主要体现在两个方面。一是对国家权力的界限认识不同。要求绝对权力和无限权力是极权政权的本质。极权主义蔑视一切成文法,"它不是'毫无法纪',而是诉诸权威之源泉(积极的法律从中获致最高的合法性);它不是恣意妄为,而是比以前的任何政府形式更服从这种超人的力量;它也不是使权力从属于一个人的利益,而是随时准备牺牲每一个人的重大直接利益,来执行它认定的历史法则和自然法则。"②与极权主义强调国家的绝对性不同,国家主义认为要对国家进行必要限制。黑格尔虽然认为国家是"地上的神物",是"绝对自在自为的理性东西","个人本身只有成为国家成员才具有客观性、真理性和伦理性",③但是在他的理论体系中国家还是具有其他限制的。黑格尔把精神哲学分为三大部门:主观精神、客观精神和绝

① 〔德〕黑格尔:《法哲学原理》,范扬、张企泰译,商务印书馆1996年版,第354页。
② 〔美〕汉娜·阿伦特:《极权主义的起源》,林骧华译,生活·读书·新知三联书店2008年版,第576页。
③ 〔德〕黑格尔:《法哲学原理》,范扬、张企泰译,商务印书馆1996年版,第253、254页。

对精神。国家属于客观精神领域,这一领域只是精神哲学的一个阶段,在辩证的过程中,它为绝对精神所超越。绝对精神分为艺术、天启宗教、哲学三个环节,它们是国家追求的目的,不能把它们列在国家之下。正如黑格尔所说,国家保持在"表象活动的领域里"①。"一个国家能够实现的至高目标,是艺术和科学在它内部得到发展,并且达到一个与其人民的思想和精神相应的高度。这是国家的最高目的,但国家绝不能试图将它当作一个构造来产生;相反,它必须将它自身从它自身中创造出来。"②此外,在黑格尔看来,国家的权力是绝对的,但却不是专断的,国家必须根据法律行使其规制性权力。吉登斯的新国家主义也认为,国家权力不是无限的,国家和公民社会应当开展合作,每一方都应同时充当另一方的协作者和监督者。国家不能消解为公民社会,正如涂尔干所说:"如果国家无所不在,那么它就不存在。"③

二是对人类社会的性质认识不同。极权主义的一个重要目标和基本条件是统一的原则。为了这个原则的有效,就不得不消除社会生活和文化生活的一切其他形式,消除一切差别。汉娜·阿伦特认为,极权统治努力组织无限多元和无限区别的人,似乎将全人类只看作是一个人,只有每一个个人的各种反应可以降低到一

---

① 〔德〕黑格尔:《精神哲学——哲学全书·第三部分》,杨祖陶译,人民出版社2006年版,第319页。

② 转引自〔德〕弗里德里希·迈内克:《马基雅维里主义》,时殷弘译,商务印书馆2008年版,第513页。

③ 参见〔英〕安东尼·吉登斯:《第三条道路——社会民主主义的复兴》,郑戈译,北京大学出版社、生活·读书·新知三联书店2000年版,第89页。

种绝对不变的一致，使每一组反应能够与另一组反应随意互换，才能使极权统治成为可能。极权主义的侵略性并非产自对权力的渴望，如果它狂热地追求扩张，其目的既不是为了扩张，也不是为了利益，而只是处于意识形态的理由：使世界达到连贯一致，证明它的各方面超意义是正确的。① 国家主义不同意这种统一性原则，强调社会的差异性。在黑格尔看来，一个真正的统一不是要消除或抹杀差异，而是必须对差异进行保护。以加强国家力量和统一为借口，在社会团体和政治团体里废除一切差别，将意味着自由的终结。"国家的普遍利益的事务由于它们的必要的区别也是相互分离地组织起来的，这种划分是自由的深度和现实性的一个绝对的环节；因为自由只在它发展到它的各个区别和达到这些区别的实存的范围内，才有深度。"②吉登斯也认为社会是包容性和多样化的，他所称的"第三条道路"纲领包括新型的民主国家、积极的公民社会、民主的家庭、新型的混合经济、作为包容的平等、积极的福利政策、社会投资型国家、世界性的国家、世界性的民主，等等，这些纲领涉及每一个重要的社会领域，以应对新的、充满风险的环境的挑战。③

可见，国家主义思想与极权主义思想有着明显区别。正如恩

---

① 参见〔美〕汉娜·阿伦特：《极权主义的起源》，林骧华译，生活·读书·新知三联书店 2008 年版，第 548、571 页。

② 〔德〕黑格尔：《精神哲学——哲学全书·第三部分》，杨祖陶译，人民出版社 2006 年版，第 347 页。

③ 参见〔英〕安东尼·吉登斯：《第三条道路——社会民主主义的复兴》，郑戈译，北京大学出版社、生活·读书·新知三联书店 2000 年版，第 74 页。

斯特·卡西尔所说:"黑格尔能够对国家进行吹捧和颂扬,他甚至于能够神话它;然而,在黑格尔国家权力的理想化和现代极权主义体系的偶像化之间,确实存在着一种明确无误的区别。"①

---

① 〔德〕恩斯特·卡西尔:《国家的神话》,范进等译,华夏出版社 1999 年版,第 336 页。

第四章　马克思主义人权思想

　　马克思主义人权思想是马克思主义思想体系的重要组成部分。如同马克思主义国家学说、政党学说、无产阶级专政学说等一样,马克思主义人权思想也是一个内容丰富的思想体系。从其产生的理论渊源来看,马克思、恩格斯通过对人类社会发展规律的探索,以及对人类社会思想史中的自然法和"天赋人权"思想、传统的人本主义思想、德国古典唯心主义思想和法国空想社会主义人权思想的分析研究和批判继承,特别是他们在亲自参与和领导社会主义运动过程中,在争取无产阶级人权要求的革命实践中,总结概括和创立了马克思主义人权理论体系。

第一节　马克思主义对资产阶级人权思想的剖析

　　马克思主义人权理论是在批判继承资产阶级人权思想的基础上建立起来的。换言之,一方面,资产阶级人权理论是马克思主义人权理论的重点批判对象;另一方面,资产阶级人权思想又是马克思主义人权理论的思想来源之一。"马克思及其马克思主义对(资产阶级）人权的批判和理论贡献已成为一种基本原则。"[1]

要全面理解马克思主义人权思想，我们不妨以马克思对法国大革命的评价作为一个切入点。马克思认为，法国大革命虽说具有根本的重要性，但在某种意义上又是肤浅的，它的哲学——即政治学和经济学中的自然（或天赋）权利体系——乃是对资产阶级剥削工作权利所做的理性化论证。正如资产阶级取代封建阶级一样，无产阶级也必将取代资产阶级而掌握政权；正如资产阶级的哲学实质上就是一种对自然财产权的主张一样，无产阶级的哲学也必定是对无产者人权的主张。萨拜因认为，马克思从人权发展的角度解释了法国大革命的历史地位，"法国大革命以人权的名义把它的目的理想化和神圣化，而且它还把人权描绘成了永恒且不证自明的自然真理。然而，在工人阶级看来，民主政制的公民自由和政治自由并不是人权，而是中产阶级的权利。这并不是说这些人权毫无价值，因为较之它所取代的封建社会，民主共和国乃是社会演化的一个更高的阶段；尽管它离尽可能高的阶段仍相去甚远，但它确实是中产阶级社会的典型阶段，也是它所能达到的最高阶段。"[2]可见，马克思主义坚持辩证唯物主义和历史唯物主义，既看到了资产阶级人权思想的局限性，也看到了它的历史进步性。

---

① 〔美〕科斯塔斯·杜兹纳：《人权的终结》，郭春发译，江苏人民出版社 2002 年版，第 169 页。

② 〔美〕乔治·萨拜因：《政治学说史》（下卷），邓正来译，上海人民出版社 2008 年版，第 451 页。

一、资产阶级人权思想的历史进步性

马克思、恩格斯从人类历史发展的总过程和社会发展的客观规律的角度,对资产阶级人权思想进行了科学评价。他们认为,资产阶级人权的历史进步性主要体现在以下几个方面:

(一)推动了思想解放运动

自 12 世纪新兴城市在欧洲建立起来以后,资本主义商品经济就不断发展,资产阶级也日益强大起来,但是受到封建等级制度和神权的禁锢,资产阶级处于重压之下。为从这种桎梏中解放出来,资产阶级先后发起了文艺复兴运动和思想启蒙运动。在这两次思想解放运动中,资产阶级思想家提出了一系列思想和口号,他们鼓吹平等和自由,反对特权和专制;他们以人性对抗神性、以人道对抗神道、以人权对抗神权。这些思想和口号,把人们从封建君权和神权的桎梏中解放出来,为资产阶级推翻封建专制制度奠定了思想基础。正如恩格斯指出:"代替教条和神权的是人权,代替教会的是国家。"[1]"以往的一切社会形式和国家形式、一切传统观念,都被当做不合理的东西扔到垃圾堆里了;……从今以后,迷信、非正义、特权和压迫,必将为永恒的真理,为永恒的正义,为基于自然的平等和不可剥夺的人权所取代。"[2]以民主、平等、自由和私有财产神圣不可侵犯为内容的资产阶级人权思想的提出和传播,更是

---

[1] 《马克思恩格斯全集》第 21 卷,人民出版社 1965 年版,第 546 页。
[2] 《马克思恩格斯选集》第 3 卷,人民出版社 1995 年版,第 57 页。

极大地解放了人们(首先是资产阶级)的思想。正是由于资产阶级革命时期人人平等、人人自由思想的张扬,才引发了社会观念的彻底革命,实现了人性的空前复苏和整体提升,人权才由思想的涓涓细流汇成浩浩荡荡的社会潮流。奥地利经济学派的代表人物路德维希·冯·米瑟斯在谈到自由主义与资本主义的关系时认为,"我们习惯将一个实行了自由原则的社会称为资本主义社会,将这一社会形态打上资本主义的标记。""资本主义之所以有活力,是因为它从自由主义思想中汲取了丰富的营养。"①因此,资产阶级人权思想的基础就是自由主义人权思想,这两者在一定程度上是可以互换的。

(二) 推动了资产阶级革命

资产阶级革命的目的,是使资产阶级取得政治统治权,建立资产阶级理性王国,它需要相应的理论为其提供证明和指导。人权是以人的名义提出的权利要求,因此具有最高的合法性。正如马克思指出的,资产阶级的"现代国家就是通过普遍人权承认了自己的这种自然基础。现代国家既然是由于自身的发展而不得不挣脱旧的政治桎梏的市民社会的产物,所以,它就用宣布人权的办法从自己的方面来承认自己的出生地和基础"②。资产阶级在其政治解放过程中,"不得不以人权的形式承认和批准现代资产阶级社会"③。但是,在资产阶级以人权的名义推翻封建制度、取得统治地

---

① 〔奥〕路德维希·冯·米瑟斯:《自由与繁荣的国度》,韩光明等译,中国社会科学出版社 1995 年版,第 52 页。
② 《马克思恩格斯选集》第 2 卷,人民出版社 1995 年版,第 145 页。
③ 同上书,第 156 页。

位的同时,无产阶级也利用人权来追求自己的目的。正如恩格斯所说,从资产阶级由封建时代的市民等级破茧而出的时候起,从中世纪的等级转变为现代的阶级的时候起,资产阶级就由它的影子,即无产阶级,经常地和不可避免地伴随着。资产阶级的平等要求,也有无产阶级的平等要求伴随着。与资产阶级要求所不同的是,从消灭阶级特权的资产阶级要求提出的时候起,同时提出了消灭阶级本身的无产阶级要求。① 资产阶级人权的提出,既有反对封建专制的革命性的一面,同时也要求"人"的解放和自由平等的一面。这些具有人权普遍性的内容,为无产阶级反抗资产阶级的压迫和剥削,要求民族独立和人类解放,从而为无产阶级人权理论的形成提供了思想来源。

(三)推动了经济社会发展

资本主义经济是一种典型的市场经济,它需要通过实现商品交换来发展。市场经济确立了各个经济单位的主体地位,企业必须清楚地认识到自己的权利,坚决地捍卫自己的权利,最大限度地实现自己的权利,才能达到赢利的目标。经济领域权利关系的发展,带动了全社会权利关系和权利意识的全面发展,个人也就成为基本的权利主体,每个人也都存在着如何维护自己的权利、实现自己的权利的问题。市场经济还要求各个市场主体之间在基本权利方面有一定程度的平等和自由。在市场经济的条件下,各个市场主体可以自由地进行竞争,获取最大利润。这些自由和平等的权利,正是在市场经济推动下发展起来的一些重要人权。因此,马克

---

① 参见《马克思恩格斯选集》第 3 卷,人民出版社 1995 年版,第 146 页。

思指出："如果说经济形式、交换,确立了主体之间的全面平等,那
么,内容,即促使人们去进行交换的个人材料和物质材料,则确立
了自由。可见,平等和自由不仅在以交换价值为基础的交换中受
到尊重,而且交换价值的交换是一切平等和自由的产生、实现的基
础。作为纯粹观念,平等和自由仅仅是交换价值的交换的一种理
想化的表现;作为在法律的、政治的、社会的关系上发展了的东西,
平等和自由不过是另一次方的这种基础而已。"①

二、资产阶级人权思想的本质局限性

在资产阶级革命时期,人权口号成为打破封建神学禁锢和封
建专制的旗帜;在资产阶级取得政权后,人权目标又成为维护以私
有制为核心的资产阶级权利体系的遮羞布。可见,人权的神圣不
可侵犯性,就是资本主义制度的神圣不可侵犯性;人权的天赋性
(自然性)、与生俱来性,就是资本主义的天然合理性。因此,除去
人权的神圣光环,揭露它的历史性质和经济根源,是马克思主义法
哲学批判的主要内容。

（一）普遍人权与特权的对立

马克思主义认为,人权在形式上通常被当作是普遍的、人人皆
有的权利提出来,但是在阶级社会中,人权实质上表现为阶级的特
权,普遍的人权从来没有实现过。"在历史上的大多数国家中,公
民的权利是按照财产状况分级规定的,这直接地宣告国家是有产

---

① 《马克思恩格斯全集》第46卷,人民出版社1995年版,第197页。

阶级用来防御无产阶级的组织。"①

资产阶级人权归根到底是为了建立和巩固资产阶级特权制度的一套权利体系。马克思和恩格斯在揭露资产阶级人权本质时指出:"人权的本身就是特权,而私有制就是垄断。"②"平等地剥削劳动力,是资本的首要人权。"③资本主义创设了权利,但没能履行他们对劳动人民的诺言,而是赋予了权利排他(排除劳动人民)的形式。④ 在生产资料私人占有的经济基础上,资本和劳动的尖锐对立,生产资料私人占有和生产社会化的固定矛盾,使由人权确认的自由和平等不断地与其内容相分离、与其本质相对立,以致"自由这一人权的实际运用就是私有财产这一人权"⑤,这种"在富人和穷人不平等的前提下的平等……就是简直把不平等叫做平等"⑥;这种自由,是富人用资产阶级报纸谎言这样的劣等烧酒来麻醉人民的自由,是富人保持自己的地主宅第和最好的建筑等的"所有权"的自由。⑦ 总之,在资本主义社会,所谓人权的那些内容反映的是资产阶级的利益,其本质是剥夺广大人民群众的自由。

(二)人权理论与现实的冲突

马克思主义认为,人权只是资产阶级理性王国的宣告,人权本

---

① 《马克思恩格斯选集》第 4 卷,人民出版社 1995 年版,第 148—169 页。

② 《马克思恩格斯全集》第 3 卷,人民出版社 1960 年版,第 229 页。

③ 《马克思恩格斯全集》第 23 卷,人民出版社 1972 年版,第 324 页。

④ 参见〔美〕科斯塔斯·杜兹纳:《人权的终结》,郭春发译,江苏人民出版社 2002 年版,第 174 页。

⑤ 《马克思恩格斯选集》第 1 卷,人民出版社 1995 年版,第 438 页。

⑥ 《马克思恩格斯选集》第 2 卷,人民出版社 1995 年版,第 647—648 页。

⑦ 参见《列宁选集》第 3 卷,人民出版社 1995 年版,第 712 页。

质上只属于资产阶级,"这个理性的王国不过是资产阶级的理想化
的王国;永恒的正义在资产阶级的司法中得到实现;平等归结为法
律面前的资产阶级的平等,被宣布为最主要的人权之一的是资产
阶级的所有权;而理性的国家、卢梭的社会契约在实践中表现为而
且也只能表现为资产阶级的民主共和国。"①在资本主义制度下,资
产阶级的人权理论同它的政治实践处于尖锐的矛盾状态:"一方
面,安全被宣布为人权,一方面又公开承认破坏通信秘密是理所当
然的。一方面'无限制地出版自由'作为人权和个人自由的后果而
得到保证,一方面出版自由又被完全取缔,因为'出版自由一旦危
及公共自由,就应取缔'。换句话说,自由这一人权一旦和政治生
活发生冲突,就不再是权利,而在理论上,政治生活只是人权、个人
权利的保证,因此,它一旦和自己的目的即这些人权发生矛盾,就
必须被抛弃。"②

　　人权的理论与实践处于冲突的矛盾状态,这典型地体现在马
克思和恩格斯关于法国和美国宪法的讨论中。马克思认为,虽然
从法律上讲所有人都享有人权,但是法国的宪法却与这一精神相
矛盾,(法国)宪法的每一节本身都包含有自己的对立面,包含有自
己的上院和下院:在一般词句中标榜自由,在附带条件中废除自
由。③ 恩格斯认为,可以表明这种人权的特殊资产阶级性质的是美
国宪法,它首先承认了人权,同时确认了存在于美国的有色人中奴

---

① 《马克思恩格斯选集》第3卷,人民出版社1995年版,第57页。
② 《马克思恩格斯全集》第1卷,人民出版社1956年版,第440页。
③ 参见《马克思恩格斯选集》第1卷,人民出版社1995年版,第616页。

隶制;阶级特权置于法律保护之外,种族特权被神圣化了。①可见,在马克思主义看来,正是资产阶级专政的本质,决定了人权理论与实践的冲突。

(三) 个人与社会的割裂

马克思对资产阶级人权的"利己主义"性质进行了批判。他指出,资产阶级思想家所指的"利己主义",本质上是资本主义商品经济时代的统治阶级即资产阶级的专利,它处处渗透着商品经济所要求的自由、平等、财产、安全等时代气息。任何一种所谓人权都没有超出利己主义的人,而且"公民生活、政治共同体甚至都被致力于政治解放的人变成了维护这些所谓人权的一种手段"②。

马克思主义认为,在早期的资本主义社会,资本唯利是图的本性把人简化蜕变为经济人,资产者戴上自私的眼镜来看一切,把自私自利奉为人的首要而共同的本性,把利己主义、效用极大化看作是一切的基本准则,这正如马克思在批判边沁时所指出的:"他幼稚而乏味地把现代的市侩,特别是英国的市侩说成是标准的人。"③对这种自私自利的人来说,生活的目的就是装满自己的钱袋④,在利益仍然保持着彻头彻尾的主观性和纯粹的利己性的时候,把利益提升为人类的纽带,就必然会造成普遍的分散状态,必然会使人们只管自己,彼此隔绝,使人类变成一堆互相排斥的原子。在资本主义社会里,作为其真正基础的人就是利己主义的人。"因此,这

---

① 参见《马克思恩格斯选集》第3卷,人民出版社1995年版,第146页。
② 《马克思恩格斯全集》第1卷,人民出版社1956年版,第440页。
③ 《马克思恩格斯全集》第23卷,人民出版社1972年版,第669页。
④ 参见《马克思恩格斯全集》第2卷,人民出版社1957年版,第411页。

种人,市民社会的成员,就是政治国家的基础、前提。国家通过人权承认的正是这样的人。"①由于市民社会中的人并不体现人的"自由自觉性"的类本质,因此市民社会中的人是"不真实的"人;由于政治国家中的公民缺乏"直接现实性",因此政治国家中的人是"虚构的成员"。而这种现实的自由自觉的人只有在后资本主义时代才能出现,因此在资本主义社会里,个人与市民社会、公民与政治国家是割裂的。此外,纯粹的极端的利己主义者,"每个人都千方百计在别人身上唤起某种新的需要,以便迫使他做出新的牺牲,使他处于一种新的依赖地位,诱使他追求新的享受方式,从而陷入经济上的破产。每个人都力图创造出一种支配他人的、异己的本质力量,以便从这里面找到他自己的利己需要的满足……每一个新产品都是产生相互欺骗和相互掠夺的新的潜在力量。"②在马克思主义看来,这种利己主义违背了人作为"社会存在物"、"类存在物"的本性,截断了人与人之间各种天然的合理的关系纽带,破坏了社会共同体的基础。

科斯塔斯·杜兹纳在分析了马克思的人权观后认为,虽然马克思要受到那个历史时代的偶然性事件以及其他结构性和基本问题的限制,但是不可否认,马克思是第一个激进的人权批判家,他坚持认为权利的历史性不同于自然权利的意识形态。在马克思的批判后,很显然,"当人权被视为永恒的,权利就成了现代的作品;当权利被视为自然的,它又是一种社会和法律的建构;当权利被视

①　《马克思恩格斯全集》第 1 卷,人民出版社 1956 年版,第 443 页。

②　《马克思恩格斯全集》第 42 卷,人民出版社 1979 年版,第 132 页。

为绝对的,它又是要受法律限制的;当它被认为是超越政治的,它又是那个时代的政治产物;最后,当它被认为是理性的,它又是资本理性的产物,而不是社会公共理性的产物。"马克思认为,所有这些现实与现象的逆反关系,都说明资产阶级人权是那个时代的意识形态。[1]

第二节 人权的基本理论

马克思对资产阶级人权观点和人权制度做了深刻批判,但不能把马克思主义与人权割裂开来,把人权看作是"资产阶级的口号"。实际上,马克思主义不仅不否定人权,或者说马克思主义否定的只是资产阶级的人权思想,而从未否定过人权本身。马克思、恩格斯在解构资产阶级人权思想的同时,也建构了自身的人权理论。虽然他们没有撰写过专门的人权著作,也未从正面系统阐释过人权的概念,但在他们一系列著作中都涉及人权问题。他们把人权问题同批判资产阶级人权思想结合起来,同无产阶级争取权利的斗争结合起来,并对人权问题进行了较为全面和深刻的论述。

人类的彻底解放,是马克思主义人权思想的核心。在马克思看来,人权既不神圣,也非永恒,而是一个有待消解的历史性权利,是一个从资本主义向共产主义过渡的历史范畴。马克思多次讲

---

[1] 参见〔美〕科斯塔斯·杜兹纳:《人权的终结》,郭春发译,江苏人民出版社2002年版,第174页。

到,无产阶级的痛苦"不是特殊的无权,而是一般的无权,它不能救助于人权"①。马克思在他起草的第一国际《协会临时章程》中更明确地指出:"一个人有责任不仅为自己本人,而且为各个履行自己义务的人要求人权和公民权。"②马克思还主张运用法律和其他手段来确定和保障人的权利。马克思主义人权思想可以概括为以下几个方面。

一、人权的本原

在对待人权的本原的问题上,资产阶级人权观认为人权是自然的范畴,是天赋人权;马克思主义则认为,"人权不是天赋的,而是历史地产生的"③。一方面,人权的产生是一个历史范畴。马克思与恩格斯不是抽象、笼统地谈人权,而是把人权的产生放到一定历史阶段上。他们认为,全部人类历史的第一个前提无疑是有生命的个人的存在,这些现实的个人,他们的活动和他们的物质生活条件,"以一定的方式进行生产活动的一定的个人,发生一定的社会关系和政治关系"。④ 人权是社会发展到一定阶段以后的产物,人权本身是社会发展进步的标志,谈论人权不能脱离具体的社会发展阶段。这里,马克思与恩格斯不再从"抽象的人"出发,而是从"现实的人"出发;不再从抽象的人性谈论历史观,而是从"物质生

① 《马克思恩格斯选集》第 1 卷,人民出版社 1995 年版,第 14 页。
② 《马克思恩格斯全集》第 16 卷,人民出版社 1964 年版,第 16 页。
③ 《马克思恩格斯选集》第 2 卷,人民出版社 1995 年版,第 146 页。
④ 参见《马克思恩格斯选集》第 1 卷,人民出版社 1995 年版,第 67、71 页。

活条件"、"经济关系"、"生产力和交往形式"等立场论述历史发展;不是抽象、笼统地谈人权,而是把人权的产生放到一定历史阶段上。

　　另一方面,人权的不断完善和充分实现,也是一个历史过程。马克思主义认为,劳动的发展导致人的发展以及社会关系和人性的丰富,由于"劳动本身经过一代又一代变得更加不同、更加完善和更加多方面化了。除打猎和畜牧外,又有了农业,农业之后又有了纺纱、织布、冶金、制陶器和航行。伴随着商业和手工业,最后出现了艺术和科学;从部落发展成了民族和国家。法和政治发展起来了,而且和它们一起,宗教也发展起来了"①。同样,人类社会历史永远不会在人类的一种完美的理想状态中最终结束,完美的社会、完美的"国家"是只有在幻想中才能存在的东西;相反,一切依次更替的历史状态都只是人类社会由低级到高级的无穷发展进程中的暂时阶段。② 人类社会是不断发展的,人的发展和社会发展导致人权同步发展。在奴隶社会,奴隶不被认为是人,而是会说话的工具;在中世纪,劳动者是土地占有者贵族的农奴;到了资本主义社会,无产者被承认是人,是市民社会的成员。到了社会主义社会,"它是人的解放和复原的一个现实的、对下一段历史发展说来是必然的环节。共产主义是最近将来的必然的形式和有效的原则。但是,这样的共产主义并不是人类发展的目标,并不是人类社

---

　　① 《马克思恩格斯选集》第4卷,人民出版社1995年版,第380—381页。
　　② 参见同上书,第216—217页。

会的形式。"①只有将来到了共产主义社会的高级阶段，"任何人都没有特殊的活动范围，而是都可以在任何部门内发展"②，实现了人的全面发展，社会高度发达了，人人才能充分享有人权。

二、人权的基础

马克思主义认为，以自由和平等为基本内容的人权，无论是以纯粹观念形态或法律规范的形式出现，还是以政治要求或社会关系的形式出现，它都只是商品经济发展的一种反映，它决定于并服务于商品经济。正如马克思所说："权利永远不能超出社会的经济结构以及由经济结构所制约的社会的文化发展。"③一方面，人权必须由直接的物质的生活资料的生产这个基础来解释。马克思主义的唯物史观认为："物质生活的生产方式制约着整个社会生活、政治生活和精神生活的过程。不是人们的意识决定人们的存在，相反，是人们的社会存在决定人们的意识。"④具体如人权"既不能从它们本身来理解，也不能从所谓人类精神的一般发展来理解，相反，它们根源于物质的生活关系，这种物质的生活关系的总和"⑤。马克思认为，资本主义社会表现出异化的物对人的全面统治。为了保障人权，必须把人从物的束缚中解放出来。人在金钱统治下

①　《马克思恩格斯全集》第 42 卷，人民出版社 1979 年版，第 131 页。
②　《马克思恩格斯选集》第 1 卷，人民出版社 1995 年版，第 85 页。
③　《马克思恩格斯选集》第 3 卷，人民出版社 1995 年版，第 12 页。
④　《马克思恩格斯选集》第 2 卷，人民出版社 1995 年版，第 32 页。
⑤　同上。

的完全异化,必然要过渡到如今已经逼近的时刻,那时人将重新掌握自己。如果不从物质生产条件去谈论人和人权,不按照已有的物质生产条件去保障人权,不通过变革不合理的生产关系和经济制度去实现人权,而"以美文学的词句代替了科学的认识,主张靠'爱'来实现人类的解放,而不主张用经济上改革生产的办法来实现无产阶级的解放",只能是"沉溺在令人厌恶的美文学和泛爱的空谈中",①而对人权的实现无济于事。因此,人权必须由直接的物质生活资料的生产这个基础来解释。只有"通过社会生产,不仅可能保证一切社会成员有富足的和一天比一天充裕的物质生活,而且还可能保证他们的体力和智力获得充分的自由的发展和运用"②。只有从那时起,人们才能真正享有充分而广泛的人权。

恩格斯在《反杜林论》中剖析了人权思想产生的经济原因:"大规模的贸易,特别是国际贸易,尤其是世界贸易,要求有自由的、在行动上不受限制的商品所有者,他们作为商品所有者是有平等权利的,他们根据对他们来说都平等的(至少在当地是平等的)权利进行交换。从手工业向工场手工业转变的前提是,有一定数量的自由工人……他们可以和厂主订立契约出租他们的劳动力,因而作为缔约的一方是和厂主权利平等的。最后,一切人类劳动……的等同性和同等意义,在现代资产阶级经济学的价值规律中得到了自己的不自觉的,但最强烈的表现。"经济的变迁和需求必然要反映到社会政治生活中去,"所以这种要求就很自然地获得了普遍

---

① 《马克思恩格斯选集》第 4 卷,人民出版社 1995 年版,第 222 页。
② 《马克思恩格斯选集》第 3 卷,人民出版社 1995 年版,第 633 页。

的、超出个别国家范围的性质,而自由和平等也很自然地被宣布为人权。"①这就清楚地告诉我们,分析人权必须同物质资料的生产联系起来,人权一旦同商品经济相分离,便没有了存在的基础。

另一方面,人权存在于一定的社会关系之中。人的本质是什么? 马克思指出:"人的本质不是单个人所固有的抽象物,在其现实性上,它是一切社会关系的总和。"②"人的本质是人的真正的社会联系"③,是自然属性与社会属性的统一。在马克思主义看来,单个人不是纯粹的抽象的人,而是与周围的人和事物有着千丝万缕的联系,并被这种社会关系所规定的个性化的人。人既直接地是自然存在物,又是社会存在物。人的自然属性表明一切人都有某些共同点,在这些共同点所及的范围内,他们是平等的;而人的社会属性则要求一切人,或至少是一个国家的一切公民,或一个社会的一切成员,都应当有平等的政治地位和社会地位。可见,人权只能从社会关系的角度去理解,脱离社会关系,人权就没有存在的基础,就是无从谈起。这正如恩格斯在批判杜林脱离社会关系抽象地谈论所谓"两个完全平等的人"时所指出的:"这两个人应当是这样的:他们摆脱了一切现实,摆脱了地球上发生的一切民族的、经济的、政治的和宗教的关系,摆脱了一切性别的和个人的特性,以致留在这两个人身上的除了人这个光秃秃的概念以外,再没有别的什么了,于是,他们当然是'完全平等'了。"④但这样的人在现实

① 《马克思恩格斯选集》第3卷,人民出版社1995年版,第446—447页。
② 《马克思恩格斯选集》第1卷,人民出版社1995年版,第56页。
③ 《马克思恩格斯全集》第42卷,人民出版社1979年版,第24页。
④ 《马克思恩格斯选集》第3卷,人民出版社1995年版,第439页。

中是根本不存在的,这样的人对于人权来说是毫无意义的。正是因为人权的社会性,马克思主义认为:"一个人有责任不仅为自己本人,而且为每一个履行自己义务的人要求人权和公民权。没有无义务的权利,也没有无权利的义务。"①资本主义国家,资产阶级的人权几乎把一切权利赋予一个阶级,另一方面却几乎把一切义务推给另一个阶级。② 只要阶级对立还存在,就谈不上从一般人的平等得出的法律结论。社会主义制度的创立,消除了权利与义务分离的根源,在本质上实现了两者的统一。

三、人权的性质

马克思主义认为,人权的主体、内容和形式是随着经济基础的变化而发展变化的,所谓抽象的、永恒的、超阶级的人权是不存在的。正如马克思所指出的:"在历史上的大多数国家中,公民的权利是按照财产状况分级规定的。"资产阶级思想家们所谈论的人权无非是市民社会的成员的权利,在资本主义社会中,"自由这一人权的实际应用就是私有财产这一人权……私有财产这项人权就是任意地、和别人无关地、不受社会束缚地使用和处理自己财产的权利;这项权利就是自私自利的权利。"③自私自利的阶级往往是侵犯人权的阶级,由于他们侵犯别人的人权必然会遭到别人的反抗甚

---

① 《马克思恩格斯全集》第 16 卷,人民出版社 1964 年版,第 16 页。
② 参见《马克思恩格斯选集》第 1 卷,人民出版社 1995 年版,第 439 页。
③ 《马克思恩格斯全集》第 1 卷,人民出版社 1956 年版,第 437 页。

至革命。与过去的一切运动都是少数人的或者为少数人谋利益的运动不同,无产阶级的运动是绝大多数人的、为绝大多数人谋利益的独立的运动,①无产阶级没有自己的特殊利益,它的利益同全人类的利益息息相关,它的利益就是全人类的利益,无产者没有什么自己的东西必须加以保护。"无产阶级奋斗终生的目标是实现共产主义,努力消灭个人奴隶般地服从分工情形,实现个人的全面发展;消除脑力劳动和体力劳动的对立,使劳动不仅是谋生的手段,而且本身成了生活的第一需要;消灭一切阶级和阶级统治,代替那存在着阶级和阶级对立的资产阶级旧社会的,将是一个自由人的联合体;促进生产力大幅增长,使社会财富的一切源泉都充分涌流,实行各尽所能,按需分配。"②"共产主义是人和自然界之间、人和人之间的矛盾的真正解决,是自由与必然、个体和类之间的斗争的真正解决。"③因此,只有在共产主义社会,才能彻底解决人权问题。

马克思主义将人权分为两个对立的阶级:资产阶级人权和无产阶级人权,并在批判继承资产阶级人权思想的同时,重点阐述了无产阶级人权观。可以说,马克思主义人权理论特别是阶级学说充分反映了18至20世纪初期欧洲国家阶级发展和社会革命现实。对于人权的阶级性,我们要历史地、辩证地来看待。在无产阶级革命时期,应当反对资产阶级人权,争取被压迫民族与被压迫人民的

①　参见《马克思恩格斯全集》第1卷,人民出版社1956年版,第283页。

②　《马克思恩格斯选集》第3卷,人民出版社1995年版,第305—306页。

③　《马克思恩格斯全集》第42卷,人民出版社1979年版,第120页。

解放,使无产阶级享有充分的人权保障;在无产阶级取得政权特别是在社会主义建设时期,则要"逐步减少并最终消除社会主义人权中的阶级性"①,而不能将这种阶级性扩大化。

四、人权的目的

人权的作用和目的不仅在于使人获得权利,而且在于使人明确自我解放的目标和获得实现自我解放的手段。资产阶级革命时期,人权思想的提出,使资产阶级从思想上摆脱了神权的束缚,而人权法律制度的确立,则使资产阶级获得了政治上的解放。但是,资产阶级用以解放人的"所谓人权都没有超出利己主义的人,没有超出作为市民社会的成员的人,即作为封闭于自身、私人利益、私人任性、同时脱离社会整体的个人的人"②。无产阶级才是人权的真正倡导者和捍卫者。无产阶级把自己的历史使命归结为建立一个以各个人自由发展为一切人自由发展的条件的联合体。③ 马克思主义认为,任何一种解放都是把人的世界和人的关系还给人自己,都是把人的权利还给人本身。推翻资本主义制度,争得人民民主,使无产阶级在政治上获得解放,享有公民和政治权利;无产阶级掌握国家政权以后,还要不断促进经济、社会和文化的发展,努力实现更加充分的经济权利、社会权利和文化权利,真正实现无产

---

① 李林:《走向人权的探索》,法律出版社 2010 年版,第 127 页。
② 《马克思恩格斯选集》第 1 卷,人民出版社 1995 年版,第 439 页。
③ 参见《马克思恩格斯选集》第 4 卷,人民出版社 1995 年版,第 370 页。

阶级的经济解放和社会解放。正是基于这样一种人的全面解放观,马克思主义者明确提出,无产阶级只有获得政治、经济和社会的全面解放,才能获得彻底解放;无产阶级只有解放全人类,才能最终解放自己。无产阶级始终把实现人的彻底解放作为自己革命的起点和归宿,把维护人的尊严、保障人的权利、实现人的价值作为自己的历史使命。

五、人权与公民权

我们知道,黑格尔法哲学是马克思主义的重要渊源。黑格尔以国家和市民社会的分离为起点,以解决他们之间的分离为目标,指出国家是至高无上的,体现伦理普遍精神的国家最终将克服市民社会的特殊性、抽象性和个人主义、利己主义,从而达到市民社会向国家的复归。马克思赞同普遍性的国家与特殊性的市民社会相分离的观点,他认为,国家作为政治共同体是普遍意志的代表,它凌驾于阶级和社会之上行使公共权力。另一方面,通过资产阶级革命,市民社会获得政治解放,从国家普遍性中完全摆脱出来,成为纯粹特殊的私人活动领域。在这里,利己主义成为驱动市民社会前进的动力,个人完全成为自由的、平等的、孤立的和超然于政治共同体的私人,完全脱去了自己的类本质和普遍性。于是,作为公共权力代表的国家与作为个人权利代表的市民社会出现严重的分离和对立。在法律领域,前者被划分为公法,后者被划分为私法。与此相适应,人被划分为"公人"和"私人"。作为一种法律形式,政治共同体的权利被分为公权,市民社会的权利被分为私权。

前者被马克思称为公民权,后者被称为人权。"市民社会和国家彼此分离。因此,国家的公民和作为市民社会的公民也是彼此分离的。因此,人就不能不使自己在本质上二重化。"①

马克思认为,人权之作为人权是和公民权不同的,人权与公民权的区别只是资本主义社会成员的权利问题。② 这种"不同于公民权的所谓人权无非是市民社会的成员的权利,即脱离了人的本质和共同体的利己主义的人的权利"③。这是马克思最早给人权下的定义。可以看出,他一开始就认为人权是资产阶级的权利。马克思把国家视为普遍意志、公共权力的代表,将政治领域与私人领域严格划分开来,认为政治权利(公民权)是只有同别人一起才能行使的权利。这种权利的内容就是参加这个共同体,而且是参加政治共同体,参加国家。这种权利属于政治自由的范畴,属于公共权利的范畴。这里的公共权利是指具有公共属性、政治属性的权利。"作为市民社会的人,即非政治的人,必然表现为自然人,人权表现为自然权。"④这里的自然权并不是指"自然法"、"自然权利",而是指脱掉了公共性的自然人的权利。"只有利己主义的个人才是现实的人,只有抽象的公民才是真正的人。"在马克思看来,政治领域的公共活动使人积极向善,私人领域的利己主义则使人堕落不堪。只有当现实的个人同时也是抽象的公民,并且作为个人,在自己的

---

① 《马克思恩格斯全集》第 1 卷,人民出版社 1956 年版,第 340 页。
② 参见〔美〕科斯塔斯·杜兹纳:《人权的终结》,郭春发译,江苏人民出版社 2002 年版,第 170 页。
③ 《马克思恩格斯全集》第 1 卷,人民出版社 1956 年版,第 436 页。
④ 同上书,第 442 页。

经验生活、自己的个人劳动、自己的个人关系中间,成为类存在物的时候,只有当人认识到自己的"原有力量"并把这种力量组织为社会力量而不再把社会力量当作政治力量跟自己分开的时候,只有到了那个时候,人类解放才能完成。①

六、人权与国家

从国家出现后,人都是生活和活动在一定的国家之中的。马克思认为,现代国家(即资本主义国家)承认人权同古代国家承认奴隶制是一个意思。正如古代国家的自然基础是奴隶制一样,现代国家的自然基础是市民社会以及市民社会中的人,即仅仅通过私人利益和无意识的自然的必要性这一纽带同别人发生关系的独立的人。"现代国家就是通过普遍人权承认了自己的这种自然基础。而它并没有创立这个基础。现代国家既然是由于自身的发展而不得不挣脱旧的政治桎梏的市民社会的产物,所以它就用宣布人权的办法从自己的方面来承认自己的出生地和自己的基础。"②可见,在马克思看来,人权是资本主义国家存在的自然基础,但是由于生产资料由资本家所有,被宣布为最主要的人权之一的是资产阶级所有权。③

另一方面,人权的保障离不开国家的作用。国家作为政治共

---

① 参见《马克思恩格斯全集》第 1 卷,人民出版社 1956 年版,第 443 页。
② 《马克思恩格斯全集》第 2 卷,人民出版社 1957 年版,第 145 页。
③ 参见《马克思恩格斯全集》第 3 卷,人民出版社 1960 年版,第 57 页。

同体是普遍意志的代表,它凌驾于阶级和社会之上行使公共权力。正如马克思所说:"国家是人与人之间自由的中介物。……人把自己的全部非神性、全部人的自由寄托在它身上。"当国家宣布出身、等级、文化程度、职业为非政治差别的时候,当国家不管这些差别而宣布每个人都是人权主权的平等参加者的时候,当它从国家的观点来观察人民现实生活的一切因素的时候,国家就是按照自己的方式废除了出身、等级、文化程度、职业的差别。尽管如此,国家还是任凭私有财产、文化程度、职业按其固有的方式发挥作用,作为私有财产、文化程度、职业来表现其特殊的本质。① 在历史唯物主义看来,"和所有的其他权利一样,人权不是天生的或不可剥夺的,而是国家和法律的历史创造。人权的出现和辩证的运用是一个极为复杂的过程:社会经济条件发生变化以后,国家和社会也就相分离了,国家把现实的资本主义的存在条件改造成法律认可的权利,并把权利神圣化为自然永恒的东西。"②

　　文森特认为,马克思主义人权与资本主义人权有三个显著区别:第一,马克思主义人权观认为"权利来自政府制定的法律,它反映了作为社会基础的经济关系",在社会主义社会,人权反映的是无产阶级的利益;只有无产阶级享有权利,而资产阶级却不能享有权利;只有人民享有自由权利,而压迫者却没有这种权利。第二,马克思主义人权观认为,权利来自一种反映个人在某种生产方式

---

① 参见《马克思恩格斯全集》第 1 卷,人民出版社 1956 年版,第 427 页。
② 〔美〕科斯塔斯·杜兹纳:《人权的终结》,郭春发译,江苏人民出版社 2002 年版,第 172—173 页。

中所占位置的基本经济关系,因此应当将经济和社会权利优先于公民和政治权利。社会主义国家的首要自由是经济性质的免受剥削的自由,这种自由因劳动人民掌握政权而获得实现。资本主义人权理论则认为自由是近乎绝对的,每个人在尊重他人平等自由的条件下享有不受他人干涉他(或她)自己的自由的权利。第三,马克思主义人权观认为,自由只有通过集体才能获得,无产阶级的使命是消灭剥削。马克思主义主张国家是自由的支柱,国家在保障权利方面发挥着积极作用,它不仅仅提醒公民具体情势允许他们享有哪些权利,而且还直接提供这些权利,而资本主义人权理论却认为国家是对自由的威胁,个人必须时刻保持对国家的警惕。①在文森特看来,社会主义人权区别于资本主义人权的一个重要问题是如何看待人权与国家的关系。马克思主义认为,国家是人权的重要支柱和保障,正是在国家中,人们的积极权利与消极权利实现了很好的统一。

第三节　人权的主要内容

　　如果说资本主义人权是无差别的、抽象的人权,那么马克思主义人权则是差序的、具体的人权;如果说资本主义人权是应该享有的人权,那么马克思主义人权是实际存在的人权;如果说资本主义

---

　　① 参见〔美〕R.J.文森特:《人权与国际关系》,凌迪等译,知识出版社 1998 年版,第 85—87 页。

人权追求的是形式上的人权,那么马克思主义人权追求的是实质上的人权;如果说资本主义人权更多存在于理念层面,那么马克思主义人权则是实践的产物。马克思、恩格斯不是从一般意义上谈人权,他们把人权问题置于社会主义革命和斗争之中。马克思通过对法国《人权和公民权宣言》的考察,批判了资产阶级的平等权、自由权、安全权、财产权,分析了无产阶级所要争取的人权。概括起来,马克思主义关于人权的内容主要包括以下几个方面。

一、自由权

马克思认为,自由就是从事一切对别人没有害处的活动的权利,就是做不损害他人权利的事情的权利。每个人所能进行的对别人没有害处的活动的界限是由法律规定的,正像地界是由界标确定的一样。法国《人权和公民权宣言》所说的人的自由,"是作为孤立的、封闭在自身的单子里的那种人的自由。……自由这项人权并不是建立在人与人结合的基础上,而是建立在人与人分离的基础上。这项权利就是这种分离的权利,是狭隘的、封闭在自身的个人的权利",而且,"自由这一人权的实际应用就是私有财产这一人权"。① 马克思还指出:"先生们,不要用自由这个抽象字眼来欺骗自己吧! 这是谁的自由呢? 这不是每个人在对待别人的关系上的自由。这是资本榨取工人最后脂膏的自由。"②表面上,无产阶级

---

① 《马克思恩格斯全集》第1卷,人民出版社1956年版,第437页。
② 《马克思恩格斯全集》第4卷,人民出版社1958年版,第457页。

享有行动自由、居住自由、迁徙自由、经营自由,但是由于他们一无所有,他们所具有的自由只能使他们被迫不断出卖劳动力。所以,马克思认为:"人权并没有使人摆脱宗教,而是使人有信仰宗教的自由;人权并没有使人摆脱财产,而是使人有占有财产的自由;人权并没有使人放弃追求财富的龌龊行为,而只是使人有经营的自由。"①马克思所理解的人的自由是"摆脱宗教"、"摆脱财产"和"放弃追求财富"的自由,是人不受外物决定的自由,这是人自身所具有的本体价值,但是在资本主义条件下,人权所保障自由并不是真正人本意义上的自由,而是人受奴役的自由。

在资本主义条件下,无产阶级也要利用人权和自由的口号,争取自己的自由权利,作为反对资产阶级的武器。马克思和恩格斯认为,没有出版自由、结社权和集会权,就不可能有工人运动。没有这些自由,工人政党自己就不能获得运动的自由,争取这些自由,同时也就是争取自己本身存在的条件,争取自己呼吸所需的空气。②

二、平等权

什么是平等权?马克思认为,从非政治的意义上看来,平等无非是上述自由的平等,即每个人都同样被看作孤独的单子。③ 也就是说,平等实际上是对自由的一种社会普遍性的肯定,是各个自由

① 《马克思恩格斯全集》第 2 卷,人民出版社 1957 年版,第 145 页。
② 参见《马克思恩格斯全集》第 16 卷,人民出版社 1964 年版,第 84、86—87 页。
③ 参见《马克思恩格斯全集》第 1 卷,人民出版社 1956 年版,第 439 页。

人之间的平等。马克思和恩格斯总是联系私有制来谈人权,他们认为,只要私有制存在,只要富有者和贫困者存在,有产者就能利用他们的优势地位享受更多的权利内容,"人权本身就是特权,而私有制就是垄断。"①在他们看来,所谓人权归根到底就是私有财产权,所谓平等就是等价交换和机会均等。"平等和自由不仅在以交换价值为基础的交换中受到尊重,而且交换价值的交换是一切平等和自由的生产的、现实的基础。作为纯粹观念,平等和自由仅仅是交换价值的交换的一种理想化的表现;作为法律的、政治的、社会的关系上发展了的东西,平等和自由不过是再一次反映了这种基础而已。"②马克思认为,这种交换关系上的形式平等掩盖了生产关系上的实质不平等,掩盖了资本主义雇佣制中的剥削,掩盖了资本家和工人的不平等地位。他说:"权利,就它的本性来讲,只在于使用同一尺度;但是不同等的个人(而如果他们不是不同等的,他们就不成其为不同的个人)要用同一尺度去计量,就只有从同一个角度去看待他们,从一个特定的方面去对待他们。""这种平等的权利,对不同等的劳动来说是不平等的权利。"因此,平等的权利按照原则仍然是资产阶级权利。③

的确,在享有公民权的政治社会中,人们作为公民在法律上是平等的,但由于人们在作为政治国家的公民时丧失了他作为市民社会成员时所"固有的、真正的、经验的现实性",因此,公民在法律

---

① 《马克思恩格斯全集》第3卷,人民出版社1960年版,第229页。
② 《马克思恩格斯全集》第46卷(上册),人民出版社1979年版,第197页。
③ 参见《马克思恩格斯选集》第3卷,人民出版社1995年版,第304—305页。

面前的平等实际上不过是脱离现实物质利益的差异，撇开每个人原来的等级差别的完全幻想的平等。正如恩格斯所说："法律上的平等就是富人和穷人不平等的前提下的平等，即限制在目前主要的不平等的范围内的平等，简括地说，就是简直把不平等叫做平等。"他以出版自由为例说，出版自由就仅仅是资产阶级的特权，因为出版需要钱，需要购买出版物，而购买出版物的人也得需要有钱。① 可见，在马克思主义看来，仅仅法律上、政治上宣布"人人平等"并享有"天赋权利"，不能解决根本问题，只能是以金钱的特权取代封建社会的等级特权。因此，恩格斯指出，无产阶级抓住了资产阶级的话柄；平等应当不仅是表面的，不仅在国家的领域中实行，它还应当是实际的，还应当是社会的、经济的领域中实行。无产阶级平等要求的实际内容都是消灭阶级的要求。任何超出这个范围的平等要求，都是必然要流于荒谬。这一要求是对明显的社会不平等，对富人和穷人之间、主人和奴隶之间、骄奢淫逸者和饥饿者之间的对立的自发反应，或者说"是从对资产阶级平等要求的反应中产生的"②。只有经济上实行公有制，消灭剥削、消灭不平等的经济基础，真正的平等和自由才能得以实现。

三、民主权

马克思在总结巴黎公社经验和批判"哥达纲领"的时候，都明

① 参见《马克思恩格斯全集》第 2 卷，人民出版社 1957 年版，第 647—648 页。
② 《马克思恩格斯选集》第 3 卷，人民出版社 1995 年版，第 448 页。

确表示了民主就是人民当权的观点,他称赞巴黎公社就是属于人
民、由人民掌权的政府;在《哥达纲领批判》中说,"民主的"这个词
在德语里意思是"人民当权的"。① 马克思同时指出,在剥削阶级
社会中,民主政体同君主政体、贵族政体一样,实质上都不过是政
治上、经济上占统治地位的阶级对其他阶级进行统治的工具。资
本主义社会是商品经济高度发达并占统治地位的社会。在资本主
义私有制条件下,由于劳动所具有的形式上的自由、平等和实质上
的雇佣劳动性质,资产阶级民主只能是形式上的民主,实质上的资
产阶级的统治。因此,要实行真正的民主就必须建立人民当权的
政府。无产阶级革命将建立民主的国家制度,从而直接或间接地
建立无产阶级的政治统治,并且立即利用民主作为手段进行进一
步的、直接侵犯私有制和保障无产阶级生存的各种措施,建立和生
产力社会性质相一致的生产资料社会主义公有制,使国家的生产
力大大增长。②

　　恩格斯在庆祝 1792 年 9 月 22 日法兰西共和国成立的大会上
指出,民主在今天就是共产主义。任何其他的民主都只能存在于
那些跟实际毫无联系、认为原则不是靠人和环境发展起来而是靠
它本身发展起来的、好空谈的梦幻家的头脑中。民主已经成为了
无产阶级的原则、群众的原则。即使群众并不总是很清楚地懂得
民主的这个唯一正确的意义,但是他们全都认为民主这个概念中
包含着社会平等的要求,虽然这种要求还是模糊的。恩格斯相信:

____

① 参见《马克思恩格斯选集》第 3 卷,人民出版社 1995 年版,第 312 页。
② 参见《马克思恩格斯选集》第 1 卷,人民出版社 1995 年版,第 239、241 页。

"我们在估计共产主义的战斗力量的时候,可以放心地把这些具有民主思想的群众估计在内。而且,当各民族的无产阶级彼此联合起来的时候,它们完全有权把'民主'一词写在自己的旗帜上。"①可见,马克思和恩格斯认为,在无产阶级掌握国家政权后,才能够建立起真正的民主制度。

马克思、恩格斯十分重视普选权,他们在《共产党宣言》中指出,争取普选权、争取民主,是战斗的无产阶级的首要任务之一。在《1848年至1850年的法兰西阶级斗争》一书导言中,他们再次提倡无产阶级使用选举权与资产阶级进行斗争,认为德国工人阶级成了世界各国工人的榜样:"由于这样有效地利用普选权,无产阶级的一种崭新的斗争方式就开始发挥作用,并且迅速获得进一步的发展。人们发现,在资产阶级用来组织其统治的国家机构中,也有东西是工人阶级能利用来对这些机构本身作斗争的。工人参加各邦议会、市政委员会以及工商业仲裁法庭的选举,只要在安排一个职位时有足够的工人票数参加表决,工人阶级就同资产阶级争夺每一个这样的职位。结果弄得资产阶级和政府害怕工人政党的合法活动更甚于害怕它的不合法活动,害怕选举成就更甚于害怕起义成就。"②

选举权之所以重要,不仅在于无产阶级可以运用它同资产阶级进行斗争,而且在于马克思所阐述的选举改革的重大意义。马克思认为,选举是市民社会对政治国家的直接的、不是单纯想象的

---

① 《马克思恩格斯全集》第2卷,人民出版社1957年版,第664页。
② 《马克思恩格斯选集》第4卷,人民出版社1995年版,第517页。

而是实际存在的关系。因此显而易见:选举构成了真正市民社会的最重要的政治利益。由于有了无限制的选举权和被选举权,市民社会第一次上升到脱离自我的抽象,上升到作为自己的真正的、普遍的、本质的存在的政治存在。选举制的改革就是在抽象的政治国家的范围内要求取消这个国家,但同时也是取消市民社会。①在马克思看来,选举改革是分解市民社会的要求,是消灭国家的斗争。这种对普选权和工人阶级权利的革命性要求,在资产阶级社会内部得到了重新定义和承认,从而整合了工人阶级,为重新建构社会秩序和政治秩序提供了基础。②

四、生存权

马克思、恩格斯认为,资本主义制度虽然在形式上规定了所有人都有生存权,但在实际生活中却限制和剥夺了工人阶级的生存权。马克思认为,一个除了自己的劳动力以外没有任何其他财产的人,在任何社会的和文化的状态中,都不得不为另一些已经成了劳动的物质条件的所有者的人做奴隶。他只有得到他人的允许才能劳动,因为只有得到他们的允许才能生存。③ 雇佣工人只是为资本家(因而也为他们的剩余价值的分享者)白白地劳动一定的时

---

① 参见《马克思恩格斯全集》第 1 卷,人民出版社 1956 年版,第 396 页。
② 参见〔英〕马克·尼奥克里尔斯:《管理市民社会——国家权力理论探讨》,陈小文译,商务印书馆 2008 年版,第 38 页。
③ 参见《马克思恩格斯选集》第 3 卷,人民出版社 1995 年版,第 298 页。

间,才被允许为维持自己的生活而劳动,就是说,才被允许生存。[1]在这种占有下,工人仅仅为增殖资本而活着,只有在统治阶级的利益需要他活着的时候才能活着。[2] 因此,无产阶级必须为争取自己的生存权而斗争,如争取降低工人失业率、提高工人工资、缩短工作日时间、改善劳动条件,等等。

要实现生存权,必须有劳动权。在资本主义制度下,虽然法律规定所有人都拥有劳动权,但实际上工人却经常面临失业的威胁,随时都有被剥夺劳动权利的可能。因此要从根本上解决无产阶级的劳动权问题,就要消灭雇佣劳动制,使无产阶级成为生产资料的主人。在评价 1848 年法国革命时,马克思指出:"劳动权在资产阶级的意义上说是一种胡说,是一种可怜的善良愿望,但是劳动权就是支配资本的权利,支配资本的权利就是占有生产资料,使生产资料受联合起来的工人阶级支配,从而消灭雇佣劳动、资本及其相互间的关系。"[3]恩格斯认为,马克思关于劳动权的论述,第一次表述了一个使现代工人社会主义既与形形色色封建、资产阶级、小资产阶级等的社会主义截然不同,又与空想和自发的工人共产主义所提出的模糊的"财产共有"截然不同的原理。

五、财产权

马克思认为,私有财产这项人权就是任意地、和别人无关地、

---

① 参见《马克思恩格斯选集》第 3 卷,人民出版社 1995 年版,第 310 页。

② 参见《马克思恩格斯选集》第 1 卷,人民出版社 1995 年版,第 287 页。

③ 同上书,第 409 页。

不受社会束缚地使用和处理自己财产的权利；这项权利就是自私自利的权利。这种个人自由和对这种自由的享受构成了市民社会的基础。这种自由使个人不是把别人看作自己自由的实现，而是看作自己自由的限制。[①]他强调，在现金交易成为人们之间唯一的纽带的资本主义社会，"财产——这是天然的、冷酷无情的准则，和人类应有的合乎人性的准则正相对立——就被捧上宝座，最后，为了完成这种异化，金钱——财产的异化了的空洞的抽象——就成了世界的统治者。人已经不再是人的奴隶，而变成了物的奴隶；人们的关系被彻底歪曲；现代生意经世界的奴隶制（这是一种最完善、最发达的普遍的买卖制度）比封建时代的农奴制更加违反人性和无所不包。"[②]马克思指出，"财产问题的表现形式极不相同，这是同一般工业发展的不同阶段和各国工业发展的特殊阶段相适应的。……对英国工业资产阶级来说，消灭土地所有制是最重要的财产问题，……对英国农业工人来说则相反，他们和英国工厂工人一样，对他们来说消灭资本乃是最重要的财产问题。……在'我们这个时代'，财产问题的意义在于消灭因大工业、世界市场和自由竞争的发展而造成的冲突。财产问题从来就随着工业发展的不同阶段而成为这个或那个阶级的切身问题。十七、十八世纪时要废除封建财产关系，财产问题就是资产阶级的切身问题。十九世纪时要废除资产阶级财产关系，财产问题就是工人阶级的切身

[①] 参见《马克思恩格斯全集》第1卷，人民出版社1956年版，第438页。

[②] 同上书，第664页。

问题。"①

　　马克思、恩格斯认为,要解决工人阶级的财产权,只有通过社会主义革命,变资本主义私有制为社会主义公有制,即通过"剥夺剥夺者"方式,使人民群众成为社会财富的主人。恩格斯在《家庭、私有制和国家的起源》一书中,引用了摩尔根《古代社会》中的一段话作为该书的结束语:"总有一天,人类的理智一定会强健到能够支配财富,一定会规定国家对它所保护的财产的关系,以及所有者的权利的范围。社会的利益绝对高于个人的利益,必须使这两者处于一种公平而和谐的关系之中。只要进步仍将是未来的规律,像它对于过去那样,那么单纯追求财富就不是人类的最终命运了。……社会的瓦解,即将成为以财富为唯一的最终目的的那个历程的终结,因为这一历程包含着自我消灭的因素。管理上的民主,社会中的博爱,权利的平等,普及的教育,将揭开社会的下一个更高的阶段,经验、理智和科学正在不断向这个阶段努力。这将是古代氏族的自由、平等、博爱的复活,但却是在更高形式上的复活。"②

六、安全权

　　马克思认为:"安全是市民社会的最高社会概念,是警察的概念;按照这个概念,整个社会的存在都只为了保证它的每个成员的

①　《马克思恩格斯选集》第1卷,人民出版社1995年版,第174—175页。
②　《马克思恩格斯选集》第4卷,人民出版社1995年版,第179页。

人身、权利和财产不受侵犯。……市民社会并没有借助安全这一概念而超越自己的利己主义。相反地,安全却是这种利己主义的保障。"①马克思进一步指出,任何一种所谓人权都没有超出利己主义的个人,没有超出作为市民社会的成员的人,即作为封闭于自身、私人利益、私人任性、同时脱离社会整体的个人的人。在这些权利中,人绝不是类存在物;相反地,类生活本身即社会却是个人的外部局限,却是他们原有独立性的限制。把人和社会连接起来的唯一纽带是天然必然性,是需要和私人利益,是对他们财产和利己主义个人的保护。②

总之,马克思主义认为,只有人类解放,"自由人联合体"的建立后,人权才能真正得以实现。正如马克思所说:"这个领域不要求享有任何特殊的权利,因为威胁着这个领域的不是特殊的不公正,而是一般的不公正,它不能再求助于历史的权利,而只能求助于人的权利,它不是同德国国家制度的后果处于片面的对立,而是同这种制度的前提处于全面的对立,最后,在于形成一个若不从其他一切社会领域解放出来从而解放其他一切社会领域就不能解放自己的领域。总之,形成这样一个领域,它表明人的完全丧失,并因而只有通过人的完全回复才能回复自己本身。"③

马克思的人权思想是人权哲学的重要组成部分。杜兹纳认为,马克思的人权批判具有全面性和彻底性,"如果完全放弃马克

① 《马克思恩格斯全集》第1卷,人民出版社1956年版,第439页。
② 同上。
③ 《马克思恩格斯选集》第1卷,人民出版社1995年版,第15页。

思主义的传统，那将是一个很大的错误。他的著作对我们理解权利是非常有益的，其促成了许多当代的权利批判，如法律批判研究、女权主义和批判人类学理论。"①直到今天，马克思提出的在生产资料公有制基础上实现人人平等，以每个人全面而自由的发展为基本原则的人权理想，仍然具有持久的生命力。

以上分别阐述了西方自由主义、社群主义、国家主义和马克思主义的人权思想。可以说，自由主义人权思想是西方人权思想的主要传统，其他人权思想都是在与自由主义人权思想的比较、批判、对立中发展起来的。西方人权思想不同分支观念不同的原因是多方面的，其中最主要是对人权本质的认识不同，与此相关联的研究进路也不同。其中，自由主义人权思想的基础是个人，社群主义人权思想的基础是社群，国家主义人权思想的基础是国家，马克思主义人权思想的基础是阶级。西方人权理论的不同分支虽然各有其特点，但都是一个有源有流的历史过程，都是当时历史条件下人们思想的产物。黑格尔确信，任何一个思想家都不能超出他自己的时代。"就个人来说，每个人都是他那时代的产儿。哲学也是这样，它是被把握在思想中的它的时代。妄想一种哲学可以超出它那个时代，这与妄想个人可以跳出他的时代，跳出罗托斯岛，是同样愚蠢的。"②这段话对我们研究西方人权理论，不啻于洪钟大吕。

----

① 〔美〕科斯塔斯·杜兹纳：《人权的终结》，郭春发译，江苏人民出版社2002年版，第179页。
② 〔德〕黑格尔：《法哲学原理》，范扬、张企泰译，商务印书馆1996年版，序言，第12页。

第五章　儒家学说与人权思想

　　现代意义的人权概念最早是西方文化的产物,但是人权思想并不是西方的专利。① 东方儒家、佛家、伊斯兰文化中都有丰富的人权思想的渊源,它们对人权的理解具有鲜明的民族特色。中国是人类文明的发源地之一。在漫长的历史长河中,中国人民创造了博大精深的优秀文化,在这些丰富的思想宝库中,包含着一些关于人的价值、人的尊严、人的权利等重要的人文思想。虽然中国传统文化中没有产生人权的概念,但是在一些经典的文献中,处处闪

---

　　① 从词义上分析,人权概念与人权思想具有不同的内涵。黄楠森认为,人权理论的形成可以分为五个层次:第一是人权意识,即承认一个人从生下来那一刻开始,就是人,而不是一个物体,不能随意伤害或毁坏他,但这种想法只是头脑里的一种意识,并没有表达出来。第二是人权思想,思想比意识更自觉,即明确表示因为他是一个人,我们就应按一个人应该享受的待遇来对待他。第三是法律上的人权,就是把人权的思想变为法律条文的形式规定下来。在西方,最早的法律规定是 1188 年利比亚半岛莱昂王国的议会得到国王阿方索九世批准的一组权利,包括被告要求正式审判的权利和生活、荣誉、家庭和财产不受侵犯的权利。但是,那时还没有人权的概念,只是在法律上做了某些规定。第四是人权概念,"human rights"这个人权概念最著名的文献是 1776 年美国的《独立宣言》和 1789 年法国的《人权和公民权宣言》。第五是人权理论,人权的系统思想,最早是由西方 17、18 世纪启蒙思想家卢梭、洛克等人提出的,以后得到了进一步的发展。从以上分类来看,东方文化虽然没有提出明确的人权概念和人权理论,但却具有丰富的人权意识和人权思想。参见黄楠森:"中国传统文化与人权发展",载中国人权网 2002 年"东方文化与人权发展"会议发言。

耀着人权思想的光辉。

在欧洲的古希腊罗马创造出灿烂文明的同时,在地球东方的中国也步入了从奴隶制向封建制过渡的春秋战国时期。这一时期,各种思想流派精彩纷呈,相互交融,呈现出"百家争鸣"的局面,成为中国思想史上的一座高峰。在这一时期的墨家、道家、法家、儒家等流派的思想中,都有人权思想的渊源。其中,儒家学说在先秦虽然只为四大显学之一,但儒者能"持险应变曲当,与时迁移,与世偃仰"(《荀子·儒效》),因此,儒家学说最终成为中国的正统学说。儒家学说之所以能一脉相承、生生不息,大都认为是由于汉武帝采用董仲舒的建议实行"罢黜百家、独尊儒术"的结果,实际上,最根本的还是因为儒家学说最合乎人性需要,儒家从"人"从"需",因时代之需要而运生,更因后世之新需要而日新月异。因此,儒家学说始终居于中国政治思想史的中心地位,成为中国传统文化的代表。①

儒家学说的产生、发展绵延2000多年,其内涵和外延都有很多变化,不同时代、不同学者的认识都有不同。但是他们在理论根源上彼此的认识是一致的,这就是儒家思想的原意。有学者认为,儒家思想的原意是指"由孔子确立的基本的理论形态,经由孟、荀、《易》三环节发展而成的思想体系"②。新儒家的代表人物牟宗三则提出了儒家的新义,即著名的"三统说"。其主要内容为:"一、道

① 参见金耀基:《中国民本思想史》,法律出版社2008年版,第3页。
② 唐凯麟、曹刚:《重释传统——儒家思想的现代价值评估》,华东师范大学出版社2008年版,第2页。

统之肯定,此即肯定道德宗教之价值,护在孔孟所开辟之人生宇宙之本源;二、学统之开出,此即转出知性主体以容纳希腊传统,开出学术之独立性;三、政统之继续,此即由认识政体之发展而肯定民主政治为必然。"在牟宗三看来,"三统"中"道统"是根本,是儒家伦理的传统和民族文化的生命,是一种比科学知识"更高一层、更具纲维性、笼罩性的圣贤学问"①,旨在唤起人们对生命价值的关注,对美好心灵的塑造,对人格理想的追求。汤一介对"三统说"表示认同,不过他认为对"学统"要特别重视,"学统"是指儒学的"学术思想传统,包括它的世界观、思维方法和对真、善、美境界的追求等等,儒学在这些方面可提供有意义的资源较为丰厚,应为我们特别重视。基于此,当前甚至以后,对儒学不应政治意识形态化,学术最好归学术。而且儒学应更具有'海纳百川'的气度,在与各种文化的广泛对话中更新自己"②。

19世纪后半期,西方人权思想开始传入中国。在资产阶级领导的以推翻封建专制主义为目的的民主革命时期,形成了中国近代人权思想。这里重点阐述儒家学说中的人权思想。

第一节 儒家学说与人权的关系

近些年来,关于儒家学说与人权的讨论在海内外学术界日渐

---

① 牟宗三:《道德的理想主义》,(台湾)学生书局1982年版,序,第5页;第152页。

② 汤一介:"关于复兴儒学的思考",载《天水师范学院学报》2008年第6期。

活跃,各种观点众说纷纭。这种讨论既阐释了中国传统对人权思想的理解,又推动了儒家传统与西方文明的对话。有学者用现代西方人权的理论与实践来看待传统儒家的理论与实践,从而得出了"儒家学说与人权思想互不相容"的观点。如美国的杰克·唐纳利认为,人权代表着一系列与人的尊严的特定概念联系在一起的社会实践,它们最初是西方社会在应付现代国家和现代资本主义市场经济所带来的社会政治变革中实现的,"大部分非西方文化和政治传统,不仅缺乏人权实践,而且缺乏人权概念。"[1]他认为,中国传统理论几乎完全是从统治者的义务的角度表达的,义务本身也不表明统治者有义务为之采取行动的那些人就一定拥有权利,更不要说证实这些权利了。它实质上是对人的尊严问题的另一种处理,一种与人权没有关系的处理。[2] 总之,在他看来,中国传统文化以义务为本位,西方传统文化以权利为本位,这种义务既不是从人权派生出来的,也是和人权没有关系的。也有一些学者从儒家思想的特点出发来进行论证。如路易斯·亨金认为,在传统中国中,社会理想不是个人自由和平等,而是社会秩序和和谐;不是个人独立,而是无私和合作;不是个人良心自由,而是尊奉正统的"真理"。"个人将不会表现出自信,权利和义务两者都是可以转让的,并且都被归入对和谐的承诺之中。"[3]在他看来,正是这种"和谐"的思

___

[1]　〔美〕杰克·唐纳利:《普遍人权的理论与实践》,王浦劬等译,中国社会科学出版社 2001 年版,第 52 页。

[2]　参见同上书,第 57 页。

[3]　沈宗灵等主编:《西方人权学说》(下),四川人民出版社 1994 年版,第614 页。

想阻碍了传统中国权利意识和人权思想的发展。国内也有一些学者认为,儒家价值观与西方人权观最主要的冲突是关于个人主义的。"儒家文化重视家庭伦理,重社会关系;强调互敬互爱而避谈个人权利;强调孝道、服从、克己,而不是自由、平等、要求;强调个人成仁,而不是个人成就。"①由此,他们认为,儒家文化存在对个性的压抑、对个人自由的排斥、对个人尊严的蔑视,根本不可能产生人权观念,甚至很难接受以个人权利为本位的西方人权观念。

与儒家学说与人权观念互不相容的观点不同,更多的学者认为儒家学说与西方人权观念有密切的关系。概括起来,主要有以下几种观点。

一、儒家学说对西方人权观念有重大影响

一些学者在考证中国文化在近代欧洲的传播历史后认为,早在 17 至 18 世纪,儒家学说不仅与欧洲思想发生了联系,而且还促进了欧洲近代人权观念的产生。明清时期,葡萄牙、西班牙和意大利等国的传教士来到中国,他们在中国传播宗教思想的同时,一方面把欧洲科学文化传到中国,另一方面也把中国的哲学经典介绍到欧洲。他们或是把中国书籍带到西方,或是撰文介绍中国的文化、历史与哲学,或是翻译中国典籍。特别是把《大学》、《中庸》、《论语》等儒家经典著作翻译成欧洲文字。启蒙运动时期,思想家

---

① 王启富、刘金国:《人权问题的法理学研究》,中国政法大学出版社 2003 年版,第 146 页。

们已经能够看到相当数量的中国典籍和关于中国文化的介绍了。有学者认为儒家文化促进近代欧洲形成了"理性"和"人权"的观念,①主要体现在以下几个方面:

第一,儒家思想是欧洲启蒙运动的思想来源之一。朱谦之认为,在欧洲文艺复兴时代,受希腊的文化影响较深,中国的重要发明是欧洲文艺复兴的条件之一;到了启蒙时代,中国文化和希腊精神都同样被推崇。在一些欧洲思想家眼里,中国变成18世纪欧洲的理想国家,中国的孔子变成18世纪欧洲思想界的目标之一,孔子的哲学理性观也成为当时进步思想的来源之一。② 比如,洛克、孟德斯鸠、卢梭、伏尔泰、狄德罗等欧洲思想家,在论述到人权、人性问题时,大多受到儒家哲学思想的影响。那时候《百科全书》关于中国哲学家的见解,直接采自伏尔泰、狄德罗在《百科全书字典》中对于中国部分的如下论调:"中国民族极能同心合力,他们历史的悠久,精神、艺术、学问、政治、哲学各方面,不仅压倒所有其他亚洲民族,据一部分学者的意见,他们所有的优点甚至可以和欧洲最开明的民族竞争。"③伏尔泰极端赞扬中国文化,在他的眼里,中国的哲学、道德、政治、科学是尽善尽美的,最使他钦佩的是孔子的理性思想。他赞美孔子学说最为简洁可爱,赞美儒教只须以"理性"

---

① 参见乔清举:"论儒家思想与人权的关系",载《现代哲学》2010年第6期。

② 参见朱谦之:《中国哲学对欧洲的影响》,上海人民出版社2005年版,第193、196页。

③ 〔德〕赖赫淮恩:《中国与欧洲》,转引自朱谦之:《中国哲学对欧洲的影响》,上海人民出版社2005年版,第269页。

或"真理"便可治国平天下,暗地里以此否定基督教存在的理由。①
狄德罗也主张用宋明理学的"理"代替基督教的神。值得一提的
是,孔子"己所不欲,勿施于人"的思想在欧洲有很大影响。霍布斯
在《利维坦》一书中认为,全世界都承认这样一句话:"己所不欲,勿
施于人。"②伏尔泰也推崇此语,认为这是基督所未曾说到的。法国
《人权和公民权宣言》第 4 条称:"自由就是指有权从事一切无害于
他人的行为。因此,各人的自然权利的行使,只以保证社会上其他
成员能享有同样权利为限制。此等限制仅得由法律规定之。"③这
一条的原型正是孔子的"己所不欲,勿施于人"。

第二,儒家哲学的理性精神是德国哲学理性概念的重要思想
来源之一。莱布尼茨是承认中国文化大足贡献西方文化发展的第
一个人。日本学者五来欣造在《儒教对于德国政治思想的影响》中
极力证明,莱布尼茨的理神论、道德观与政治观受中国的影响。赖
赫淮恩的《中国与欧洲》指出,莱布尼茨的"《单子论》极其和中国
儒释道三教的德性论相同,他所提出的'预定和谐'又极像中国的
'天下之道'。莱布尼茨和中国的哲人一样,深信实际世界有其统
一性,精神上有日新又新的进步,所以非常乐观。他们都以为宗教
的任务在于创造知识,目的在于教成对于社会有用的行为。这就
是欧洲启明[蒙]运动的福音。他们以为道德就是快乐,快乐为所

---

① 参见朱谦之:《中国哲学对欧洲的影响》,上海人民出版社 2005 年版,第
300 页。

② 参见〔英〕霍布斯:《利维坦》,黎思复、黎廷弼译,商务印书馆 1985 年版,第
211 页。

③ 董云虎:《人权大宪章》,中共中央党校出版社 2010 年版,第 9 页。

有思想的最高目标"①。德国启蒙思潮的开创者沃尔夫在《中国的实践哲学》中赞扬中国的儒教和理性主义,认为只有理性主义才是真正的道德原理。这些思想最后汇合到康德哲学中,产生了很大的影响。黑格尔在《历史哲学》中说:"中国人承认的基本原则为理性(reason)叫做道;道为天地之本,万物之源。"②

第三,儒家思想也是1948年联合国通过的《世界人权宣言》的基调之一。从《宣言》起草的过程来看,当时参与起草的中国代表张彭春将儒家哲学思想与西方哲学相对照,成功地说服了国际社会,将儒家思想的"仁"、"礼"和"道"等概念引入宣言的协商过程,并将儒家思想的"仁"融入了作为整个《宣言》思想基础的第1条之中。③该《宣言》第1条最初是:"所有人都是兄弟。既然人被赋予了理性,是一个家庭的成员,那么他们是自由的,在尊严和权利方面是平等的。"张彭春认为,应该在"理性"之外加上"仁"。他指出,仁"是根本的同情、怜悯和恻隐,是所有人共同具有的"。经过讨论,起草者最终加上了"良心"一词。最后,《宣言》的定稿是:"人人生而自由,在尊严和权利上一律平等。他们富有理性和良心,并应以兄弟关系的精神相对待。"狄百瑞认为,这表明西方的个人自治的思想在《宣言》中没有占据主导地位;相反,孔孟的"仁"却成为了《宣言》的基调;而且,《论语》中以家庭为中心的"普天之

①　参见朱谦之:《中国哲学对欧洲的影响》,上海人民出版社2005年版,第222—223页。

②　〔德〕黑格尔:《历史哲学》,王造时译,生活·读书·新知三联书店1956年版,第179页。

③　参见孙平华:《〈世界人权宣言〉研究》,北京大学出版社2012年版,第63页。

下皆兄弟"的思想也存在于《宣言》之中。其实,对于家庭的重视还可见于《宣言》第 16 条第 3 款:"家庭是天然的和基本的社会单元,并应受社会和国家的保护。"美国学者突维斯(Twiss)认为,《宣言》还受了"性相近、习相远"的启发,"儒家传统对于人们对人权的正确理解不仅不冲突,而且可以做出贡献"。①

著名中国科技史专家李约瑟也表达过类似观点,"十八世纪西洋思潮多系溯源于中国","十七世纪中叶耶稣会教友,群将中国经籍译成西文,中国儒家性本善之哲学乃得输入欧洲。吾人皆知彼启蒙时期之哲学家,为法国大革命及其后诸种进步运动导其先河者,固皆深有感于孔子之学说"。② 此外,还有一些学者认为,面对当今世界环境恶化、贫富差距拉大等危机,儒家伦理可以对发展权、环境权等做出贡献。

二、儒家学说中有丰富的人权内涵

许多学者都认为,儒家文化包含着人权思想,对形成中华民族的优良传统起了重要作用,成为中国传统文化的一部分。如台湾学者李明辉认为:"在儒家传统中包含若干思想资源,它们可以与现代人权概念相接榫,并且在儒家文化的脉络中为它提出另一种证成。如此,我们一方面可以承认人权的普遍意义,另一方面又可

---

① 参见乔清举:"论儒家思想与人权的关系",载《现代哲学》2010 年第 6 期。
② 李约瑟:"中国文明",《大公报》1942 年 8 月 31 日。转引自朱谦之:《中国哲学对欧洲的影响》,上海人民出版社 2005 年版,第 198 页。

以从不同文化的角度去诠释这种普遍意义;换言之,我们可以兼顾人权的普遍性与文化的多元性。我们固然不必唯西方马首是瞻,陷于西方中心论的窠臼,亦不宜藉'古已有之'论来自我安慰,更不当以国情论为借口,拒绝现代文明的人权规范。"①夏勇也认为,儒家传统中虽然没有提出人权的概念,但是有着丰富的人权思想资源,人权与中国传统无根本冲突。"古代人权思想在逻辑上由终极权威观念、平等人格观念、本性自由观念构成。中国历史上虽未出现人权概念,但在中国各代思想里,无疑存在超越实在法之上的道德观念以及人格平等观念。自由观念在儒、道、佛三家那里也很充沛,只因它是内向、自足、超脱的,很少与社会利益关系中的自利、自卫和对抗相联系,才未曾推转出权利观念来。"②

李存山在比较了儒家的民本思想与人权的关系后认为,儒家思想中包含了"民有"、"民享"的意思,这与人权思想具有一致性。他认为,儒家的民本思想,在中国近现代的社会转型过程中,经过批判继承,吐故纳新,扬弃其落后的等级尊卑观念,承认人人生而自由平等,具有不可剥夺的公民和政治权利,不仅可以同"第一代人权"的观念相契合,而且更重要的是它与"第二代人权"以及人权观念的进一步发展有着更多的内在一致性。而在确立和保障"第三代人权"这方面,儒家的"协和万邦",反对战争(《孟子·离娄上》:"善战者服上刑"),主张经济与社会发展的"均、和、安",体认

① 李明辉:"儒家传统与人权",载《儒家视野下的政治思想》,北京大学出版社2005年版,第53页。

② 夏勇:《人权概念起源——权利的历史哲学》,中国政法大学出版社2001年版,第186—187页。

"仁者以天地万物为一体"（"天人合一"），高扬"自强不息"和"厚德载物"的精神，强调"和而不同"，这些价值理念经过现代的诠释，将会成为世界人权观念发展的积极文化资源。[1]

三、儒家学说与人权观念互为补充

美国学者狄百瑞是持此观点的有代表性的学者。他在《亚洲价值与人权》一书中论证了儒家的人格主义、礼制、社学、乡约、宪政主义和公民社会，最终得出了儒家社群主义的结论。他在归纳了自由主义的特征后断言："儒家本身是一种无须融汇外来文化的潮流和影响就可以产生和维护人权的自由传统。"[2]他指出："起初世界人权宣言的形成，就有儒家人物参与其中，而且那些同享着儒家文化的国家，后来都赞同和坚持了这一宣言。因此，没有任何根据可以断言，在儒学和大多数国家都赞同的人权之间，存在什么内在的不兼容。儒家所理解的人伦关系中的个人（person）和西方人权观念中的个人（individual）相比，一样值得尊重。因此，'个人'权利对'社群'权利的这种两分法，在此并不适用，而且具有误导作用。与此同时，儒家强调以特定的方式来尊重人、来承担个人责任和互相支持，这对现代人权的法条主义解释方式具有补充作用，可以帮助我们解决那些仅由法律措施无法解决的社会问题。从儒家

---

① 参见李存山："儒家的民本与人权"，载《孔子研究》2001 年第 6 期。
② 〔美〕狄百瑞：《亚洲价值与人权》，社会科学文献出版社 2012 年版，第 150 页。

的——整个东亚的儒家,而不仅仅是中国的儒家——经验中学习,并不一定就意味着要向社群或国家牺牲个人权利中的任何内容,而只是对人类的相互依存和社会感知能力(social sensibilities)有了更深层次的理解。"①

　　以上各种论述虽然观点各异,但都是对作为东方价值核心的儒家思想与作为西方价值核心的人权思想之间关系的解读。这与其说是关于儒家思想与人权的解读,不如说是关于东方传统与西方价值的对话。人权源自西方,却属于世界。当人权话语走向世界后,就不再是西方人权观念的普及,而是各种文明的交融对话。正是在这个意义上,我们如果用人权这一现代价值来解读传统儒家文化,则会激荡出许多思想的火花,渲染人类文明的天空;如果用儒家思想来阐释人权理想,则会增加对中国传统的了解与自信,构筑一座融古通今的思想大厦。

第二节　儒家学说人权思想的主要内容

　　儒家学说作为中国传统文化的核心思想,是在不断接受考验、融合其他思想中向前发展的。杜维明认为,在儒家发展的过程中,孟子就对墨子的批评做出回应;宋明时代也回应佛教;现代当然必

――――――――――

　　① 〔美〕狄百瑞:《亚洲价值与人权》,社会科学文献出版社 2012 年版,第142 页。

须回应西方文化,这都是一脉相承的。① 我们深刻挖掘儒家思想中的人权观念,既是一种主动回应,也是一种自我完善。

冯友兰认为,在中国传统哲学中,哲学是以研究人为中心的"人学"。② 可见,儒学是以研究人的问题为中心的。儒家思想的核心是"仁","仁"的核心是"爱人"。郭沫若曾从人道主义的角度来评价儒家仁学,他说:"儒家所强调的'仁',就是人道主义。……仁的意义就是要把人当成人。"③这种把人当人看的思想同人权精神是一致的。具体来说,儒家的人道主义精神表现在人生观、道德观、伦理观、价值观、政治观、经济观、宇宙观等各个方面。这些方面既体现了儒家的仁爱精神,又蕴含了人权思想的渊源。

一、唯人为贵的人生观

人为什么享有人权呢? 儒家关于人权的资格诉求在很大程度上依赖于"仁"的界定。儒家认为,"仁"是人的本质,是所有人都具有的内在的东西。孔子说:"仁者,人也,亲亲为大。"(《礼记·中庸》)孟子也说:"仁者也,人也。合而言之,道也。"(《孟子·尽心下》)孔子"仁"的理念要求在人格上尊重每一个人。他提出的"天生万物,唯人为贵"(《列子·天瑞》),体现了作为人本身与生俱来的尊严;而"三军可夺帅也,匹夫不可夺志也"(《论语·子罕》)则肯定了个人的信仰、志向等独立意志是不可以被侵夺的;对

---

① 参见杜维明:《儒家传统与文明对话》,人民出版社 2010 年版,第 195 页。
② 参见冯友兰:《三松堂全集》第 10 卷,河南人民出版社 2000 年版,第 665 页。
③ 郭沫若:《奴隶制时代》,人民出版社 1954 年版,第 44 页。

伯夷、叔齐的高度评价也说明了孔子对他们"不降其志,不辱其身"
(《论语·卫子》)的伟大人格的崇敬。孔子张扬人的价值地位,还
体现在对此生意义的重视。"未能事人,焉能事鬼?"(《论语·先
进》)"未知生,焉知死?"(《论语·先进》)"子不语怪、力、乱、神。"
(《论语·述而》)这在重视天命鬼神的前秦时期是很不寻常的,充
分说明了孔子对人的重视。可以说,儒家之"仁"乃是对人自身的
理解,人的这种内在规定不是外物赋予的,也不是后天培养才得来
的,而是人"固有的",即仁是先天的、人与生俱来就有的。所以孟
子又说:"仁、义、礼、智,非由外铄我,我固有之也,弗思耳矣。"
(《孟子·告子上》)另外,儒家的"仁"还具有"仁行"之意,如"仁
者爱人,有礼者敬人"(《孟子·离娄下》)。此种"仁"所指乃是依
据"仁性"并成就"仁性"的"仁行"。二者的统一可谓人道,即为人
之道。如"天命之谓性,率性之谓道,修道之谓教"(《礼记·中
庸》)。儒家的"仁"学使得自我与他人、知与行、德与道等诸多冲
突命题实现了和谐统一。

　　儒家思想十分重视人的价值和尊严。儒家认为"天地之性人
为贵"(《孝经》),"人者天地之心也"(《礼记·礼运》),即人是天
地间最有价值的;而且,"人人有贵于己者"(《孟子·告子上》),即
每个人都有其自身固有的价值。孟子说:"有天爵者,有人爵者。
仁义忠信,乐善不倦,此天爵也;公卿大夫,此人爵也。古之人修其
天爵,而人爵从之。今之人修其天爵,以要人爵;既得人爵,而弃其
天爵,则惑之甚也,终亦必亡而已矣。"(《孟子·告子上》)"人爵"
是人的身份和地位,"天爵"则是人通过道德实践所取得的价值。
牟宗三认为:"贵于己是良贵,这就是天爵。人爵是贵于人,非良

贵。良贵即是康德所说的尊严,是一内在而固有的绝对价值,超乎一切相对价格之上者,亦无与之等价者。"①"人爵"取决于其身份和地位的授予者,故非"良贵";"天爵"并非取决于他人,而依赖自身的努力,才是"良贵"。可见,"天爵"说和"良贵"说体现了对人格尊严的重视。

儒家思想充分体现了人性平等的原则。无论孟子的性善论还是荀子的性恶论,都设定了人的本性是生而平等的,故"人皆可以为尧舜"(《孟子·告子下》),"涂之人可以为禹"(《荀子·性恶》)。儒家之"仁"也指人的人性之"仁",即人的"仁心仁性"。"仁,人心也。"(《孟子·告子上》)"仁,人之安宅也。"(《孟子·离娄上》)人的这种"仁心仁性"是人之为人所固有的,"君子所性,仁义礼智根于心。"(《孟子·尽心上》)正因为人的这种"仁性"的人性基础,使得人的平等资格诉求有了坚实的根基。孟子认为,人生而为善,"凡有四端于我者,知皆扩而充之矣。若火之始然,泉之始达。"(《孟子·告子上》)在孟子看来,一切人的本性中都有仁、义、礼、智这"四端",只要充分发挥人的本能,人就能成为圣人。因此,人在人格上是平等的,人与人之间的根本人性差别是没有的。如孟子所说:"口之于味,有同耆焉;耳之于声,有同听焉;目之于色,有同美焉。至于心,独无所同然乎?"(《孟子·告子下》)可以说,儒家关于人的"仁性"基础判断是平等的、普遍的,并没有等级差别

---

① 牟宗三:《圆善论》,(台湾)学生书局1985年版,第56页。转引自李明辉:"儒家传统与人权",载《儒家视野下的政治思想》,北京大学出版社2005年版,第58页。

或社会局限的前提预设,这种"仁性"观有着深厚的普遍平等主义的意蕴。

儒家思想还体现了对人的生命价值的肯定。孔子说:"善人为邦百年,亦可胜残去杀矣。"(《论语·子路》)所以当季康问孔子"如杀无道以就有道,何如"时,孔子给出了明确的反对意见:"子为政,焉用杀,子欲善而民善矣。"(《论语·颜渊》)孟子也说,"杀一无罪非仁也"(《孟子·尽心上》),"行一不义,杀一不辜,而得天下,皆不为也"(《孟子·公孙丑上》)。荀子也说:"行一不义,杀一无辜,而得天下,仁者不为也。"(《荀子·王霸》)"天下"是以人民为本,儒家要求统治者虽得天下也不可滥杀无辜、刑虐人民,这是对每一个人的生命价值的肯定。李存山认为,儒家伦理中除了落后的时代性内容外,也包含着"第一代人权"的某些因素。儒家注重家庭伦理,又主张"亲亲,仁民,爱物",这种集体主义的价值观也可作为西方文化注重个人自由、个人权利的必要补充。①

应该说,儒家思想这种基于"仁性"的对人的价值、尊严的重视以及平等主义立场,是可以在历史演进中得出人权概念的。但为什么没有最终出现人权的概念呢?这可以从多个方面找出原因,仅从人学的角度来看,儒家人权概念的阙如可以归结为人之"仁性"的道德性。从西方人权概念产生的历史来看,人权话语诞生与人的自然属性的诉求息息相关。而在儒家的视野下,"仁性"尽管是一种普遍平等的自然人性,但又是一种德性人性。此外,儒家的"人"更强调社会生活上的整体意义,而对个体之"人"的表述却十

---

① 参见李存山:"儒家的民本与人权",载《孔子研究》2001年第6期。

分显得单薄。因而对于人的权利诉求反而淹没于"道德主义"和集体表达的厚重面纱之下,人权之道也就没有最终形成。

二、仁者爱人的伦理观

儒家学说以人为本,而以人为本的核心是"仁爱",在儒家的人际关系中,儒家主张"仁爱"、"泛众爱"和"博爱"。儒家强调"仁者爱人"。那么什么是仁呢?孔子和孟子都认为"仁者,人也",其意为:人之所以为人,是因为人有道德,而人的道德表观就是"仁"。儒家的"爱人",就要求"仁",即个人要履行个人对他人的道德义务,"助人为乐"和"成人之美"。

儒家十分重视道德修养。儒家的人生理想目标就是"修身、齐家、治国、平天下"。而"修身"要达到的最高标准就是"内圣外王":内在修养要尽可能达到"圣贤"的精神境界,然后外在人生实践才能成就一番事业(如建功立业、治国平天下)。以"圣贤"为目标而修身,可以有许多具体要求和尺度,比如忠孝仁义礼智信,安贫乐道,"富贵不能淫,贫贱不能移,威武不能屈","穷不失义,达不离道",还有"君子自强不息","厚德载物",等等。当然"圣贤道德"不是人人都能做到的,于是儒家便设想了一条可进可退之路,即孟子所说"达则兼济天下,穷则独善其身"。这种"独善其身"的思想体现了儒家的最低道德标准。道德修养一方面要靠自律,就是主动的追求,这是通过个人自身努力来实现的;另一方面,要靠他律,就是社会的引导,这是通过"教化"的方式来实现的。儒家修养身心的目的,就是通过自律和他律,让人安身立命,达到孔子讲的"从心所欲,不逾矩"的境界。

如果说道德是如何对己,那么伦理则是如何对人。有学者认为,儒家文化是一种注重群体性、伦理性的文化,把一切问题都放到伦理关系中加以考虑,因此可称之为"伦理文化"。儒家讲"五伦":君臣、父子、夫妇、兄弟、朋友,各有本分和相应的道德要求。儒家伦理总的原则和前提是"仁"和"礼"。所谓"仁者爱人",就是现实生活中人人相亲相爱,不分彼此,这是一种很高的思想境界。"礼"则是社会行为规范和伦理准则。这个秩序的基本原则是要使上下尊卑有序,各守本分:"非礼勿视,非礼勿听,非礼勿言,非礼勿动"(《论语·颜渊》),这就是"礼治"。"礼治"所注重的是教化和自觉的服从,而不像"法治"那样偏重强制性的约束。[①] 儒家的本意,建立"礼"的目的是要达到"仁"。孔子说"克己复礼为仁",就是要彼此"爱人"。

儒家强调要"爱人",同时也强调"爱有差等",也就是费孝通所说的"差序格局"。费孝通认为,儒家最考究的是人伦,伦"就是从自己推出去的和自己发生社会关系的那一群人里所发生的一轮轮波纹的差序"。中国社会结构的基本特征就是以"己"为中心,像石子一般投入水中,和别人所联系成的社会关系,也就是像水的波纹一般,一圈圈推出去,愈推愈远,也愈推愈薄。[②] 杜维明也认为:"儒家的一个基本预设是把社会理解为一个同心圆,从个人到家庭、家

---

① 参见赖大仁:"中西文化精神论略",载《江西财经大学学报》2003 年第2 期。

② 费孝通:《乡土中国 生育制度》,北京大学出版社 1998 年版,第 27 页。

族、社会、国家、人类社群一直到生命共同体。"①这样,从己到群,从私到公。首先,要爱自己的亲人,"君子务本,本立而道生,孝弟也者,其为仁之本与!"(《论语·学而》)其次,要爱众人,即自己的同类。孟子主张"老吾老,以及人之老;幼吾幼,以及人之幼"(《孟子·梁惠王上》)。再次,不仅仅是爱人,而且还要爱万物。对儒家这种"爱有差等"的仁爱精神要辩证来看。一方面,这种思想突破了宗亲血缘的界限,具有浓郁的人道主义色彩,与人权的精神是相通的;另一方面,这种差等之爱必然会分出远近亲疏,不利于形成平等尊重他人权利的观念。在对"爱"的观点上,墨家与儒家有着根本分歧。墨子哲学的核心是"兼爱",即天下的每一个人都应该同等地、无差别地爱别的一切人。汤因比在谈到孔子与墨子的区别时认为,儒家的主张同把无差别的普遍的爱作为义务的墨子学说相比,显而易见易于为人的本性所接受,墨子之道的确比孔子之道更难实践。"但是,爱自己不熟悉的他人,把普遍的爱落实到行动上,并满足这种伦理上的困难要求,那才是现代的绝对要求。就儒教的教导来说,同心圆最内侧的圆和最外侧的圆相比,当然后者受到的爱要弱。但从爱的范围来看,是普遍性的。"②

可见,儒家提出"爱人"的行为模式是推己及人,也就是后世新儒家所大力推崇的、孔子提出的"忠恕"之道。南宋朱熹就此解释说:"尽己之谓忠,推己为之恕。"(《论语集注》卷二)其一,忠属于推己及人积极的方面。孔子说:"夫仁者,己欲立而立人,己欲达而

① 杜维明:《儒家传统与文明对话》,人民出版社2010年版,第183页。
② 〔英〕汤因比、〔日〕池田大作:《展望二十一世纪:汤因比与池田大作对话录》,荀春生等译,国际文化出版公司1997年版,第412页。

达人。"(《论语·雍也》)自己想要立住,须使别人也能立住;自己想要显达,须使别人也能显达。这是一种共同繁荣和健康发展的心态,它要求我们关注他人,并积极促进他人的幸福。其二,恕属于推己及人的消极方面。孔子说,"己所不欲,勿施于人。"(《论语·颜渊》)即自己不想要的东西,不能强加于人。也就是说要充分考虑他人的意愿,绝不把自己的意志强加于人,即使我们坚信给他人提供的是一种最佳方式。这种自我约束蕴含这样一种信念:对我最相宜的,未必适应我的邻人。杜维明认为,这和康德把人当人、视为目的而非手段的人道原则完全合拍,这两个原则可以作为全球伦理的基本原则和黄金法则。①

三、重义轻利的价值观

义与利(即道德与利益)是人们道德价值选择的两种不同的取向。在儒家的价值体系中,义是最高价值。儒家学者在义利之辨中都强调重义轻利。孔子认为"君子喻于义,小人喻于利"(《论语·里仁》)。这里的"君子"是指"劳心者","小人"是指"劳力者"。孔子把"义"视为崇高的价值,但是并没有完全否定"利"的价值。他将"义"属之于"君子",要求他们遵循;而将"利"归之于"小人",让劳动者能够生存发展。孔子要求:"君子义以为上"(《论语·阳货》),以"义"作为行动的指南;"君子义以为质"(《论语·卫灵公》),把"义"化为自己的血肉,使自己思想起本质变化;

---

① 参见杜维明:《儒家传统与文明对话》,人民出版社 2010 年版,第 43 页。

"君子"应该成为完美的人,而完美的人应该"见利思义"(《论语·宪问》),即在利益面前应当想一想这个利益是否合乎道德。孔子表白自己:"不义而富且贵,于我为浮云。"他指出"君子"行政的"大节"应该是"礼以行义,义以生利,利以平民"(《左传·成公二年》),礼法用来推行道义,道义用来产生利益,利益用来安定人民。孔子这种重义轻利论为后儒奠定了道德价值观的基本格局。

孟子继承孔子思想,进一步发展成为"贵义贱利"的思想。他特别推重"义",他认为"义"是"人之正路"(《孟子·滕文公下》)。《孟子·梁惠王上》载:"孟子见梁惠王。王曰:'叟!不远千里而来,亦将有以利吾国乎?'孟子对曰:'王!何必曰利?亦有仁义而已矣。'"在孟子看来,如果人人都追逐私利,必将引起不断争斗。孟子关于"贵义贱利"的思想集中反映在《孟子·告子上》中的一段名言中:"鱼,我所欲也,熊掌,亦我所欲也,二者不可得兼,舍鱼而取熊掌者也。生,亦我所欲也,义,亦我所欲也;二者不可得兼,舍生而取义者也。生亦我所欲,所欲有甚于生者,故不为苟得也。死亦我所恶,所恶有甚于死者,故患有所不辟也。如使人之所欲莫甚于生,则凡可以得生者何不用也?使人之所恶莫甚于死者,则凡可以辟患者何不为也?由是则生而有不用也,由是则可以辟患而有不为也,是故所欲有甚于生者,所恶有甚于死者。非独贤者有是心也,人皆有之,贤者能勿丧耳。一箪食,一豆羹,得之则生,弗得则死,呼尔而与之,行道之人弗受;蹴尔而与之,乞人不屑也。万钟则不辩礼义而受之。万钟于我何加焉?为宫室之美,妻妾之奉,所识穷乏者得我与?乡为身死而不受,今为宫室之美为之;乡为身死而不受,今为妻妾之奉为之;乡为身死而不受,今为所识穷乏者得

我而为之,是亦不可以已乎? 此之谓失其本心。"孟子所要表述"舍
生取义"的思想,就是为了表明义的最高价值,只有坚持"贵义贱
利"的人才有人格尊严。

西汉的董仲舒提出了义利两养的观点:"天之生人也,使人生
义与利。利以养其体,义以养其心。心不得义不能乐,体不得利不
能安。"(《春秋繁露·身之养莫重于义》)他认为人有道德和物质
利益的双重需要,但是两者并不具同等重要的意义,其中道德需要
是人的本质需要。宋代以后,儒者对重义轻利的传统进行了进一
步发挥。义利之辨的实质是公与私的关系。程颢、程颐说:"义利
云者,公与私之异也。"(《河南程氏粹言》)他们认为,义指社会整
体利益,为天理之公;利则指个人的一己私利,为人欲之私。朱熹
说:"义者,天理之所宜,凡是只看道理之所宜为,不顾己私。"(《朱
子语类》卷二十七)意思是人不能从一己私利出发,而应该维护社
会整体利益。总之,他们把道德作为人的最高价值,要求人们用道
德约束自己的言行,不能以物质利益作为行为取舍的标准。

四、民惟邦本的政治观

民本主义是儒家人权思想的核心,儒家思想中养民、富民、教
民的要求与人权中的经济、社会、文化权利有许多相同之处。金耀
基认为,民本思想是中国政治思想的主流,"中国之民本思想,实澈
上澈下,流贯中国五千年之政治者,它确是源远流长,声势浩阔的。
有时它迂回曲折,有时又直道而行,它一时可能为专制暴力压回了
头,但终能源泉滚滚,流经圣哲贤人之心,流经志士仁人之心,甚至

流经专制君主之心,终于贯穿了中国历史大地之心。"①金耀基还将儒家的民本思想归结为六个方面,即:以人民为政治之主体、君之居位必须得到人民同意、保民养民、义利之辨、王霸之争和君臣之际。在他看来,这就是"民本思想之真义"。②

据考证,"民本"两字最早见于《尚书·五子之歌》:"黄祖有川,民可近,不可下,民惟邦本,本固邦宁。"历代的儒家经典中不乏以民为本、民贵君轻等民本思想的阐释。《孟子·尽心下》曰:"民为贵,社稷次之,君为轻。"《尚书·泰誓》曰:"天视自我民视,天听自我民听。"《荀子·大略》曰:"天之生民,非为君也;天之生君,以为民也。"《荀子·王制》曰:"君者,舟也;庶人者,水也。水则载舟,水则覆舟。"黄宗羲《明夷待访录·原君》曰:"天下为主,君为客。"谭嗣同《仁学》曰:"因民而后有君,君末也,民本也。"儒家民本主义将"民"置于世界根本的位置。夏勇认为,《尚书》里讲的"民惟邦本,本固邦宁",不仅是讲民为国之根基、源泉或凭持,而且是讲民为国之主体。③ 所以,儒家民本主义首先确定人在世界万物中的价值地位,民众在社会政治生活的主体资格,在某种程度上确立了人民的政治合法性渊源。儒家在天下与民、君与民的对应关系中找准了民众本身的位置,并为民众提供了权利资格诉求的路径。

儒家的民本思想是与德治思想连在一起的,即要求统治者施

---

① 金耀基:《中国民本思想史》,法律出版社 2008 年版,第 5 页。
② 参见同上书,第 11—16 页。
③ 参见夏勇:《中国民权哲学》,生活·读书·新知三联书店 2004 年版,第 7 页。

仁政,要求给予人民一定的民主权利。如果圣君贤相在位,民本思想才能得到具体落实,这就涉及儒家的"王霸之争"问题。孟子说:"以力假仁者霸。……以德行仁者王。……以力服人者,非心服也,力不赡也。以德服人者,中心悦而诚服也,如七十子服之孔子也。"(《孟子·公孙丑上》)儒家认为,有两种治理之道,一种是王道,一种是霸道。王道是通过指示和教育治理,霸道是通过强迫和暴力治理,"用现代的政治术语来说,民主政治就是王道,因为它代表着人民的自由结合;而法西斯政治就是霸道,因为他的统治就是靠恐怖和暴力。"①儒家推崇王道,反对霸道,甚至提出"民之所欲,天必从之"的思想,就是说人民不满意暴君,就可以撤换他们;上天必然会顺从民意,允许这样做。这表明儒家的民本主义思想中包含着革命的思想,正如金耀基所说:"民本思想与革命思想实是儒家政治哲学的一刀之两面,凡言民本思想者,必同时亦讲革命哲学。"②

在儒家看来,圣君行王道,既要重视道德教化,但又要"富民"、"保民"、"养民",也就是说要将王道建立在一定的经济基础上。孔子将"博施于民而能济众"(《论语·雍也》)视为"圣"之最高的境界。他主张对于民要先"富之"后"教之"(《论语·子路》),使民"足食"(《论语·颜渊》)是为政的重要内容之一。孔子反对贫富悬殊而加剧社会矛盾,主张"均无贫,和无寡,安无倾"(《论语·季氏》),他的社会理想就是使"老者安之,朋友信之,少者怀之"(《论

---

① 冯友兰:《中国哲学简史》,北京大学出版社1996年版,第65页。
② 金耀基:《中国民本思想史》,法律出版社2008年版,第12页。

语·公冶长》)。孟子抨击贫富悬殊:"庖有肥肉,厩有肥马,民有饥色,野有饿莩,此率兽而食人也";在他所主张的"仁政"中,首先是"制恒产"维护民众生存:"无恒产而有恒心者,惟士为能。若民无恒产,因无恒心。……是故明君制民之产,必使仰足以事父母,俯足以畜妻子,乐岁终身饱,凶年免于死亡",使"黎民不饥不寒";在获得了一定的经济基础后,还要"驱而之善","谨庠序之教,申之以孝悌之义"(《孟子·梁惠王上》)。孟子特别强调平均分配土地,他的理想土地制度为井田制:"方里而井,井九百亩,其中公田,八家皆私百亩,同养公田。"这样就会"乡田同井,出入相友,守望相助,疾病相扶持,则百姓和睦"(《孟子·滕文公上》)。

　　荀子也主张"以政裕民"(《荀子·富国》),富而教之,"不富无以养民情,不教无以理民性"(《荀子·大略》)。在儒家所向往的"大同"理想中,"人不独亲其亲,不独子其子,使老有所终,壮有所用,幼有所长,矜(鳏)、寡、孤、独、废疾者皆有所养"(《礼记·礼运》)。张载在《西铭》中也说:"民吾同胞,物吾与也。……尊年高,所以长其长;慈孤弱,所以幼其幼。……凡天下疲癃残疾、茕独鳏寡,皆吾兄弟也。于时保之,子之翼也。"李存山认为,儒家的价值理念就是使每个社会成员都有所"立"(取得社会所承认的位置和成就)、有所"达"(能够顺利发展)。显然,儒家的这些有所"立"、有所"达"的思想与《世界人权宣言》免除人们的恐惧和匮乏的权利,具有内在一致性。[①]

---

　　①　参见李存山:"儒家的民本与人权",载《孔子研究》2001年第6期。

五、天人合一的宇宙观

儒家的仁学发展到宋明时期,由道德层面走向了宇宙观层面。"人们不仅要树立人与他人、与社会关系的正确认识,还要树立人与自然、宇宙关系的正确认识,才算达到仁。人们只有树立起这种天人合一的宇宙观,才能明确自己在宇宙、社会中的责任,从而自觉地破除己私,具备各种德性。宋明理学家们的这些认识,使儒家的仁学更具理论色彩。"①这种天人合一的思想也是一脉相承、源远流长的。早在先秦时期,天地神人即有了分野。在儒家传统思想里,"天"的含义极其丰富。其一,"天"是自然之天,它指的是自然万物产生发展的必然性和规律性,反映的是一种客观的自然现象,如"天油然作云,沛然下雨,则苗浡然兴之矣"(《孟子·梁惠王上》)。其二,"天"是社会之天,指的是社会发展的客观必然性,是不以人的意志为转移的社会大趋势,如"乐天者保天下,畏天者保其国"(《孟子·梁惠王下》)。其三,"天"是伦理之天,指体现为天的意志的普遍道德原则和核心价值,又指内在于人本心的仁义礼智信等道德本性,如"尽心、知性、知天"。其四,"天"是人格之天,指某种神秘的、无法认知、无法摆脱的掌握人命运的天命,是"天降下民,作之君,作之师"的天。由于"天"的范畴的多样性,使得天人

① 张锡勤:《中国传统道德举要》,黑龙江教育出版社1996年版,第154页。

关系在不同背景下被解读。①

　　"天"与"人"为什么能"合一"呢？在儒家看来,人的道德原则也就是宇宙的形上学原则,人性就是这些原则的例证。了解了宇宙的规律,就是孔子所说的"知天命"。一个人如果能知天,他就不仅是社会的公民,而且是宇宙的公民,即孟子所说的"天民"。孟子还说:"万物皆备于我矣。反身而诚,乐莫大焉。强恕而行,求仁莫近焉。"(《孟子·尽心上》)在孟子看来,一个人充分发展他的个性,就不仅知天,而且同天,即再也没有人与天的分别,人与天成为一个整体。② 董仲舒认为:"天亦有喜怒之气,爱乐之心,与人相副。以类合之,天人一也。"(《阴阳义》)"天、地、人,万物之本也。天生之,地养之,人成之。"(《立元神》)也就是说,人是天的副本,通过强调教化的作用,能够使人与天、地同等。这样一来,人就高于宇宙中其他的物,人的地位就凸显出来。王阳明则从"心学"的角度来理解天人之间的关系,他说:"大人之能以天地万物为一体也,非意之也,其心之仁,本若是其与天地万物而为一也。"(《阳明全书卷二十六·大学问》)王阳明认为宇宙是一个精神的整体,其中只有一个世界,就是我们自己体验到的这个具体的实际的世界。人是天地之心,心是宇宙的立法者,也是一切理的立法者。③

　　"天人合一"的"合"又作如何理解呢？合的本义是上下唇的合拢,引申为符合、结合之义。春秋时期,和合二字连用并举,表示既

----

　　① 参见唐凯麟、曹刚:《重释传统——儒家思想的现代价值评估》,华东师范大学出版社 2008 年版,第 78 页。
　　② 参见冯友兰:《中国哲学简史》,北京大学出版社 1996 年版,第 67—68 页。
　　③ 参见同上书,第 265 页。

承认差异，又通过互济互补达到统一和谐。在儒家的宇宙观中，天地神人四维的关系体现为"中和"之道。"中也者，天下之大本也；和也者，天下之达道也。"（《礼记·中庸》）"中和"之道既为天道，为人道，也为宇宙万物之道。天地本和谐，自然与社会，人与人以及人自身的和谐乃是合符天道的自然表述。人的本真性既源于天道，"致中和，天地位焉，万物育焉"（《礼记·中庸》），又须合符天道。"君子和而不同，小人同而不和。"（《论语·子路》）"君子中庸，小人反中庸。"（《礼记·中庸》）"中和"之道在某种程度上成为古代中国的自然法则。由此可见，儒家之"和"德乃是由天下宇宙之"中"道开来的。正因为儒家的"人"被置于"中道"世界的背景之下，这种人才具有德性的特征，从而"中庸之为德，其至矣乎"（《论语·雍也》）。在儒家视野下，人的本真乃是一种德性的人，一种合符中道的自然人。人的各种权利资格诉求，便以符合这种和合世界观的方式表述出来。

可见，儒家特别重视"和合"的思想，处理好各方面关系。汤一介认为，中国传统的和谐思想包括四个方面。第一，儒家把"自然"（"天"或"天地"）看成一个和谐的整体。第二，如果说儒家重视"自然的和谐"，那么可以说儒家更为重视"人与自然的和谐"，即上文提到的"天人合一"。第三，由于儒家认为自然是和谐的，并追求人与自然的和谐，这样就必然引发出"人与人和谐"的观念。孔子说，"礼之用，和为贵。"（《论语·学而》）社会的规范以和谐最重要，和谐是天之道。第四，儒家和谐社会的理想既然是建立在个人的道德修养提高的基础上，因此儒家特别重视人自我身心内外的和谐。即孔子所说的"我欲仁则仁至"。孟子认为"存其心，养其性,所以事天也。夭寿不二,修身以俟之,所以立命也"(《孟子·尽心上》),也就是能够保持善心,培养善性,就是在行使天道。不管生命寿夭始终坚持如一,这就是安身立命的方法,其要点在于保持自己的身心和谐、内外和谐。① 此外,还应该有各族群、各民族之间的和谐。在五千年甚至更长的时间内,中华大地各民族的历史、文化不断融合,形成了"协和万邦"、"天下一家"的思想,形成了"多元一体"的中华民族。以上由"自然的和谐"、"人和自然的和谐"、"人与人的和谐"、"人自我身心内外的和谐"、"各民族的和谐"所构成的"普遍和谐"观念,正体现了"太和"的思想。正如《周易·乾卦》所说:"乾道变化,各正性命,保合太和,乃立贞。"保持万事万物的各自本性,使之发展壮大,使万物各循其道、相依相持,就能达到"保合太和"的境界,即整体和谐、生生不息的高明境界。

第三节　儒家学说人权思想的比较研究

人权作为人依照其人格和尊严所享有或应当享有的权利,具有普遍性的特征。传统儒家和西方文化中都有人权思想的内涵。但是,由于文化传统、地域环境、思维方式、人生观和世界观等的不同,东西方人权观念存在巨大差异。下面,通过对儒家学说与西方自由主义、社群主义人权思想的比较,进一步探讨儒家人权思想的基本特征。

---

① 参见汤一介:《合而不同》,辽宁人民出版社2001年版,第84—88页。

一、儒家学说与自由主义人权思想的比较

近代以来，人们在论及儒学时，往往把儒家传统归结为集体主义。根据这种观点，个人的利益无关紧要，为了群体的利益要放弃私人利益。随着时代的变化，当代一些新儒家则注重发掘儒家传统中的自由主义成分。如徐复观曾论证儒家与现代社会中的自由与民主精神的关系。殷海光认为可以从儒家的精神传统找到"内在自由"（或曰德性自由）的精神资源。李泽厚将孔子的仁学分为四个层面，其中第四个层面是"在内在方面突出了个体人格的主动性和独立性"。[①] 余英时将西方文化中的自由概念分为"精神自由"和"社会自由"，他认为，西方近代以来的自由主要讲社会自由，中国古代虽然没有社会自由的概念，但是精神自由的思想却非常丰富。"自由的极致乃是一种最高的文明境界；它是每一有文化的民族所共同企求向慕的理想。从这一方面看，所谓精神自由与社会自由也是同一理想的两面，并非截然不同的东西。因而古代印度也有自由的思想，有些印度学者甚至早就提倡过民主制度、人民议会，以及个人自由等概念。中国过去虽没有明确的社会自由的观念，但并不缺乏共同的自由理想。"[②]这些学者从不同的角度研究了儒家与自由主义人权的关系，这是很有意义的。但是这种比较

[①] 李泽厚认为，仁学的四个层面是：血缘基础、心理原则、人道主义、个体人格。四因素相互制约，构成有机整体，其精神特征是"实践（用）理性"。参见李泽厚：《中国古代思想史论》，人民出版社1985年版，第25页。

[②] 余英时：《自由与平等之间》，（香港）自由出版社1955年版，第3页。

研究,固然要看到它们之间的联系与融合,更要看到它们之间的差异与区别。只有在全面分析各自优势和特色的基础上,才能进行不同文明之间的平等对话。

（一）冲突与和谐

西方哲学起源于对自然万物的惊异。试图根据自然本身来了解和研究自然,就必须使人（主体）从自然（客体）中独立出来,并使客体成为主体的对立物。罗素在《西方哲学史》中说:"笛卡尔的哲学……它完成了、或者说极近乎完成了由柏拉图开端而主要因为宗教上的理由经基督教哲学发展起来的精神、物质二元论……笛卡尔体系提出来精神界和物质界两个平行而彼此独立的世界,研究其中之一能够不牵涉另一个。"[1]到了近代,由于理性主义的高扬,这种主客二分、非此即彼的思维方式直接促成了人与自然、人与人的分立与冲突。用海德格尔的话说,世界变成了一个"世界图景",人成为万物的中心。[2] 在当今世界,无论是全球性风险的日益现实化,还是过度生产所造成的"现代化风险",无不是经济全球化背景下人与自然、人与社会、人与人之间关系的多重矛盾不断加剧的结果。现代文明所取得的"征服自然"的成功,实际上是对自然的伤害、对文明的威胁。西方文化在历史上曾对世界文化发生过巨大影响,但是近些年来给人类社会带来的弊端可以说越来越明显,这不能说与"主客二分"、"天人二分"没有关系。

---

[1] 〔英〕罗素:《西方哲学史》（下册）,马元德译,商务印书馆1997年版,第91页。

[2] 转引自〔美〕科斯塔斯·杜兹纳:《人权的终结》,郭春发译,江苏人民出版社2002年版,第201页。

如何补救西方文化之弊,汤一介认为,"天人合一"的观念无疑将会对世界人类未来求生存有着头等重要的意义。[①] 钱穆也认为,"天人合一"论,是中国文化对人类的最大贡献。"以过去世界文化之兴衰大略言之,西方文化则一衰不易再兴,而中国文化则屡仆屡起,故能绵延数千年不断。这可说,因于中国传统文化精神,自古以来即能注意到不违背天,不违背自然,且又能与天命自然融合一体。我以为此下世界文化之归趋,恐必将以中国传统文化为宗主。"[②]西方契约社会强调个人本位,在观察、归纳和推理中分析自然,注重细节的雕琢,把人与自然对立起来;儒家传统的伦理社会则强调整体和谐,在直观、比附、移情中拥抱自然,营造和合的境界,使人与自然和谐相处。与西方社会把人看作独立于社会、独立于自然的个体迥然不同,在儒家文化中,每个人都是整个家族、整个宇宙的一部分,都必须遵循自然规律、追求整体意境。个人的存在只有与整体环境相互协调才有道德基础,强调共生和谐,崇尚中庸之道;个人的价值只有与整体价值相互融合才能得到实现,自利以利他,自利利万物。

儒家传统作为古代中国的精神归宿,还承载着先民对社会政治与人生理想的价值追求。儒家在自己和合世界观的观照下,立足自己文化视野,运用自身思维方式,描绘了一幅"天下为公"、"世界大同"的理想社会蓝图:"大道之行也,天下为公。选贤与能,讲信修睦。故人不独亲其亲,不独子其子;使老有所终,壮有所用,

---

① 参见汤一介:《和而不同》,辽宁人民出版社 2001 年版,第 95 页。

② 钱穆:《世界局势与中国文化》,九州出版社 2011 年版,第 363 页。

幼有所长,鳏寡孤独废疾者皆有所养。男有分,女有归。货,恶其
弃于地也,不必藏于己;力,恶其不出于身也,不必为己。是故谋闭
而不兴,盗窃乱贼而不作。故外户而不闭,是谓大同。"(《礼记·礼
运》)儒家的"大同世界"是从"大道之行"推导出来的,这里的"大
道"既包括"天道",又涵盖"人道",而且更重要的是"人道"之行。
在这里,自我与他人、人与社会、人与宇宙处在"和而不同"却又"生
生不息"的和谐境界之中。所以,儒家"大同世界"的人权理想超越
了西方个人中心主义立场,更为广阔地关怀人本身的命运,深刻体
现了公平正义、和谐共生的价值理念。正如南怀瑾所说:"我们的
国家几千年来,是仁义博厚,恪守宽容忍让,希望天下人类,真能达
到和平共存的世界,既没有侵占其他国家的利益,更没有压迫其他
民族的野心,同时也没有自认天下第一的狂心。我们具有忍人所
不能忍,行人所不能行,忍辱负重的文化根基,也绝不甘愿接受不
合理的侵略和压迫,虽然在极度的艰苦危难中,也必然自强奋发,
终于做到以德化人,以礼让相安为志。"[1]

(二) 自然与道德

作为人权主体的人,在儒家文化和西方文化中的认识是不同
的,这直接影响中西方古典人权观念的差异。西方人权理论往往
从自然人的理论预设出发来论证人的自然权利和人的自然价值,
这同自然法的理论渊源是密切相关的。在古希腊,人们是从对自
然万物的惊异中开始哲学思考的。这种思维方式促成了自然法理
论的产生,奠定了西方人权观的基础。古希腊哲学中对人的理解

---

① 南怀瑾:《原本大学微言》,世界知识出版社 1998 年版,第 732 页。

是将之作为自然的一部分来进行研究的，"所以，苏格拉底要从对人的本质定义开始，并通过一系列概念的推断和辩驳来规定人或人的规范，不像孔子直接从人心的情感体验就能抓住现实的人。"①

　　儒家思想不是从人的自然属性来揭示人的属性，而是从人的道德属性来规定人的本质。儒家强调的人权思想是基于人的道德属性所拥有的权利。在儒家看来，仅有自然属性的人还不是真正的人，一个生理上成熟的人还不能称之为成人。孔子有"成人之说"："子路问成人。子曰：'若臧武仲之知，公绰之不欲，卞庄子之勇，冉求之艺，文以礼乐，亦可以为成人矣。'曰：'今之成人者何必然，见利思义，见危授命，久要不忘平生之言，亦可以为成人矣。'"（《论语·宪问》）在孔子看来，成为一个真正的人，还需要有一些道德标准，即要成为一个"道德人"。因此，必须十分注重道德修养，提升自己的思想境界，唯如此，才能"修身齐家治国平天下"。孟子有"人禽之异"："人之所以异于禽兽着几希，庶民去之，君子存之。舜明于庶物，察于人伦，由仁义行，非行仁义也。"（《孟子·离娄下》）在孟子看来，"几希"是人与禽兽的根本区别，若丧失"几希"，很难说生物意义上的人是一个道德意义上的人。正是这"人禽之异"，决定了人权的来源。叶海烟认为："孟子是确实发现了吾人个体性的存在内容原本就必须由吾人道德能力之自我发现，到吾人道德实践之自我成就，来为此一天赋之'人权'，作出具有高度伦理性的具体的保证。因此，'人权'对孟子而言，其最初也是最基

---

　　①　唐凯麟、曹刚：《重释传统——儒家思想的现代价值评估》，华东师范大学出版社 2008 年版，第 76 页。

本的意蕴似乎是：吾人作为一道德之主体，也自是吾人一切权利之根源；而一切权利之坚持、维护以及运用，则必须在'扩充四端'的道德履践之中，才可能实际依序地完成。"①

可见，儒家的人权思想是建立在道德基础上，而不是建立在制度基础上的。牟宗三将自由分为"道德自由"和"政治自由"，前者是自由的内在形态，也称之为"主观自由"，后者是自由的外在形态，也称之为"客观自由"。这两者之间的关系是一种体用关系，不能采取政治归政治、道德归道德的方式"一刀两断"、彼此割裂。他认为，儒家传统的自由只是道德意义上的自我觉悟，是一种道德修养的结果，是一种主体的精神境界和人生态度；而由于起源于反对外在的束缚，西方近代自由主义的自由则主要体现为一种制度上的客观的形式架构。西方近代那种客观的、外在的、形式的自由主义背后的根本精神，仍然不外于精神的自由。正是在这个意义上，他认为儒家传统的宽简、宽容、宽忍，较之西方自由主义是"更高一层的"。② 用牟宗三的观点来解释，儒家的人权思想体现的是"道德自由"，而不是"政治自由"。儒家强调"德治"，在"德治"之下，人民享有一定的权利。但是"德治"的实现，需要统治者的开明。孟子说："民为贵，社稷次之，君为轻。""仁君"和"仁政"都离不开"明君"。在这一背景下，人权思想只能通过履行义务的方式曲折地表现出来。

① 叶海烟："孟子人权观的哲学意蕴"，载《哲学与文化》2007 年第 398 期。
② 参见彭国翔：《儒家传统与中国哲学：新世纪的回顾与前瞻》，河北人民出版社 2009 年版，第 340、348 页。

（三）理性与感性

西方传统文化十分注重人的理性,认为真正的人在于他的理性,即一种能认识和控制自然的力量。在西方哲学经典中,对能驾驭自然力量的理性的推崇和对原子式个体的推崇比比皆是。马克斯·韦伯将理性分为工具理性和价值理性,工具理性就是"通过对外界事物的情况和其他人举止的期盼,并利用这种期盼作为'条件'和'手段',以期实现自己合乎理性所争取和考虑的作为成果的目的";价值理性就是"通过有意识地对一个特定的行为——伦理的、美学的、宗教的或作为其他阐述的——无条件的固有价值的纯粹信仰,不管是否取得成就"。[①] 可见,工具理性的核心是选择最有效的手段,是对最大效率和最佳结果的追求;价值理性则仅看重本身的价值,甚至不计较手段和后果。在韦伯看来,工具理性是现代资本主义的根本特征,又是产生危机的根源。工具理性的极端化和过分膨胀使手段变成了目的,使资本主义变成了"钢铁般的牢笼",成为营利追求的机器:"无灵魂的专家,无心的享乐人,这空无者竟自负已登上人类前所未达的境界。"[②]的确,片面把理性绝对化,只会割裂人与自然、人与社会的关系,使人的精神世界残缺不全。在理性主义的旗帜下,解构了物质与精神,"没有同情心、设身处地意识和怜悯心,真理便沦为痴迷,献身蜕变为狂热,道德义愤转化为具有侵略性的愤怒,理性成为毁灭的工具,牺牲意味着大众

---

① 〔德〕马克斯·韦伯:《经济与社会》(上卷),林荣远译,商务印书馆1997年版,第56页。

② 〔德〕马克斯·韦伯:《新教伦理与资本主义精神》,康乐、简惠美译,广西师范大学出版社2007年版,第188页。

的苦难,正直变成一种傲慢,而胆量则成为兽性的同义语"①,人成了马尔库塞所指出的"单向度的人"②。

与西方传统理性主义不同,儒家思想既重理性也重感性。儒家强调"发乎情,止于礼义","礼乐并重"。礼是理性的规范,乐是情感的陶冶。杜维明认为,"作为一种价值的人性是无法单独通过理性实现的"。作为一种人性不仅包括对自身利益的把握,对科学知识的探寻,还包括"同情心、设身处地意识和怜悯心",这是对人最起码的要求,也是人道主义的最大限度的实现。"依据儒家思想和佛教的思想模式,人是具有感受力的动物。人的根本特征是感性而非理性。我感受,故我在(We feel, therefore we are)。通过感受,我们意识到自己的生存,意识到与其他人类伙伴、与鸟兽草木以及宇宙万物的共生关系。既然这种相互联系感受不仅仅是一种私人情感,而是一种可以在主体间得到确证的伙伴意识,它便是一种可以分享的价值。"③可见,儒家这种情理互动、情理互补的精神可以弥合人们的分歧,调动人的积极性主动性,达致人们内心世界的和谐、人与人之间的和谐、人与自然的和谐。

(四)个人与社会

前文谈到,西方自由主义的基础是个人主义,个人自由、个人幸福、个人权利、个人诉求都是从个人主义推演出来的。个人是自

---

① 杜维明:《儒家传统与文明对话》,人民出版社 2010 年版,第 101 页。

② "单向度的人"意指丧失否定、批判和超越能力的人。这样的人不仅不再有能力去追求,甚至也不再有能力去想象与现实生活不同的另一种生活。马尔库塞认为,这正是发达工业社会极权主义特征的集中表现。参见〔美〕赫伯特·马尔库塞:《单向度的人》,上海译文出版社 2008 年版,第 205 页。

③ 杜维明:《儒家传统与文明对话》,人民出版社 2010 年版,第 99 页。

由主义价值的核心,是其理性思维的参照点,是一切外在现象的评判标准。自由主义寻求保护个人权利和自由,用以反对国家权力和社会影响。这种以个人为中心的思维模式固然有利于彰显个人的作用与人权的价值,但是也容易造成个人、自然与社会的紧张和对立。一方面,造成个人与社会的分立。自由主义认为个人是第一位,社会是第二位的,社会及其制度不过是个人的集合体,不具备超越或高于个人的要求,其功能就是服务个人;强调个人权利的绝对性和至上地位,整体利益、公共利益或国家利益只能从个人利益中推导出来。个人是真实的,社会只是一种"逻辑虚构"。这种个人与社会之间的冲突成为自由主义的显著特征。另一方面,造成个人与个人之间的对立。在自由主义的文化背景下,由于个性的张扬,个人在认识世界和改造世界的过程中,过分强调自己的能力和意志,每个人与其他所有人是相互分立的,"因为每个人从本质上来说是受自私自利的贪欲与欲望所激发的。这不仅仅意味着人的世界是由分立的原子构成,每个人都在寻求他们自身的满足,也意味着从每个这些原子式的个人观点出发来看,其他人看起来都是客体,当他们并没有碰撞我们的时候是中立的,否则的话就会有助于或阻碍我的目的和我的欲望满足的实现。"①西方人权观的产生与这种个人主义的文化心理密切相关,"人权"一词就是西方文化向外寻求个人诉求的绝好载体。

　　在儒家文化传统中,个人并不是自由主义思想中与国家和社

---

　　①　〔英〕安东尼·阿巴拉斯特:《西方自由主义的兴衰》(上),曹海军等译,吉林人民出版社2011年版,第44页。

会对抗的个人,而是深深地浸润在集体与社会的脉络与精神之中。在儒家思想形成的春秋战国时期,社会是一个层次分明的结构,即"氏族—部落—部落联盟",亦即"大夫(家)—诸侯(国)—天子(天下)"。作为儒家思想核心的"仁",是与整个社会的利害相关联制约着,这种社会关系成为衡量"仁"的重要准则。李泽厚认为,"仁"这一要素对个体提出了社会性的义务和要求,它把人与人的社会关系和社会交往作为人性的本质和"仁"的重要标准。"仁"不只是血缘关系和心理原则,它们是基础;"仁"的主体内容是这种社会性的交往要求和相互责任。[①] 在儒家这种"家国天下"的思想情怀之中,从纵向来看,个人与过去的祖先和未来的子孙构成绵延不绝的传承关系;从横向来看,个人与社会上的其他人通过对"仁"的感知构成密切互动的和谐关系。古人所谓"民胞物与",正体现了个人与社会之间不是互相对抗,而是互相滋润。个人的事业只有融入社会共业中,才凸显意义;个人的生命只有服务社会进步中,才彰显价值。古代中国的圣贤深刻认知到人的生命虽有时而尽,但社会的共业绵延不绝,他们的"自然生命"结束之时,也就是他们"文化生命"开始之日。[②] 这种舍生取义的思想正体现了儒家注重人生整体意境的塑造与弘扬,强调个人与社会的统一与融合。

西方政治理论强调私人与公共领域的区分,而儒家哲学则不强调这种区分,且意识到私对于公的正面作用,即能近就譬、推己

---

① 参见李泽厚:《中国古代思想史论》,人民出版社 1985 年版,第 24—25 页。
② 参见黄俊杰:《传统中华文化与现代价值的激荡》,社会科学文献出版社 2002 年版,第 29—30 页。

及人。比如,儒家认为"老吾老以及人之老",我们只有首先爱自己的父母,才能理解别人类似的情感,并从自身的感受换位思考,从而将自己的情感推及到其他人身上。儒家希望用这种公与私的互补来克服公私的冲突、超越公私的对立。这就使得儒家在私域与公域、特殊与一般之间找到平衡之道。正如萧公权所说,"孔子言仁,实以冶道德、人伦、政治于一炉,致人己、家国于一贯","若持孔子之仁学以与欧洲学说相较,则其旨既异于集合主义之重团体而轻小我,亦非为个人主义之伸小我而抑国家,二者皆认小我与大我对立,孔子则泯除畛域,贯通人己"。① 美国汉学家郝大维和安乐哲也认为:"儒学对社会秩序的理解认为,个人与共同体的实现是相互依赖的。正因为这样,社会秩序不能以个人主义或集体主义两者必居其一的古典形式来理解。在西方支撑这两种观点的主要思想在中国几乎没有任何影响可言。"②儒家文化尽管欠缺西方文化那种对自然与社会的细致分析,那种对某一种观念与制度的精雕细琢,但儒家人权文化那种超越个人的整体把握风格,那种把个人权利与集体利益有机结合的传统,具有恒久的生命活力。

二、儒家学说与社群主义人权思想的比较

儒家强调将人置身于社会群体之中,从人与社会关系的角度

---

① 转引自金耀基:《中国民本思想史》,法律出版社 2008 年版,第 46 页。
② 〔美〕郝大维、安乐哲:《先贤的民主——杜威、孔子与中国民主之希望》,何刚强译,江苏人民出版社 2004 年版,第 129 页。

来论述人的地位和作用。一些新儒家以及西方汉学家因此认为,儒家哲学更接近于社群主义思想。如余英时指出:"今天西方不少思想家忧虑极端个体主义(特别是像美国所代表的)对于整体社会的损害,因而提出了所谓社群论的个人权利说。这当然是针对西方个体主义的传统而发的。中国传统既非极端的个体主义型,也非极端的集体主义型,而毋宁近于社群式的。"①郝大维、安乐哲认为中国传统社会不同于西方的法律社会(society of law),而是一种"礼仪性社群"(ritual community)②。狄百瑞则从儒家社群主义(confucian communitarian)的视角来研究亚洲价值与人权。那么,儒家学说与社群主义究竟是一种什么样的关系呢?我们从儒家的"群"、"礼"等关键词来进行论证。

(一)"群"

从字面上看,"群"与"社群"最为接近。在孔子和孟子那里,"群"的概念已经出现,比如"君子矜而不争,群而不党"(《论语·卫灵公》),但对"群"进行全面论证的则是荀子。有学者认为,在荀子那里,"群"细分起来有四重含义。其一,指的是人所具的群体性或社会性,如"以群相居"(《荀子·荣辱》);其二,指的是群体,如"一而成群"(《荀子·富国》);其三,意指数量之多,如"群臣"、"群徒"等;其四,作为动词"聚集"、"会合"之义,如"一统类,而群天下豪杰"(《荀子·非十二子》)。概括起来,主要是两个层次的

① 余英时:《现代儒学论》,上海人民出版社2010年版,第192页。
② 也有学者译作"仪规共同体",参见〔美〕郝大维、安乐哲:《先贤的民主——杜威、孔子与中国民主之希望》,何刚强译,江苏人民出版社2004年版,第133页。

含义：人所共同具有的群体性和由人所汇集而成的群体。①

我们知道，《大学》八条目是"格物、致知、诚意、正心、修身、齐家、治国、平天下"，这体现了儒家"内圣外王"的最高理想。孟子认为："天下之本在国，国之本在家，家之本在身。"（《孟子·离娄上》）在儒家看来，人类社会分为"己"、"家"和"群"三个范畴。修身以上属于"己"的范畴，国和天下属于"群"的范畴，而"家"则是儒家传统的中心，并延伸到宗族之中。古代中国从本质上讲是以血亲为基础的伦理社会，"举整个社会各种关系而一概家庭化之，务使其情益亲，其义益重。"②郝大维和安乐哲认为，在中国人的世界里，所有的关系都是家族性质的，家庭处在中心位置，但当它向外延伸时就不断变得含糊。"向外延伸既是历时方向的延伸，即直系延伸，又是共时方向的延伸，即旁系延伸，从而形成一个社会有众多的叔舅与姑姨。"③在他们看来，正是这种以家庭为中心的社会关系，构成了传统中国基本的社会秩序。

从广义上看，"家"和"国"都属于社群的范畴。中国古代的"家"不仅仅是一个个家庭，而且可以扩展到一个庞大的家族或宗族。宗族可以说是一个以血缘为纽带的社群，有些豪门望族的势力可以对地方甚至对国家政权产生重大影响。"国"则是一个最大的政治社群，"国"是"家"的放大，这种家国一体的情怀充分体现

---

① 参见储昭华：《明分之道——从荀子看儒家文化与民主政道融通的可能性》，商务印书馆2005年版，第186—187页。

② 梁漱溟：《中国文化要义》，上海人民出版社2011年版，第79页。

③ 〔美〕郝大维、安乐哲：《先贤的民主——杜威、孔子与中国民主之希望》，何刚强译，江苏人民出版社2004年版，第142页。

了儒家的政治伦理。但是,这种统一性却消解甚至压制了个人的独立性,这正是儒家在近代遭到诟病的主要原因。① 在家国一体的政治框架内,凭借古代农业社会的"超稳定结构",人们大都生活在一种"熟人社会"里,现代意义上的"陌生人社会"在当时是难觅影踪的。正是在这一意义上,梁漱溟认为"中国人缺乏集团生活"。他所称的"集团生活"有三个特点:"一、要有一种组织,而不仅是一种关系之存在。组织之特征,在有范围(不能无边际)与主脑(需有中枢机关)。二、其范围超于家族,且亦不依家族之出发点——多半依于地域,或职业,或宗教信仰,或其他。三、在其范围内,每一个人都感受一些拘束,更且时时有着切身利害关系。"②可见,这种"集团"既与家庭不容,又与国家不同,它是介乎于"家"与"国"之间的。而传统中国从"齐家"直接过渡到"治国",两者之间并没有"群"的存在。正如费孝通所说,在西洋社会里,国家这个群体是一个明显的,也是唯一特出的群己界限,而"在我们传统里群的极限是模糊不清的'天下',国是皇帝之家,界限从来就是不清不楚的,不过是从自己这个中心里推出去的社会势力里的一圈而已"③。

与梁漱溟、费孝通的观点类似,狄百瑞认为,社群乃是一种介于个体和国家之间居中调停的基本形式,承担着公民社会的职能,

---

① 比如,梁漱溟认为,中国文化最大之偏失,就在个人永不被发现这一点上。参见梁漱溟:《中国文化要义》,上海人民出版社 2011 年版,第 238 页。

② 同上书,第 69 页。

③ 费孝通:《乡土中国 生育制度》,北京大学出版社 1998 年版,第 30 页。

即保护个人或结群的民众(而非一群乌合之众)的利益。① 他在论述"儒家社群主义"时,并不是试图从儒家经典著作里搜寻"社群"的概念,而侧重于探索宋明以来具有社群主义意义的实践。正如他所说:"在我看来,许多关于中国、儒家和人权的讨论,其缺点是它们都倾向于纯粹从概念层面上讨论问题——试图抽象地比较或对照这些价值,而非去考察在时代中、在发展的历史过程中,这些价值是怎样被遵行的,其遭际又如何。"②狄百瑞承认,在个体与国家之间发挥居间调停作用的"社群"观念,在中国古代并无现成的支撑。但是探究中国历史就会发现,还有其他形式或替代形式的社群主义传统,这就是社学与乡约。在他看来,社学与乡约有以下几个特点:其一,都是非官方的、民间自发的。地方书院就是自愿发起的和相对自主的组织,它独立于国家官学体制,在新儒家改革运动中起着非常大的作用。其二,都体现了儒家的传统。比如乡约大都是由乡绅主持,强调德业相劝、过失相规、礼俗相交和患难相恤,也就是说体现了儒家的道德教化。其三,都提倡自治与互助。无论是社学与乡约,都是力图借文教道德精英之领导而建设井然有序、自我管理的地方社群,它鼓励互敬、互助、自愿、自治。正是基于以上的分析,狄百瑞认为,儒学中存在"儒家社群主义"传统,中国古代存在支持人权的公民社会。但是,他并不认为儒学在整体上属于社群主义,反而通过"操作定义"来概括自由主义的特征,从而得出了"儒家本身是一种无须融汇外来文化的潮流和影响

---

① 参见〔美〕狄百瑞:《亚洲价值与人权——儒家社群主义的视角》,尹钛译,社会科学文献出版社 2012 年版,第 86 页。

② 同上书,第 21 页。

就可以产生和维护人权的自由传统"①的结论。

现代西方社群主义是针对自由主义而言的,是对极端自由主义的矫枉过正。狄百瑞所论述的儒家社群主义,则是相对于国家权力而言的,这是其与西方社群主义的明显不同之处。实际上,狄百瑞对西方社群主义并无太多评述,只是侧重考察在儒家语境中社群主义的意义。换言之,他是借社群主义这一概念来探究儒家传统中有关公民社会的因素。公民社会能够在与国家的关系中兼顾和推进各种利益,对于促进民主和保障人权有着重要作用,许多学者都对儒家传统与公民社会的关系进行过论述。如白鲁恂认为,对于民主发展而言,儒家的真正问题是未能发展出使社会挑战国家成为可能的公民社会。"总体而言,儒家确实创建了丰富的文明规范和可敬的社会资本的水准。但在公民社会的关键层面上,民主发展的问题看来始终未能获得突破。"②狄百瑞、白鲁恂等西方汉学家将儒家传统与现代公民社会理论进行比较时,没有考虑到具体的历史情境,这固然有失偏颇之处,但是他们关于儒家"群"、"己"之间关系的探究却给我们许多启示。

(二)"礼"

人们总是要在一定的社会组织中生活,社会组织的存在必须要有行为规则。在中国古代,这种行为规则就是"礼"。在儒家学说中,"礼"的涵义十分广泛,除了现代意义上的"礼节"、"礼仪"之

---

① 〔美〕狄百瑞:《亚洲价值与人权——儒家社群主义的视角》,尹钛译,社会科学文献出版社2012年版,第150页。

② 〔美〕白鲁恂:"儒学与民主",陈引驰译,载哈佛燕京学社、三联书店主编:《儒家与自由主义》,生活·读书·新知三联书店2001年版,第180页。

外,还指风俗习惯、社会行为准则、政治社会制度等。"礼"不只是外在的规范约束,而且是人心的内在要求,是伦理规范与心理欲求的统一。[①]孔子对周礼非常重视,他在教弟子以知识外,还用"礼"来进行约束,并将"礼"同"仁"联系起来。"颜渊问仁,子曰:'克己复礼为仁。一日克己复礼,天下归仁焉。为仁由己,而由人乎哉?'颜渊曰:'请问其目。'子曰:'非礼勿视,非礼勿听,非礼勿言,非礼勿动。'"(《论语·颜渊》)孟子将"礼"作为人性的"四端"之一:"恻隐之心,仁之端也;羞恶之心,义之端也;辞让之心,礼之端也;是非之心,智之端也。人之有是四端也,犹其有四体也。"(《孟子·公孙丑上》)荀子论证了"礼"的起源,他说:"礼起于何也?曰:人生而有欲,欲而不得,则不能无求,求而无度量分界,则不能不争。争则乱,乱则穷。先王恶其乱也,故致礼义以分之,以养人之欲,给人之求,使欲必不穷其物,物必不屈其欲,两者相持而长,是礼之所起也。"(《荀子·礼论》)人们在一起生活,为了不至于因为欲望而引起纷争,必须进行一定的限制,"礼"的产生就是确定这种限制。荀子还指出:"人道莫不有辨,辨莫大于分,分莫大于礼。"(《荀子·非相》)在他看来,"礼"是区别人与动物的重要标准,人要有"礼"和道德,这是人之所以为人应该具备的品质。在荀子那里,"礼"不再是僵硬规定的形式仪容,也不再是无可解释的传统观念,而被认为是清醒理知的历史产物,即把作为社会等级秩序、统治法

---

　　① 李泽厚认为,孔子以"仁"释"礼",将社会外在规范化为个体内在自觉,是中国哲学史上的创举,为汉民族的文化——心理结构奠下了始基。参见李泽厚:《中国古代思想史论》,人民出版社1985年版,第20页。

规的"礼"归结为人群维持生存所需。李泽厚认为,荀子对"礼"所做的历史主义的理性解释,从人的族类特征的高度来论证,是极为卓越的见解。①

郝大维和安乐哲看到了"礼"在中国政治社会中的重要作用。他们认为,在古代中国,社会秩序一直被理解为一种和谐,它是通过个人参与一个由礼仪构成的社群而取得的。实行和体现"礼"的传统不仅把一个人社会化,使他成为一个社群的成员,还进一步使他适应文化。"礼"将一套共同的价值灌输给特殊的个人,给他提供一种机会,以有助于保存和加强社群的方式来整合。在郝大维和安乐哲看来,"礼"具有以下五个特征:一是稳定性。尽管最初"礼"引导实行者进入具有稳定性的社会关系,这些"礼"却并非只是沉淀于文化传统中的、正确性的特定标准,该传统也不只是以可预见的方式帮助塑造它的参与者。二是创造性。"礼"并不是对外部的模式和标准的消极的顺从,它是"造"社会,这要求贯注自我,要求一个人的判断和他对于自己在文化上的重要性的认识。从这个意义上说,"礼"的激励作用大于其禁止作用。三是开放性。"礼"除了其所有的规范的社会形式之外,还有其开放的结构,它是个性化的,为了适应每一个参与者的独特性和品质,而被重新加以规定。四是互动性。社群成员间相互协调和适应,他们按照"礼"所规定的身份,通过实行"礼"的活动,同时实现个人和社会政治的完善。个人的正直与社会的整合不可分开,从而使手段与目的之间的界限不再存在,每一个人既是自身的目的,又是社群中每一个

---

① 参见李泽厚:《中国古代思想史论》,人民出版社 1985 年版,第 111 页。

他人成为其自身的条件或手段。五是独特性。"礼"是一种手段，用以将修身的人的认识具体化，使一个人能够从他自己独特的角度改造社群，最终在传统上留下自己的印记。郝大维和安乐哲特别强调自我修养和个性化在形成"礼仪性社群"的能力方面所发挥的作用。实行"礼"的活动的动力，是社会自发的赞同和尊敬，而不是强迫。某人的品质越高尚，他也就变得越突出，越具有决定性力量，这就激励人们通过实行"礼"的活动而不断提升文明化程度。①

　　如果说"礼"代表了道德伦理的内容，体现了自律和柔性的约束；那么，"法"则代表了规则理性的内容，体现了他律和硬性的约束。郝大维和安乐哲认为，在中国，古代"法"只是对"礼"的一种补充。整个社会像关系之网，因共同正确地实行"礼"而受益，其状况由此得到改善；与此相反，整个社群因必须实施刑法而受牵连，共有罪责，诉诸法律是共同承认失败。② 在"礼"、"法"关系的基础上，郝大维和安乐哲进一步论证了在"礼仪性社群"中"礼"和"人权"的关系。他们认为，"礼"和"人权"的概念在功能上是相似的，两者最终将成为确立和规定人们之间以及个人与国家之间关系界限的实践。中国传统上一直认为，"权利"③是社会给的，儒家关于人的概念本身就包含了对社群的承诺，它并不预先确立任何一种超越共同认可的秩序的道德秩序观念。换言之，儒家的最高人格，

---

　　① 参见〔美〕郝大维、安乐哲：《汉哲学思维的文化探源》，施忠连译，江苏人民出版社 1999 年版，第 278—281 页。

　　② 参见同上书，第 282 页。

　　③ 在《荀子·劝学》中最早出现了"权利"一词："是故权利不能倾也，群众不能移也，天下不能荡也。"但这里的"权利"与现代意义的权利概念是不同的。

是一种社会责任感。在中国传统中,道德是源于社会精神特质的文化产物,通过符合"礼"的行为表现出来,人权要有任何意义,就必须成为一种社会习以为常的做法。在中国有一种伦理道德上的激励机制,通过这种机制,那些自然状态的东西永远能够加以完善,这取代了那种确立自然权利观念的道德形上学。个人的自主性并不必定导致人的尊严。中国人关于人的思想,对于思索和确立个人的自主性与自我实现之间的界限,可能是有用的。仔细地观察中国模式,可能会看到另一种可供选择的、用以解决冲突的非法律机制,可能会减少个人寻求法律措施的欲望,而采用另外的合理的选择。①

他们强调,在个人的含义和人权文化的特征方面,实用主义与儒学可以找到富有潜力的共同领域。"中国借助西方模式,能够使它为其正在变化中的社会政治秩序确立更加规范的、经过明确规定的准则;同样,我们借鉴中国的模式,可能会促使我们更清楚看到人权的礼的基础。它也许能提供更伟大的容忍精神,用以对待文化的多样性,并且能增强这样一种能力:它不仅使我们能看出自己的种种认识为西方所限,而且把这种限制当作人权观念的实际本质。"②郝大维和安乐哲对中国传统怀有敬意,其论述固然有视域的局限,但他们力图在儒家思想与西方文化之间进行平等对话,这是殊为可贵的。

---

① 参见〔美〕郝大维、安乐哲:《汉哲学思维的文化探源》,施忠连译,江苏人民出版社 1999 年版,第 283—293 页。
② 同上书,第 294 页。

三、儒家学说对人权思想的丰富与完善

近代以来,人们一直在探索传统儒家学说与西方文化进行交流、对话与融合的可能性。正如上文所提到的,有学者努力论证儒家与自由主义、社群主义之间的关系,在儒家精神传统中找寻现代民主、科学、人权思想。有的从整体上进行论证,如美国学者安靖如在《人权与中国思想》一书中认为,中国始终存在一种与自身文化传统一脉相承,并且基于自身需要而产生的独特权利话语,这对中西方开展跨文化的权利对话提供了可能;有的则从儒家思想的某一部分进行论证,如储昭华在《明分之道》一书中重点论述了荀子的思想与现代民主政道融通的可能性。有的从纯理论的层面进行推演,如有学者从儒家经典理论中探究蕴含的自由思想,重新阐述其现代意义;有的则选取一些中国古代实践样本进行分析,如上文提到的狄百瑞从社学与乡约中提炼公民社会的因素。这些论述为儒学的现代化提供了可贵的思想启示。

但是,这些论述大都是以西方文化为标准,然后在儒家的文化传统中寻找与此标准相近似的思想内容,从而为儒家文化在现代社会中的价值找到合理性的证明。正如有学者指出:"这种文化比较上的西方中心论框架自然有其历史的合理性,但并不具有学理上的必然性。"[1]因此,在中西方人权思想的交流中,不应该被动应

① 吴根友:"从人道主义角度看儒家仁学与自由主义对话的可能性",载哈佛燕京学社、三联书店主编:《儒家与自由主义》,生活·读书·新知三联书店2001年版,第358—359页。

对,将儒家文化置于西方人权文化的审视之下,而应该坚持理论自觉与理论自信,主动地探究儒家思想对丰富和完善人权理论的可能贡献。文化在一定程度上是人们实践智慧的凝结,是人们千百年来实证经验的概括,不同文化及其理想在道德资格上是平等的,实现路径上的分歧不能说明任何一种文化的优劣。在当今世界,面对众多的国际和社会问题,东西方只有相互学习,东西文化只有相互借鉴,才能建立起更好的世界社会秩序。

英国历史学家汤因比批判了"西欧中心论"与"种族优越论"的观点。40年前,他在与日本社会活动家池田大作的对话中,高度评价中国传统文化对中国、东亚乃至世界文化的重要影响。他说:"今天高度评价中国的重要性,与其说是由于中国在现代史上比较短时期中所取得的成就,毋宁说是由于认识到在这以前两千年期间所建立的功绩和中华民族一直保持下来的美德的缘故。中华民族的美德,就是在那屈辱的世纪里,也在继续发挥作用。特别在现代移居世界各地的华侨的个人活动中也都体现着这种美德。"他认为,世界的未来在东亚,人类的出路在于中国文明,这是因为东亚有宝贵的历史遗产:第一,中华民族的经验。在过去的二十一个世纪中,中国始终保持了迈向全世界的帝国,成为名副其实的地区性国家的榜样。第二,在漫长的中国历史长河中,中华民族逐步培养起来的世界精神。第三,儒教世界观中存在的人道主义。第四,儒教和佛教所具有的合理主义。第五,东亚人对宇宙的神秘性怀有一种敏感,认为人想支配宇宙就要遭到挫败。这是道教带来的最宝贵的直感。第六,人的目的不是狂妄地支配自己以外的自然,而是必须和自然保持协调,这种直感是佛教、神道与中国哲学所有的流派所共同具有的,等等。汤因比说,"这些都可以使其成为全世界统一的地理和文化上的主轴"。① 他对儒家思想十分推崇,认为孔子把家跟国家相比,主张臣民对统治者,跟子女对父亲一样有献身精神,并加以实践,这是意味深长的。随着历史的发展,人类进入现代以来,这"天下万物"已经扩大到包括地球和全人类的规模。他强调,只有普遍的爱,才是人类拯救自己的唯一希望。"对现代人类社会的危机来说,把对'天下万物'的义务和对亲密的家庭关系的义务同等看待的儒家立场,是合乎需要的。现代人应当采取此种意义上的儒家立场。"②他对中国发展的许多预言,如今都已成为现实。

在汤因比眼里,中国是真正的"文明国家",这里的文明既含有古代文明帝国的意思,也含有文化情感纽带的深刻联结的意思。他相信中华文明将引领世界,一个历史上一直以和平主义和世界主义为取向的天下文明,也将在 21 世纪成为全人类的共同精神财富。从这一意义上讲,儒家文化能够为促进人类文明进步与人权事业发展提供丰富的思想文化资源。成中英就此提出了五点建议:一是坚持人权与道德结合,重构整体伦理。结合权力和责任、功利和德性这四种需要,使人类能更进一步地掌握人的整体,使人能够成为更整体的人,使人类社会更具整体性。儒家就人性论来谈人权,显然能进一步扩大人权伦理的内涵。二是坚持义利结合,

---

① 参见〔英〕汤因比、〔日〕池田大作:《展望二十一世纪:汤因比与池田大作对话录》,荀春生等译,国际文化出版公司 1997 年版,第 276—277 页。

② 同上书,第 411、413 页。

重构经济伦理。卢梭在《社会契约论》中提到，只有在相对经济发展的基础上才能够谈民主与自由。孟子也谈到人无恒产难有恒心。经济发展很重要，但更重要的是重利而不忘义，不因利背义。只有这样才能在经济行为中掌握公平，掌握正义。三是坚持人权与民主结合，重构民主伦理。用民主来实现社会正义，用社会正义来规范民主的发展，不断开拓丰富人权的内涵。在全球化的浪潮中，应该弘扬儒家"协和万邦"的理念，掌握国际民主和国际公平，在参与国际组织中要求民主，以建立具有道德内涵的国际立法。四是坚持人与社会的结合，重构教育伦理。人的尊严是建立在德性基础之上的，而不应当仅仅依靠法律保障。我们不但要尊重权利，也要尊重德性。人权的发展依赖于教育的发展，要教育人怎样做人，怎样修德而后治身。五是坚持人权与科技结合，重构科技伦理。随着当代科技的飞跃发展，人权面临着严重的危机，如何保护人继续成为自然发展的整体，这都是新人权理论必须要考虑的问题，也是在人权基础上的法律、在人性基础上的人权必须要考虑的问题。①

在以上五点中，第一点最为根本、最为重要，这就是要回答在儒学中享有"人权"的"人"应该具备哪些特征。首先，这里的人是与自然和谐共生的人。儒家坚持"以人为中心"，并不是像西方人类中心主义那样，主张人与自然的对立和分裂，而是坚持在人和自然的内在统一中解决人的存在的价值问题。在人与自然的关系

---

① 参见〔美〕成中英："道德自我与民主自由：人权的哲学基础"，载《东岳论丛》2000 年第 6 期。

上，人是起决定作用的。人之所以为人，之所以为"贵"，就在于人能够实现自己的人生，承担起自己的使命，完成自然界的"生生之道"，使万物"各遂其生"、"各顺其性"，人与自然和谐相处，从中享受到最大的快乐，得到人生的幸福。① 其次，这里的人是在社会中实现自我的人。在社会中，人既是利己的，也是利他的；既享有个人权利，又承担社会责任。只有在社会中，个人才能得到尊重，才能实现自身价值，才能有真正的自主。只有将个人的发展同社会的进步紧密联系起来，才能担负起"为天地立心，为生民立命，为往圣继绝学，为万世开太平"的神圣使命。最后，这里的人是有人格尊严的人。在儒家看来，人之所以有尊严，是因为他生来具备人类所特有的内在德性，以及实现德性、走向成熟的能力；君子之所以受到尊重，是因为他尊重包括自己在内的每一个人，对人类普遍存在的内在德性赋予崇高价值，并努力培养自身的德性。② 人的尊严既表现在外在的自我，即享有生存、发展和安全，赋予自由、平等和人权，做一个自主的人；也表现在内在的自我，即加强道德修养，塑造美好心灵，提升精神境界，做一个高尚的人。也就是说，实现人的尊严，充分保障人权，不仅需要外在的环境，更需要自身的努力。做到以上这些，人的主体性就会更加凸显出来，人的创造性就会更加激发出来，人权的实现就会有更加稳定坚实的基础。

　　徐复观认为，顺着儒家思想自身的发展，自然要表现为西方的

---

　　① 参见蒙培元："人类中心主义与儒家仁学思想"，载《哈尔滨工业大学学报》2012 年第 6 期。

　　② 参见张千帆：《为了人的尊严——中国古典政治哲学批判与重构》，中国民主法制出版社 2012 年版，第 38 页。

民主政治,以完成它在政治方面所要完成而尚未完成的使命;而西方的民主政治,只有和儒家的基本精神,接上了头,才算得到精神上的保障,安稳了它自身的基础。[①] 南怀瑾也指出,中国文化的精神有助于这个地球上各国家、各民族的互相了解,减少误解,而互相交流融会,促进人类的和平与进步繁荣。[②] 可见,充分发扬儒家文化的优秀传统,深刻挖掘儒家学说的人权内涵,加强同西方人权思想的平等对话、相互借鉴,对于丰富和发展人权理论具有长期深远的意义。

[①] 参见金耀基:《中国民本思想史》,法律出版社 2008 年版,第 198—199 页。

[②] 参见南怀瑾:《原本大学微言》,世界知识出版社 1998 版,第 733 页。

第六章　中国特色社会主义人权思想

　　在人类社会发展进程中,社会主义作为一种有重大影响的思潮,在理论上和实践上不断发展创新,成为思想史的重要组成部分。在当代中国,社会主义既是一种指导思想,也是一种社会实践;既是一种哲学观念,也是一种制度形态。习近平认为,社会主义思想从提出到现在,经历了六个阶段,包括空想社会主义产生和发展,马克思、恩格斯创立科学社会主义理论体系,列宁领导十月革命胜利并实践社会主义,苏联模式逐步形成,新中国成立后中国共产党对社会主义的探索和实践,中国共产党做出进行改革开放的历史性决策、开创和发展中国特色社会主义。他强调:"中国特色社会主义,是科学社会主义理论逻辑和中国社会发展历史逻辑的辩证统一,是根植于中国大地、反映中国人民意愿、适应中国和时代发展进步要求的科学社会主义,是全面建成小康社会、加快推进社会主义现代化、实现中华民族伟大复兴的必由之路。"①

　　现代意义上的人权理念起源于西方,经过长期的发展,形成了以平等、自由、公正为核心的现代人权思想,这些理念是人类优秀

---

　　① "毫不动摇坚持和发展中国特色社会主义,在实践中不断有所发现有所创造有所前进",载《人民日报》2013 年 1 月 6 日。

文明成果的代表,也是人类追求的共同价值。人权理念是在第一次世界大战后,同民主、科学一起,在"五四"新文化运动中传入中国的。社会主义思想和人权思想传入中国以来,人们便不断思索社会主义与人权的关系。从19世纪末最初传入的空想社会主义和天赋人权观,在旧民主主义革命中形成了中国资产阶级革命的民生社会主义和民权学说;到第一批接受科学社会主义和马克思主义人权学说的中国共产党人的社会主义和人权学说;再到中国共产党领导的新民主主义革命实践中产生的新民主主义人权理论;直到新中国成立后,特别是在改革开放以来,邓小平理论、"三个代表"重要思想和科学发展观形成过程中,逐渐形成和创建了中国特色社会主义人权理论。

第一节　中国特色社会主义人权思想的发展历程

中国特色社会主义包括中国特色社会主义道路、中国特色社会主义理论体系、中国特色社会主义制度三个要素。这三个要素从实践、理论、制度三个层面共同构成了中国特色社会主义的丰富内涵。胡锦涛认为:"中国共产党坚持把马克思主义基本原理同中国具体实际结合起来,在推进马克思主义中国化的历史进程中产生了两大理论成果。一大理论成果是毛泽东思想。毛泽东思想是马克思列宁主义在中国的运用和发展,系统回答了在一个半殖民地半封建的东方大国,如何实现新民主主义革命和社会主义革命的问题,并对建设什么样的社会主义、怎样建设社会主义进行了艰辛探索,以创造性的内容为马克思主义宝库增添了新的财富。另一大理论成果是中国特色社会主义理论体系。中国特色社会主义理论体系是包括邓小平理论、'三个代表'重要思想以及科学发展观等重大战略思想在内的科学理论体系,系统回答了在中国这样一个十几亿人口的发展中大国建设什么样的社会主义、怎样建设社会主义,建设什么样的党、怎样建设党,实现什么样的发展、怎样发展等一系列重大问题,是对毛泽东思想的继承和发展。"[①]

毛泽东是中国共产党和中华人民共和国的缔造者,他历来十分重视人权问题。在他的著作中有许多关于人权问题的论述,构成了毛泽东独具特色的人权思想。一是在人权的来源上,他明确提出了"人赋人权"的观点:没有什么"天赋人权",人权靠斗争得来,只有人赋人权。我们这些人的权是谁赋予的? 是老百姓赋予的。二是在人权的主体上,他始终把人民大众的权利放在首位,把"全国人民都要有人身自由的权利,参与政治的权利和保护财产的权利。全国人民都要有说话的机会,都要有衣穿,有饭吃,有事做,有书读,总之是要各得其所"[②]作为共产党和他个人的革命目标。三是在人权的重点内容上,他不仅关心工人的生存权和劳动权,他还关心和尊重所有人(包括不同阶级人们)的生存权和劳动权。他说:"对于反动阶级和反动派的人们,在他们的政权被推翻以后,只要他们不造反,不破坏,不捣乱,也给土地,给工作,让他们活下去,

---

① "胡锦涛在庆祝中国共产党成立90周年大会上的讲话",载《人民日报》2011年7月2日。

② 《毛泽东选集》第3卷,人民出版社1991年版,第808页。

让他们在劳动中改造自己,成为新人。"①四是在人权的实现条件上,他认为只有获得了民族解放和国家独立,才能为保障中国人民基本人权、实现全面人权提供前提条件。五是在人权的保障上,他认为坚持人民民主专政,让人民管理上层建筑,是社会主义社会政治生活的根本特征,也是保障人权的有效途径。此外,毛泽东还提出"革命人道主义"的思想:对待群众,要尊重他们,以平等的态度待人;对待犯错误的同志,要关心帮助,做到"与人为善","惩前毖后,治病救人";对于不同阶级中的具体个人,也应该用人道原则去保护、争取、团结他们。

可以说,毛泽东的人权思想是在中国革命战争和社会主义建设的实践中一步步形成并不断完善的,也为中国特色社会主义人权理论打下了坚实的基础。本章重点论述中国实行改革开放以来人权思想的发展历程。

一、邓小平理论与人权

中共十一届三中全会以后,邓小平在坚持和发展马克思主义的基础上,开创了中国特色社会主义,第一次比较系统地初步回答了在中国这样经济文化比较落后的国家如何建设社会主义、如何巩固和发展社会主义的一系列基本问题,把对社会主义的认识提高到新水平。在邓小平著作中有很多关于人权的论述,邓小平的人权思想成为邓小平理论的重要组成部分。

---

① 《毛泽东选集》第4卷,人民出版社1991年版,第1476页。

（一）社会主义人权的本质

邓小平对人权问题的思考同他对社会主义根本任务、社会主义本质的思考联系在一起。邓小平指出："我们是社会主义国家，社会主义制度优越性的根本表现，就是能够允许社会生产力以旧社会所没有的速度迅速发展，使人民不断增长的物质文化生活需要能够逐步得到满足。按照历史唯物主义的观点来讲，正确的政治领导的成果，归根结底要表现在社会生产力的发展上，人民物质文化生活的改善上。"[1]邓小平多次从生存权、发展权的角度来阐述社会主义，如"贫穷不是社会主义"、"发展太慢也不是社会主义"等。他直接把人权的享有同生产力的发展联系起来，指出："坚持社会主义的发展方向，就是要肯定社会主义的根本任务是发展生产力，逐步摆脱贫困，使国家富强起来，使人民生活得到改善。"[2]"落后国家建设社会主义，在开始的一段很长时间内生产力水平不如发达的资本主义国家，不可能完全消灭贫穷。所以，社会主义必须大力发展生产力，逐步消灭贫穷，不断提高人民的生活水平。否则，社会主义怎么能战胜资本主义？"[3]"社会主义的优越性归根到底要体现在它的生产力比资本主义发展得更快一些、更高一些，并且在发展生产力的基础上不断改善人民的物质文化生活。"[4]1992年年初，邓小平在南方谈话中明确指出："社会主义的本质，是解放

---

[1] 《邓小平文选》第2卷，人民出版社1994年版，第128页。
[2] 《邓小平文选》第3卷，人民出版社1993年版，第264—265页。
[3] 同上书，第10页。
[4] 同上书，第64页。

生产力,发展生产力,消灭剥削,消除两极分化,最终达到共同富裕。"①只有生产力发展了,人民生活水平提高了,人权的实现才有切实的保障。邓小平把解决社会的两极分化问题,实现共同富裕作为社会主义本质的最终落脚点。这样,共同富裕便成为发展社会主义人权的最终追求,也成为社会主义人权的根本保障。这一论述使社会主义人权的内容有了新的内涵。

(二) 人权是具体的

马克思主义认为,人权是具体的,它总是属于一定的历史阶段、一定的国家的,而不是抽象的东西。不同时代、不同国家、不同民族、不同阶级的人都有不同的权利。1983 年 10 月,邓小平在中共十二届三中全会上指出,"资产阶级常常标榜他们如何讲人道主义,攻击社会主义反人道主义。……他们不了解,不但在资本主义社会,就是在社会主义社会,也不能抽象地讲人的价值和人道主义","离开了这些具体情况和具体任务而谈人,这就不是谈现实的人而是谈抽象的人,就不是马克思主义的态度。"②在中共十二届六中全会上,他更明确地指出:"一些外国资产阶级学者的议论,大都是要求我们搞自由化,包括说我们没有人权。我们要坚持自己的东西,他们反对,他们希望我们改变。我们还是按照自己的实际来提问题,解决问题。"③在邓小平看来,经济发展、社会稳定是人权享有的基础,他指出:"中国不能把自己搞乱,这当然是对中国自己负责,同时也是对全世界全人类负责。外国的负责任的政治家们也

---

① 《邓小平文选》第 3 卷,人民出版社 1993 年版,第 373 页。
② 同上书,第 41 页。
③ 同上书,第 182 页。

会懂得,不能让中国乱。什么人权、民权问题,都管不住这个问题。唯一的出路,是不同社会制度的国家在五项原则即基础上和平共处、相互合作,而不是干涉别国内政、挑起别国内乱。"[1]

(三)人权主体是绝大多数人

人权主体是谁? 是一个个人,一个集体,还是大多数人? 人权观念不同,在人权主体的认识上也是不同的。邓小平多次强调,社会主义社会的人权与资本主义社会的人权是根本不同的,其中最重要的一点就是人权主体的不同,社会主义社会的人权主体是绝大多数的人民群众。他明确指出:"什么是人权? 首要一点,是多少人的人权? 是少数人的人权,还是多数人的人权,全国人民的人权? 西方世界的所谓'人权'和我们讲的人权,本质上是两回事,观点不同。"[2]同时他还指出:"要讲人道主义,我们保护最大多数人的安全,这就是最大的人道主义。"在谈到个人自由问题的时候,邓小平认为,如果说个人对社会主义有充分的理想,有充分地发展他的才能的权利和条件,这些自由是同社会主义毫无矛盾的。但是,如果说个人自由与国家的自由和大多数人民的自由相矛盾,这种自由就不能提倡。到共产主义的时候,人们也要服从交通警察的指挥,这与自由是不矛盾的。现在的问题是,对人权问题、自由问题,在我们的青年中有一种误解,实际上把这些变成无政府主义,甚至变成了极端个人主义。

邓小平还十分关注少数民族人权问题。邓小平指出:"解决民

---

① 《邓小平文选》第3卷,人民出版社1993年版,第361页。
② 同上书,第125页。

族问题,中国采取的不是民族共和国联邦的制度,而是民族区域自治的制度。我们认为这个制度比较好,适合中国的情况。""大陆是中国的主体,有十一亿人口。其中汉族占百分之九十二,少数民族占百分之八。我们的民族政策是正确的,是真正的民族平等。我们十分注意照顾少数民族的利益。中国一个很重要的特点就是没有大的民族纠纷。"邓小平特别强调,沿海地区要帮助内地特别是中、西部少数民族地区发展,"社会主义最大的优越性就是共同富裕,这是体现社会主义本质的一个东西。如果搞两极分化,情况就不同了,民族矛盾、区域间矛盾、阶级矛盾都会发展,相应地中央和地方的矛盾也会发展,就可能出乱子。"①

(四)高度重视生存权和发展权

邓小平多次强调,发展才是硬道理,当人民的生存权得到保障,人民生活比较富裕时就要考虑社会公平问题,也就是发展权问题,因为"发展权是关于发展机会均等和发展成果共享的权利"②。1988年,邓小平就提出改革与发展要有"两个大局"的思想,指出:"沿海地区要加快对外开放,使这个拥有两亿人口的广大地带较快地先发展起来,从而带动内地更好地发展,这是一个事关大局的问题。内地要顾全这个大局。反过来,发展到一定的时候,又要求沿海拿出更多力量来帮助内地发展,这也是个大局。那时候,沿海也要服从这个大局。"③邓小平在南方谈话中更加明确地指出:"共同

---

① 《邓小平文选》第3卷,人民出版社1993年版,第364页。
② 转引自汪习根:《法治社会的基本人权——发展权法律制度研究》,中国人民公安大学出版社2002年版,第60页。
③ 《邓小平文选》第3卷,人民出版社1993年版,第277—278页。

富裕的构想是这样提出来的:一部分地区有条件先发展起来,一部分地区发展慢点,先发展起来的地区带动后发展的地区,最终达到共同富裕。如果富的愈来愈富,穷的愈来愈穷,两极分化就会产生,而社会主义制度就应该而且能够避免两极分化。解决的办法之一,就是先富起来的地区多交点利税,支持贫困地区的发展……可以设想,在本世纪末达到小康水平的时候,就要突出地提出和解决这个问题。"①可见,邓小平十分注重对弱势群体的保护,并要求国家采取有效政策,更加关注公平,使先富起来的人与暂时比较贫困的人、发达地区与落后地区、沿海与内地、城市与乡村都得到共同发展,使社会主义制度的优越性充分发挥出来,这体现了邓小平对马克思人权思想的继承和发展。

（五）国家主权高于人权

改革开放以来,邓小平在继承马克思主义人权思想的基础上,对西方国家"人权高于主权"的论调给予了有力批判。邓小平指出:"国家的主权、国家的安全要始终放在第一位,对这一点我们比过去更清楚了。西方的一些国家拿什么人权、什么社会主义制度不合理不合法等做幌子,实际上是要损害我们的国权。"②他还指出,西方国家以人权做借口干涉中国的内政,实质上是搞霸权主义和强权政治,"搞霸权主义的国家根本就没有资格讲人权,他们伤害了世界上多少人的人权! 从鸦片战争侵略中国开始,他们伤害了中国多少人的人权! 巴黎七国首脑会议要制裁中国,这意味着他们自认为

---

① 《邓小平文选》第 3 卷,人民出版社 1993 年版,第 373—374 页。

② 同上书,第 348 页。

有至高无上的权力,可以对不听他们话的国家和人民进行制裁。他们不是联合国,联合国的决议还要大多数同意才能生效,他们凭什么干涉中国的内政?谁赋予他们这个权力?任何违反国际关系准则的行动,中国人民永远不接受,也不会在压力下屈服。"①

邓小平强调国权与人权的密切联系。他说,"人们支持人权,但不要忘记还有一个国权。谈到人格,但不要忘记还有一个国格。特别是像我们这样第三世界的发展中国家,没有民族自尊心,不珍惜自己民族的独立,国家是立不起来的。"②他告诫第三世界国家的领袖:"说起来,国权比人权重要得多。贫弱国家、第三世界国家的国权经常被他们侵犯。他们那一套人权、自由、民主,是维护恃强凌弱的强国、富国的利益,维护霸权主义、强权主义者利益的。我们从来就不听那一套,你们也是不听那一套的。"③"国权"概念的提出具有重要意义,它深刻地揭示了像中国这样的发展中国家只有先保障国权,才能让广大民众充分享有人权。

有学者认为,邓小平关于人权和国权关系的理论,将人权的个体基础提升到个体与集体相结合的基础上,是对第三代人权观的精辟阐述。邓小平直接提出了国权,把集体和个人两个理念统一于人权的理论体系之中,不仅具有中国特色,而且具有世界性的意义。邓小平人权思想是马克思主义人权思想在当代中国的新发展,是中国改革开放以来对西方"人权攻势"回击的产物。因此,它

① 《邓小平文选》第3卷,人民出版社1993年版,第359—360页。
② 同上书,第331页。
③ 同上书,第345页。

具有强烈的时代性和现实性。邓小平关于生存权和发展权的思想、人权和国权关系的思想,对丰富和完善中国特色人权理论,对推动中国人权建设、人权事业发展具有重要指导意义。[①]

二、"三个代表"重要思想与人权

作为中国共产党第三代中央领导集体的核心,江泽民对人权理论和现实问题进行深入思考和全面阐述,有许多新观点和新概括,丰富和发展了邓小平人权思想。

（一）生存权和发展权是首要人权

江泽民多次强调,对像中国这样的发展中国家来说,最首要、最重要的人权是生存权和发展权,"解决好这一问题,不仅对中国的稳定,而且对亚洲乃至世界的稳定,都是一个重大贡献。"[②]他指出:"我国人民享受的人权保障是过去从来没有的。中国是一个有十二亿多人口的发展中国家,这一国情决定了在中国生存权和发展权是最基本、最重要的人权。不首先解决温饱问题,其他一切权利都难以实现。近二十年来,中国的贫困人口减少了近两亿,为人民更好地享有各项权利创造了必要的物质条件。"[③]"我们党和政府高度重视推进和发展中国人民的人权事业,为保障中国人民的生存权和发展权这一最基本、最重要的人权,进行了锲而不舍、艰

[①]　参见时显群:"邓小平对马克思恩格斯人权思想的继承和发展",载《毛泽东邓小平理论研究》2012 年第 6 期。

[②]　《江泽民文选》第 1 卷,人民出版社 2006 年版,第 334 页。

[③]　《江泽民文选》第 2 卷,人民出版社 2006 年版,第 52 页。

苦卓绝的努力。实践证明,中国共产党和中国政府,是中国人民基本权利最坚决、最忠诚的拥护者。我们根据自己国情确定的发展人权事业的方针,是完全正确的。我国是世界上人口最多的发展中国家。这就决定了,实现和保障广大人民群众的生存权和发展权,是我们维护人权最基础、最首要的工作。不首先解决温饱问题,其他一切权利都难以实现。"①

1999 年,江泽民在英国剑桥大学的演讲中,对中国的人权观念进行了深刻阐述:"中华民族历来尊重人的尊严和价值。还在遥远的古代,我们的先人就已提出'民为贵'的思想,认为'天生万物,唯人为贵',一切社会的发展和进步,都取决于人的发展和进步,取决于人的尊严的维护和价值的发挥。中国共产党领导人民进行革命、建设、改革,就是要实现全中国人民广泛的自由、民主、人权。今天中国所焕发出来的巨大活力,是中国人民拥有广泛自由、民主的生动写照。中国在公元一世纪人口就已达到六千万左右,众多人口的衣食住行,几千年来一直是中国历代政府所要解决的首要人权问题。今天的中国是一个有十二亿多人口的发展中大国,仍然必须首先保障最广大人民的生存权和发展权,不然其他一切权利都无从谈起。中国确保十二亿多人的生存权和发展权,这是对世界人权进步事业的重大贡献。集体人权和个人人权,经济、社会、文化权利与公民、政治权利紧密结合和协调发展,这是适合中国国情因而是中国人权事业发展的必然道路。中国集中力量发展

---

① 《江泽民论有中国特色社会主义》(专题摘编),中央文献出版社 2002 年版,第 324 页。

经济,促进社会全面进步,坚持发展社会主义民主,建设社会主义法治国家,都是为了促进中国人民的人权事业。"①正因为生存权和发展权是最首要的人权,所以坚持以经济建设为中心,解放和发展生产力,是解决中国现阶段社会的主要矛盾,巩固和发展社会主义制度的基本途径。坚持中国共产党的基本路线不动摇,关键是坚持以经济建设为中心不动摇。中国解决所有问题的关键要靠自己的发展。"发展是硬道理。必须抓住一切机遇加快发展。……在经济发展的基础上,促进社会全面进步,不断提高人民生活水平,保证人民共享发展成果。"②江泽民首次明确了发展中的社会主义国家在人权保障问题上的最重要、最基本的前提就是坚持生存权和发展权,这是对马克思主义人权理论的新贡献。

(二) 全面推进社会主义人权

江泽民认为:"随着现代化建设的发展,还要实现更高层次的和更广泛的人权。"2002年,江泽民在中共十六大上提出了中国人权建设的现实目标:"我们要在本世纪头二十年,集中力量,全面建设惠及十几亿人口的更高水平的小康社会,使经济更加发展、民主更加健全、科教更加进步、文化更加繁荣、社会更加和谐、人民生活更加殷实。"③江泽民指出:"人权是历史的产物,它的充分实现,是同每个国家的经济文化水平相联系的逐渐发展的过程;集体人权与个人人权,经济、社会、文化权利与公民、政治

---

① 《江泽民文选》第2卷,人民出版社2006年版,第55—56页。
② 《江泽民文选》第3卷,人民出版社2006年版,第533—534页。
③ 江泽民:《在中国共产党第十六次全国代表大会上的报告》,人民出版社2002年版。

权利,是不可分割的。"①要实现人权的目标,必须依靠民主法治。江泽民在中共十五大报告中明确指出:"共产党执政就是领导和支持人民掌握管理国家的权利,实行民主选举、民主决策、民主管理和民主监督,保证人民依法享有广泛的权利和自由,尊重和保障人权。"②在中共十六大报告中,江泽民再次强调了这一点,同时指出,"中国政府依法保护人权,反对一切侵犯公民合法权利的行为,并为此进行了不懈的努力。"③以上论述,充分体现了中国全面推进各项人权建设,使广大人民群众实现更高层次和更广泛的人权的思路。

（三）人权是一国主权范围内的事情

为了捍卫《世界人权宣言》中的国际人权基本原则,也为了反击某些西方国家打着所谓"人权"旗号对中国内政的严重干涉,江泽民多次重申了"人权要靠主权来保护,不是人权高于主权,而是没有主权就没有人权"的观点。他指出:"国内外敌对势力企图通过和平演变颠覆中国的社会主义制度,剥夺我国人民主宰自己国家命运的权利,使中国变成西方大国的附庸。如果失去了国家主权、民族独立和国家尊严,也就失去了人民民主,并且从根本上失去了人权。"④"只要世界上还存在不同的国家,只要我们这个星球上的人民还生活在不同的国度里,人权问题就始终属于一个国家

① 中共中央文献研究室:《十五大以来重要文献选编》(上),人民出版社 2000年版,第 64—65 页。
② 同上书,第 31 页。
③ 同上书,第 65 页。
④ 《江泽民文选》第 1 卷,人民出版社 2006 年版,第 122—123 页。

314

的内部事务。任何一个国家的人权事业,不管这个国家是大是小、是强是弱,都应由本国政府依靠自己的人民自主去解决。这是一项基本原则。"①

2000年,江泽民在联合国千年首脑会议分组讨论会上的发言中指出:"五十五年前,在旧金山通过的《联合国宪章》序言开宗明义地申明,'欲免后世再遭今代人类两度身历惨不堪言之战祸,重申基本人权,人格尊严与价值,以及男女与大小各国平等权利之信念',从而确立了尊重人权和主权平等的两项基本原则。半个多世纪以来,在《宪章》的宗旨和原则指导下,众多殖民地国家获得了独立和解放,世界各国促进和保护人权的事业取得了巨大进步。回首百年,沧桑巨变。在这新世纪和新千年之交的历史时刻,国际社会有必要重新审视这两项原则。一方面,充分实现和享受人权是全人类追求的共同理想。促进和保护人权是各国政府的神圣职责。任何国家都有义务遵照国际人权文书,并结合本国国情和有关法律,促进和保护本国人民的人权与基本自由。另一方面,各国主权平等和相互尊重主权、互不干涉内政等原则仍然是现代国际关系的基本准则。国家不分大小、贫富和强弱,一律平等。维护本国的主权和安全,是每个国家政府和人民的神圣权利。各国人民有权自主选择符合本国国情的社会制度和发展道路,创造自己的生活。"他强调,"中华民族历来尊重人的尊严与价值。中国同许多发展中国家一样,在近代历史上长期遭受外强入侵和欺凌,中国人民深知一个国家不能保障自己的主权,就根本谈不上人权。所以,

---

① 《江泽民文选》第2卷,人民出版社2006年版,第55页。

我们特别珍惜中国人民经过长期斗争用鲜血和生命换来的人民解放和国家主权。我相信,这对任何国家都是同样的。今天中国所焕发出的巨大活力,是中国人民拥有广泛自由、民主的生动写照。历史和现实都告诉我们,国家主权是一国人民充分享受人权的前提和保障。这两者不是相互对立的,而是相辅相成的。"①

（四）加强国际人权领域的对话与合作

江泽民指出,在人权问题上"中国愿与世界各国一道,相互学习,取长补短,携手并进,共同建设新世纪人类和平、繁荣的美好家园"②。当时,一些西方国家常常借人权问题攻击中国。江泽民主张:"各国对人权问题的看法有分歧,应进行对话,而不应搞对抗。我们愿意同其他国家加强交流和合作,共同促进世界人权事业。"③"人权领域的对话和合作,必须在尊重国家主权的基础上开展,这是保护和促进人权事业最根本、最有效的途径。"④"中国积极参加国际人权领域的活动,在平等和互相尊重的基础上与国际社会就人权问题开展了富有成效的对话和合作,为推进世界人权进步事业作出了积极贡献。"⑤江泽民还提出要加强人权研究,并且要求"我们要用马克思主义的基本观点,正确而通俗地解释民主、自由、人权等;使我们的干部、群众特别是青年学生受到教育"。"要大力揭露西方宣传的'民主'、'自由'、'人权'的欺骗性。西方敌对势

---

① 《江泽民文选》第3卷,人民出版社2006年版,第113—114页。
② 同上书,第114页。
③ 《江泽民文选》第2卷,人民出版社2006年版,第53页。
④ 《江泽民文选》第3卷,人民出版社2006年版,第110页。
⑤ 《江泽民文选》第2卷,人民出版社2006年版,第56页。

力打着'民主'、'自由'、'人权'的旗号,向我发动进攻,通过各种渠道,对我进行渗透,反对我们的社会主义制度。我们要认真对付,坚决还击。"①

江泽民的人权思想是一个十分丰富的思想体系,涉及政治建设、经济建设、文化建设和对外交往的方方面面,也成为"三个代表"思想的重要组成部分。

三、科学发展观与人权

2003 年,时任中共中央总书记胡锦涛提出了以人为本、全面协调可持续的科学发展观,进一步强调了人民利益高于一切、重于一切、大于一切,把实现好、维护好、发展好最广大人民的根本利益作为执政党和国家的使命。可以说,科学发展观进一步丰富了中国特色社会主义人权理论。

（一）在人权的主体上,坚持以人为本

科学发展观的核心是以人为本。胡锦涛认为,所谓"以人为本",就是要"始终把实现好、维护好、发展好最广大人民的根本利益作为党和国家一切工作的出发点和落脚点,尊重人民主体地位,发挥人民首创精神,保障人民各项权益,走共同富裕道路,促进人的全面发展,做到发展为了人民、发展依靠人民、发展成果由

---

① 董云虎、刘武萍:《世界人权约法总览续编》,四川人民出版社 1993 年版,第635 页。

人民共享"①。这种"以人为本"思想,坚持了马克思主义人本思想,融合了中国传统文化的民本思想、西方近代人本思想、新民主主义革命中的为人民服务思想、改革开放以来执政为民的思想,在继承传统的基础上进行了创新和发展,赋予了强烈的中国特色和时代内涵。以人为本的"人"是对全体社会成员而言,否定了以神为本、以金钱为本、以权力为本的腐朽思想观念,纠正了片面强调抽象的"集体"而忽视现实的人以及见"物"不见"人"的偏向;以人为本的"人","既是一个整体,更是每一个自然人,每一个社会人,每一个公民,体现的是对人的生命的尊重,对人的个体的尊重,对人的尊严的尊重。这种平等和尊重是对封建主义的专制思想、宗法等级思想、愚民思想和阶级斗争扩大化思想的根本否定,是中国人心灵的解放和自由全面发展的条件,是当今中国发展的动力的源泉,是当今社会和谐的根本,是民主法治公平正义的基础,是社会主义社会的崇高目标和人类的崇高理想。"②以人为本的核心理念和根本目的就是人的自由全面发展,就是人的个性的全面培育、人的需要的全面满足、人的素质的全面提升、人的才能的全面发挥,就是人权的切实尊重和保障。

(二)在人权的内容上,坚持全面发展

科学发展观的第一要义是发展,胡锦涛指出:"要牢牢扭住经济建设这个中心,坚持聚精会神搞建设、一心一意谋发展,不断解放和发展社会生产力。更好实施科教兴国战略、人才强国战略、可

---

① 《中国共产党第十七次全国代表大会文件汇编》,人民出版社 2007 年版,第15 页。

② 郑佳贵:"中国社会转型与价值变迁",载《清华大学学报》2010 年第 1 期。

持续发展战略,着力把握发展规律、创新发展理念、转变发展方式、破解发展难题,提高发展质量和效益,实现又好又快发展,为发展中国特色社会主义打下坚实基础。努力实现以人为本、全面协调可持续的科学发展,实现各方面事业有机统一、社会成员团结和睦的和谐发展,实现既通过维护世界和平发展自己、又通过自身发展维护世界和平的和平发展。"①以科学发展观来指导和推动中国人权建设,这就要求人民享有的权利是全面、协调、可持续的,要在继续坚持生存权、发展权优先的同时,实现政治、经济、文化、社会等各种权利协调发展、全面推进。坚持以人为本,就要以人的权利为核心,保障人的生存权、自由权、发展权;就是要以人的发展为中心,人应该拥有自由、全面发展的权利,社会应该为人的自由、全面发展创造条件;就是要以人的可持续为原则,即个人的持续、生命的持续、人类社会的持续成为最高原则,不允许以任何理由和借口破坏生态环境;就是要从中国的国情出发,坚持人权的普遍性和特殊性的统一,不断提高中国人民享受人权的水平,切实尊重和保护特殊群体的特殊权益。只有这样,才能够实现个人人权和集体人权的统一,尊重个人的权利和尊严与重视人民的生存权和发展权的统一,经济、社会、文化权利与公民、政治权利的统一,才能够促进和实现人的全面发展。

（三）在人权的实现上,坚持统筹兼顾

科学发展观的根本方法是统筹兼顾。胡锦涛指出:"要正确

---

① 《中国共产党第十七次全国代表大会文件汇编》,人民出版社 2007 年版,第15 页。

认识和妥善处理中国特色社会主义事业中的重大关系,统筹城乡
发展、区域发展、经济社会发展、人与自然和谐发展、国内发展和
对外开放,统筹中央和地方关系,统筹个人利益和集体利益、局部
利益和整体利益、当前利益和长远利益,充分调动各方面积极性。
统筹国内国际两个大局,树立世界眼光,加强战略思维,善于从国
际形势发展变化中把握发展机遇、应对风险挑战,营造良好国际
环境。既要总揽全局、统筹规划,又要抓住牵动全局的主要工作、
事关群众利益的突出问题,着力推进、重点突破。"①有学者认为,
"尊重和保障人权,同全面建设小康社会、推进中国特色社会主义
事业的宏伟目标,同立党为公、执政为民的本质要求,同构建社会
主义和谐社会,共建和谐世界的重大战略决策,共同构成了相互联
系的有机统一整体。"②建设中国特色社会主义,必须自觉坚持用
科学发展观统领经济社会发展的全局,推进社会主义民主政治、
市场经济、先进文化、和谐社会和生态文明建设的全面协调发展,
"尊重和保障人权,依法保证全体社会成员平等参与、平等发展的
权利"③。

（四）在人权的保障上,坚持宪法原则

2004 年,"国家尊重和保障人权"写入了《中华人民共和国宪

---

① 《中国共产党第十七次全国代表大会文件汇编》,人民出版社 2007 年版,第 16 页。
② 鲜开林:"科学发展观与人权事业的全面发展",载《南京政治学院学报》 2009 年第 4 期。
③ 《中国共产党第十七次全国代表大会文件汇编》,人民出版社 2007 年版,第 30 页。

法修正案》,这表明尊重和保障人权,成为国家的一项重要宪法原则,成为执政党治国理政的一项基本原则。人权入宪是在宪法上对新中国成立以来,特别是改革开放以来,人权建设伟大成就的总结和肯定,进一步确立了保障人权在中国法律体系和国家发展战略中的突出地位,为中国人权事业的发展开辟了广阔的前景。2007 年 3 月,十届全国人大五次会议上通过了《物权法》,并于2007 年 10 月 1 日起施行。这在中国社会主义法律体系形成过程中,同样是具有里程碑意义的大事。物权是保障人的基本的生存和发展的人权,没有物权就没有人的最基本的体面的生活,就没有人权。《物权法》的颁布实施,对于尊重和保障人权已经产生并将继续产生重大而深远的影响。2009 年 12 月,全国人大常委会通过了《侵权责任法》,这是中国首部专门对侵权做出责任规定的法律,其目的是为了保护被侵权人的权益,使人们在民事权利受到侵害时,能够得到有效的保护、及时的救济和合理的补偿。该法的通过实施,进一步完善了具体人权保障制度。2012 年3 月,全国人大通过了《刑事诉讼法修正案》,该《修正案》将“尊重和保障人权”写入“总则”第 2 条,这是对宪法尊重和保障人权原则的彰显,也是对刑诉法修改总体思路的科学框定,具有极其重要的立法意义。

　　中国特色社会主义人权思想深深扎根于中国人民的伟大实践,全面反映了中国人民对人权的认识和理解,涉及内政、外交、安全、政治、经济、文化等方方面面,是中国特色社会主义理论体系的重要组成部分。

第二节　中国特色社会主义人权思想的主要内容

改革开放以来,特别是进入 21 世纪以来,中国将人权事业的发展与经济建设、政治建设、文化建设、社会建设和生态文明建设相结合,把保障人民的生存权、发展权放在首位,努力促进经济、社会和文化权利与公民、政治权利的全面、协调发展,走出了一条适合本国国情的人权发展之路,逐步形成了中国特色社会主义人权思想。这一思想在人权的主体、人权的内容、人权的实现、人权的制度等方面具有鲜明的特色,其主要内容包括以下七个方面。

一、个人人权与集体人权的结合

从人权的发展史来看,个人人权和集体人权都是人类社会历史发展的产物,都有先进性的一面:个人人权强调个性解放,对于把人从欧洲中世纪那种人身依附关系中解放出来,承认个人追求利益的权利,发挥个人的创造性,推动社会进步具有积极意义;而集体人权在民族、国家、社会利益客观而多元的历史条件下极为重要,没有它,社会就没有凝聚力,尤其是对于广大发展中国家来说,政治上、思想上、意识形态上形成统一,对于民族国家的发展起着至关重要的作用。但是,个人人权或集体人权的极端化,都会造成不良的后果。如果片面强调个人人权,容易造成自由放任主义,反对国家和社会有效行使必要的职责,使个人缺乏社会责任感和社会公平感,造成社会的分化和人与人之间的不信任;如果片面强调集体人权,容易造成社会功利主义,为了大多数人的人权牺牲少数人的人权,看不到人的差异性和独特性,侵犯少数人的权利和利益,使个人人权淹没在集体人权之中,容易造成个人与集体的对立,引发社会不稳定因素。与西方那种仅仅强调个人权利的人权观不同,中国的人权观既强调个人权利,也强调集体权利,努力在两者之间寻求平衡。

个人人权和集体人权并不是绝对对立的,而是辩证的统一,只有协调地发展个人人权和集体人权,才能最有效地促进人权的发展。"既要努力维护和保障集体权利,又要充分尊重和保障个人权利。从个人来说,首先必须维护国家和人民的权利;对社会来说,则发展国家和人民的权利,归根到底,要落实到每个人身上,即尊重、保障和提高个人权利的质量。"[1]集体人权是个人人权得以充分实现的先决条件和必要保障。真正的自由、平等和人权是建立在共同富裕的基础之上的,而不仅仅是个人的成功和私利。中国社会已进入利益多元的时代,不同的利益都要同等尊重,个体与整体必须有机统一。将国家、社会的整体利益与个人利益有效地整合起来,既能充分调动个人能动性、维护个人利益,又能充分发挥国家集体整合资源维护公共利益的功能,在增进集体人权的同时大力发展个人人权。近些年来,中国将促进人权发展贯穿于构建和谐社会的全过程,始终解决好人民最关心、最直接、最现实的权利和利益问题;坚持发展生产力和共同富裕的原则,立足于改善全国

---

① 陈志尚主编:《人学原理》,北京出版社 2005 年版,第 451 页。

人民的生活,促进集体人权与个人人权的共同发展。中共十八大提出到 2020 年实现国内生产总值和城乡居民人均收入比 2010 年翻一番的目标。这两个"翻一番",体现了中国的发展不仅仅是作为整体的国家的发展,而且是作为个体的每一个人的发展。可见,享受人权的主体不是少数人,也不是某些阶级和阶层的一部分人,而是全体中国人民,是每一位社会成员,即"依法保障全体社会成员平等参与、平等发展的权利",这充分体现了中国人权保障广泛性的特点。

习近平把"中国梦"概括为国家富强、民族振兴、人民幸福,他说:"中国梦是民族的梦,也是每个中国人的梦。只要我们紧密团结,万众一心,为实现共同梦想而奋斗,实现梦想的力量就无比强大,我们每个人为实现自己梦想的努力就拥有广阔的空间。生活在我们伟大祖国和伟大时代的中国人民,共同享有人生出彩的机会,共同享有梦想成真的机会,共同享有同祖国和时代一起成长与进步的机会。"①可见,民族梦想必须体现在个人梦想上,国家富强必须反馈到个人幸福上,集体人权必须落实到个人人权上。归根到底,中国梦就是人民的梦,就是每一个人的幸福与尊严,就是每一个人的发展与进步,就是每一个人人权的享有与实现。所以,没有个人人权的保障,没有作为个体集合的所有中国人的人权保障,改革就不算深入,发展就不算成功,复兴就不算完成。可见,实现"中国梦",体现了公共利益与个人利益、集体人权与个人人权的有

---

① 习近平:"在第十二届全国人民代表大会第一次会议上的讲话",载《人民日报》2013 年 3 月 18 日。

机统一。

在当代中国，人权的主体是非常广泛的，正如中共十八大报告提出："最广泛地动员和组织人民依法管理国家事务和社会事务、管理经济和文化事业、积极投身社会主义现代化建设，更好保障人民权益，更好保证人民当家作主。"①这里，人权的主体涵盖了工人、农民、知识分子、妇女儿童、党员、群众、少数民族、残疾人和老年人等各个层面。比如，关于工人权利，报告指出："全心全意依靠工人阶级，健全以职工代表大会为基本形式的企事业单位民主管理制度，保障职工参与管理和监督的民主权利。"②关于农民权利，报告指出："加大强农惠农富农政策力度，让广大农民平等参与现代化进程、共同分享现代化成果。""坚持和完善农村基本经营制度，依法维护农民土地承包经营权、宅基地使用权、集体收益分配权。"③关于党员权利，报告指出："保障党员主体地位，健全党员民主权利保障制度，开展批评与自我批评，营造党内民主平等的同志关系、民主讨论的政治氛围、民主监督的制度环境，落实党员知情权、参与权、选举权、监督权。"④

二、基本人权与首要人权的统筹

在人类历史上，公民、政治权利是近代资产阶级第一次提出的

① 《十八大报告辅导读本》，人民出版社 2012 年版，第 14 页。
② 同上书，第 27 页。
③ 同上书，第 23、24 页。
④ 同上书，第 52 页。

人权概念。当时资产阶级提出人权口号的主要目的是反对封建等级制度和专制制度,所以,以要求人身自由和政治自由为特征的公民、政治权利就成为人权的核心。随着社会的发展,人权的内容发生了很大变化,它已经成为涵盖社会生活各个方面的概念。人权是全面的和相互联系的,经济、社会、文化权利同公民、政治权利都是人权不可分割的组成部分,都属于基本人权,都是同等重要的。公民、政治权利是实现充分人权的基本政治保证,经济、社会、文化权利是实现其他人权的基础条件。其中,经济、社会和文化权利包括工作权利、基本生活水准权利、社会保障权利、健康权利、受教育权利、文化权利、环境权利、农民权益等,公民权利与政治权利包括人身权利、被羁押者的权利、获得公正审判的权利、宗教信仰自由、知情权、参与权、表达权、监督权等,此外还有少数民族、妇女、儿童、老年人和残疾人的权利,等等。① 这些人权,在中国都得到了同等重视。

保障绝大多数人的根本利益,是中国在人权问题上的出发点。确保人民的生存权和发展权,是首要的也是最大的人权保障。这里所说的首要人权是指国家在一定时期重点建设和优先发展的人权。中国是一个发展中国家,人口多,人均资源少,经济社会发展水平不高,发展不够平衡、不够协调,是中国解决一切问题必须面对的基本国情。促进中国人权必须立足国情,实事求是,将人权的普遍性原则与中国的具体国情相结合,将保障人民的生存权、发展权放在人权发展的首位;坚持发展为了人民,发展依靠人民,发展

---

① 参见国务院新闻办公室:《国家人权行动计划(2009—2010年)》。

成果由人民共享,努力使全体人民学有所教、劳有所得、病有所医、老有所养、住有所居,保障人民的就业权、教育权、社会保障权和健康权,不断提高人民的生活水平和幸福水平;在推动经济社会又好又快发展的基础上,依法保证全体社会成员平等参与、平等发展的权利,实现经济、社会、文化权利保障与公民权利、政治权利保障的均衡、协调发展。

注重保障和改善民生,是中国在人权问题上的落脚点。民生的概念在中国传统文化中早有阐述:"民生在勤,勤则不匮。"(《左传·宣公十二年》)民生简而言之就是指人民的生计,在现阶段就是人的全面发展,包括保护人的各种正当合法权益,尊重人的生命价值、健康价值、人格尊严等。总之,就是尊重和保障人权。在不同的经济发展阶段,民生问题有不同的表现形式。在温饱阶段,民生主要是生存问题,比如建立最低生活保障制度,确保人民基本生存和基本尊严;在全面建设小康社会阶段,民生主要是提高生活质量和幸福指数问题。当前,中国社会由生存型向发展型转变,中共十八大提出了全面建成小康社会的奋斗目标。民生工作既要着眼于保障人民群众共享改革发展成果,确保每位社会成员的基本生活和公平发展机会,提高生活质量;又要着眼于满足人民群众不断增长的精神文化需求和政治参与诉求,保障人民各项民主权利,增强社会活力。其关键就是要处理好最广大人民群众的根本利益与不同群体的特殊利益、现阶段的现实利益与预期利益之间的关系,坚持以人为本、充满人文关怀、彰显公平正义、体现和谐精神。

享受广泛而真实的人权,是中国在人权问题上的着眼点。中共十八大报告提出了中国现代化建设"经济建设、政治建设、文化建设、社会建设、生态文明建设五位一体总格局"①,这五项建设对应着全国人民经济权利、政治权利、文化权利、社会权利和生态权利,使人权的内容得到了进一步丰富。比如,在政治权利方面,报告强调"保障人民知情权、参与权、表达权、监督权,是权力正确运行的重要保证"。并提出,要"以扩大有序参与、推进信息公开、加强议事协商、强化权力监督为重点,拓宽范围和途径,丰富内容和形式,保障人民享有更多更切实的民主权利";要"加强党内监督、民主监督、法律监督、舆论监督,让人民监督权力,让权力在阳光下运行"。② 在社会权利方面,报告指出:"逐步建立以权力公平、机会公平、规则公平为主要内容的社会公平保障体系,努力营造公平的社会环境,保证人民平等参与、平等发展权利。"③在生态权利方面,报告指出,"给自然留下更多修复空间,给农业留下更多良田,给子孙后代留下天蓝、地绿、水净的美好家园",④为人民创造良好生产生活环境,为全球生态安全做出贡献。特别是生态权和环境权的提出,进一步充实和完善了人权的内容。

三、权利与义务的对等

人权具有权利与义务的统一性与不可分割性。人权的这种特征是由人权的社会属性决定的。人生活在各种社会关系中,脱离

---

① 《十八大报告辅导读本》,人民出版社 2012 年版,第 9 页。
② 同上书,第 27、29 页。
③ 同上书,第 15 页。
④ 同上书,第 40 页。

社会的个人无法生存,人的真正本质在于其社会性,其价值追求不仅是其自然性的反映,而且是其社会性的表现。人权只有在一定的社会关系中才能存在,各种人权思想和观念都受到一定历史时期社会经济、政治、文化条件的制约。强调权利和义务的统一,其意义不仅在于限制个人权利的无限扩张,而且在于只有通过相互承担义务的社会共同体,才能真正实现个人权利和自由。

人们并不仅仅为了生活、生存而需要人权,而是为了更加幸福、更有尊严而需要人权。幸福是人的心理欲望得到满足时的状态,既是人内心的体验,也是外在的感受。幸福的一个重要条件是个人的权利与义务、自由与责任之间要实现动态平衡。在大多数情况下,个人的权利和自由并不能直接带来幸福。一个人只有权利和自由而没有义务和责任,他会缺乏自我实现、自我升华的动力,没有意义的生活并不能给他带来真正的幸福;而如果一个人只有义务和责任而没有权利和自由,他会缺乏享受生活的机会,这种没有享受的生活也不能给他带来真正幸福。[1] 可见,要实现幸福与尊严,实现人生更大成就,必须坚持自由与责任的平衡、权利与义务的对等。正如梁漱溟所说:"饮食男女,名位权利,固为人所贪求;然而太浅近了。事事为自己打算,固亦人之恒情;然而太狭小了。在浅近狭小中混来混去,有时要感到乏味的。……权利欲所以不如义务感之意味深厚,可能引发更强生命力出来,表现更大成

---

[1] 参见冯务中:"提升国民幸福是社会发展的根本目标",载《中国特色社会主义研究》2012 年第 5 期。

就者,亦正如此。"①事实上,一个伦理社会不仅要靠情谊关系来维系,而且要靠相互间的责任和义务来支撑。

社会主义社会是权利与义务实现高度统一的社会。在这里,任何人在法律上既是权利的主体,又是义务的主体;任何人在法律面前,既享有平等的权利,又承担平等的义务。中国《宪法》规定,任何公民享有宪法和法律规定的权利,同时必须履行宪法和法律规定的义务。中国政府在 1991 年发表的《中国的人权状况》白皮书指出,强调权利与义务的统一,是中国法制的一项基本原则。公民在行使自由和权利时,不得损害国家的、社会的、集体的利益和其他公民的合法的自由和权利。公民在法律上既是权利的主体,也是义务的主体。人人在宪法和法律规定的权利和义务面前一律平等。任何组织和个人都不得有超越宪法和法律的特权。② 任何个人权利的行使,都必须在法治的轨道上,不得侵犯他人的合法权利,不得损害社会的公共利益。唯其如此,自己的权利才能得到保障,他人的权利才能得到维护,公共利益才会趋于最大化。一个人只有自觉履行法定义务、社会责任、家庭责任,才能赢得社会的尊重,才能享有充分的人权。可以说,强调权利与义务的统一,是中国法治的一项基本原则,也是中国人权保障的一个显著特点。

四、公权与私权的平衡

公权是国家所拥有,为维护和增进公益而设的权力,强调国家

---

① 梁漱溟:《中国文化要义》,上海人民出版社 2011 年版,第 85 页。
② 董云虎:《人权大宪章》,中共中央党校出版社 2010 年版,第 25 页。

意志;私权是以满足个人需要为目的的个人权利,强调个人意志。一个法治国家,公权与私权必须处于平衡状态,这也是现代法治精神的核心内容。从传统上来看,关于公权与私权之间的关系有"管理论"和"控权论"两种模式。罗豪才在这两种模式的基础上提出了"平衡论"。"管理论"是指公权与私权之间是一种"支配与服从"的关系,公权优先于私权,个人处于被管理、被支配的地位,两者的法律地位不平等,强调通过维护公权来保障秩序和效率。而"控权论"是指公权和私权处于对立的位置,公权是必要的"恶",要通过立法、司法、程序等手段严格控制公权,保障个人的权利和自由。① 罗豪才认为,这两种理论模式都具有积极因素,但也存在重大缺陷。它们都以公权为核心,或者强调对公权进行维护和保障,或者强调对公权进行监督和控制,都没有重视个人在法律关系中的作用。"平衡论的基本主张是应当从关系的角度研究行政法,行政法上行政权力与公民权的配置应当是平衡的,运用制约、激励与协调机制充分发挥行政主体与相对方的能动性,维护法律制度、社会价值的结构均衡,促进社会整体利益最大化。"②

公权和私权都由法律来保障,不得把公权的行使凌驾于法律之上;公权是有边界的,不得运用公权随意干预公民、法人合法私权的行使。社会主义制度既能有效发挥公权力集中调配资源的能

---

① 比如,英国行政法学家威廉·韦德认为,行政法定义的第一个含义就是它是关于控制政府权力的法。行政法的最初目的就是要保证政府权力在法律的范围内行使,防止政府滥用权力,以保护公民。参见〔英〕威廉·韦德:《行政法》,徐炳等译,中国大百科全书出版社1997年版,第5页。

② 罗豪才:《行政法平衡理论讲演录》,北京大学出版社2011年版,第6页。

力和集中力量办大事的优势,也强调个人的创造性,充分保障个人权利得以实现。保障私权并不一定要通过制约公权来获得,制约公权并非就能使私权得到保障。从个人权利的主体来看,分为一般权利主体和特殊(弱势)主体;从权利的内容来看,分为积极权利和消极权利;从权利实现的方式来看,主要通过设定制度、实现义务、制约权力、协调权利来实现;从政府产生的目的来看,初衷就是保护个人权利,当权利受到外部侵害时保护人权,当权利需要国家帮助时实现人权。因此,要提倡公民有序的政治参与,只有公共权力机关与公民理性沟通、平和对话,才能兼顾自由与秩序、公平与效率。

近些年来,中国一方面加强对公权力的监督和制约。一系列法律法规和规章制度的出台,从实体和程序两个方面,为公权力的运行提供制度框架、划定运行轨道,实现行政权力规范公开运行,自觉接受人民群众的监督。同时,依法治国、依法行政理念的不断深入人心、不断贯彻实施,也使规范和制约公权力成为政治体制改革的目标和出发点。另一方面,加强对人权的尊重和保障。随着经济社会的发展,不仅公民自身的财产安全和人身权利得到了更加完善的保护,而且人民的知情权、参与权、表达权、监督权也得到了提升和保障,并以此为推动力,促进了立法、决策的科学化、民主化,成为广大人民依法行使参与管理国家、社会事务权利的重要抓手。

五、法律与道德的兼顾

人权既是一个法律概念,也是一个道德概念。在人权坚硬的法律外壳里面,蕴含着深厚的伦理内核。人权原则不仅是人类用以塑造国际社会的法律轴心,而且也是人类全部道德论的价值基点。① 如果看不到人权的法律属性,人权便会缺少制度的保障,其实践理性可能会成为空中楼阁;如果看不到人权的道德属性,人权便会沦为一般权利,其价值理性可能会丧失殆尽。

　　中国在建设社会主义法治国家、弘扬社会主义核心价值体系的过程中,把尊重和保障人权放在突出的位置。一方面,通过法治来保障人权。中共十八大报告指出:"更加注重发挥法治在国家治理和社会管理中重要作用,维护国家法制统一、尊严、权威,保证人民依法享有广泛权利和自由。"法治建设对人权保障有直接的促进作用,中国法治建设的发展是中国人权保障水平不断提高的一个重要原因。建设法治中国,就是要坚持党的领导、人民当家作主、依法治国的有机统一,让全体公民在政治、经济、文化、社会、生态等各个领域依法享有广泛的权利,让权利公平、机会公平、规则公平成为全社会奉行的基本准则,让公民在法律面前一律平等得到严格落实,让人权得到切实尊重和保障,让每一个人活得更加幸福更有尊严。② 当前,中国特色社会主义法律体系基本形成,社会主义法治国家建设取得重要进展,从实体上和程序上为切实保证公民享有广泛的、充分的、真实的自由和权利创造了良好的制度条件。在立法环节,把人权保障的精神贯穿到包括宪法在内的各项法律之中,在每一项法律中都体现出保护人权的要求;在执法环

---

① 参见甘绍平:《人权伦理学》,中国发展出版社 2009 年版,序言,第 1—2 页。
② 参见袁曙宏:"奋力建设法治中国",载《求是》2013 年第 6 期。

节,强调严格按照法定权限和程序行使职权,注意保障当事人的权益,坚决纠正行政执法中损害群众利益和以权谋私等各种违法行为;在司法环节,加强对诉讼活动的法律监督,保障司法公正,贯彻法院独立审判的原则,实现公开审判、公平审判;在行政环节,严格规范公权力的运行,建立和完善行政复议、行政诉讼等人权救济制度,确保权力在阳光下运行,这是对人权的最好保障。

另一方面,中国十分注重加强社会主义核心价值体系建设,大力弘扬民族精神和时代精神,倡导富强、民主、文明、和谐,倡导自由、平等、公正、法治,倡导爱国、敬业、诚信、友善,积极培育和践行社会主义核心价值观,构建传承中华传统美德、符合社会主义精神文明要求、适应社会主义市场经济的道德和行为规范。注重提高公民道德素质,加强社会公德、职业道德、家庭美德、个人品德教育,引导人民增强道德判断力和道德荣誉感。注重人文关怀和心理疏导,培育奋发进取、理性平和、开放包容、积极向上的社会心态,营造一种"我为人人,人人为我"的良好氛围,使尊重人权的道德要求落到实处,使保障人权的思想观念深入人心。

六、人权与主权的协调

《联合国宪章》在序言中开宗明义地申明,"欲免后世再遭今代人类两度身历惨不堪言之战祸,重申基本人权,人格尊严与价值,以及男女与大小各国平等权利之信念",从而确立了尊重人权与主权平等两项基本原则。真正的国际人权合作是以国家主权原则为基础,以主权国家相互承担国际义务的形式实现的。一些认为"人权高于主权"、"人权无国界"的西方国家,对于积极进行国际合作、切实促进各国人权并没有多大兴趣,而只是要利用人权问题来推行所谓"人权外交",迫使这些国家接受西方的政治制度和价值观念。

人权具有国际保护的一面。人权的国际保护有两层含义。一是指主权国家依照国际法,通过缔结国际条约,承允对实现人权和基本自由的某些方面进行合作和保证,并对侵犯人权的行为加以防止和惩治。① 二是指国际社会根据国际人权条约,对实现基本人权的某些方面承担特定的或普遍的国际合作义务,并对违反国际人权条约义务、侵犯人权的行为加以防止和惩治的活动。人权的国际保护主要是针对大规模侵犯人权的行为。例如,殖民主义、种族主义、外国侵略与占领、种族隔离、种族灭绝、贩卖奴隶、国际恐怖活动等。这些行为不仅严重侵犯人权,而且危害世界和平与安全。但是,人权的国际保护不但不排斥和否定国家主权,而且是以主权国家的相互合作和承担国际义务为基础和原则的。②

一般而言,人权与主权是一致的。人权是主权的目的,主权是人权的保障。主权原则和不干涉内政原则是保证公正世界秩序的必不可少的前提,也是现代国际法的基本原则。正如《中国的人权状况》白皮书指出的:"人权问题本质上是属于一国内部管辖的问题,尊重国家主权和不干涉内政是公认的国际法准则,适用于国际

---

① 参见邵津主编:《国际法》,北京大学出版社2000版,第346页。
② 参见李君如主编:《中国人权事业发展报告(2011)》,社会科学文献出版社2011年版,第30页。

关系的一切领域,自然也适用于人权问题。""那种认为不干涉内政
原则不适用于人权问题的主张,实际上是要求主权国家在人权问
题上放弃国家主权,这是违反国际法的。"①因此,不能把人权和主
权割裂开来、对立起来。没有国家主权,一国人民的人权就得不到
保障。对于广大发展中国家来说,维护国家主权和独立始终是一
个紧迫、严峻的现实问题,是进一步享有其他人权的前提条件。中
国反对任何国家利用人权问题干涉别国内政,认为通过国际合作
促进和保护人权,必须遵循主权平等和不干涉内政的原则。

七、国内保护与国际合作的并行

受不同文明背景的影响,会产生人权观念的差异和实现人权
手段的不同,这是一个客观事实。如果用建设和谐世界的理念来
看待对人权问题的不同理解,则这种不同观点完全可以成为人权
发展的动力。因为具有不同文明背景的国家虽然对人权有不同的
理解和不同的实现方式,但他们的观念和实践各有所长,都是在各
自文化背景下人类智慧的结晶。如果能够彼此尊重和交流,就必
然会增进相互理解,减少在人权问题上的矛盾和冲突;如果能够相
互学习、相互借鉴,取长补短,就必然会改善和提高各自的人权水
平,进而促进国际人权的全面发展。

胡锦涛在致中国人权研究会的信中指出:"中国人民将一如既
往地加强国际人权合作,同世界各国人民一道,共同为推动世界人

---

① 董云虎:《人权大宪章》,中共中央党校出版社 2010 年版,第 54、55 页。

权事业的健康发展,为建设持久和平、共同繁荣的和谐世界做出应有的贡献。"①这表明,中国政府将加强国际人权合作放到了建设和谐世界的高度。近些年来,中国在尊重和保障本国人权的同时,在国际关系中弘扬平等互信、包容互鉴、合作共赢的精神,不断推动世界人权事业的发展和国际人权合作。平等互信,就是遵循联合国宪章的宗旨和原则,坚持国家不分大小、强弱、贫富一律平等,尊重主权,关注人权,共享安全,积极参加联合国人权领域的活动,共同维护国际公平与正义。包容共鉴,就是尊重世界文明多样性、发展道路多样化,尊重和维护各国人民自主选择社会制度、发展道路、人权模式的权利,相互借鉴,取长补短,推动人类文明进步。合作共赢,就是倡导人类命运共同体意识,在追求本国利益时兼顾他国合理关切,在谋求本国发展中促进各国共同发展,增进人类共同利益。

改革开放以来特别是近些年来,中国以更加积极的姿态参与联合国人权领域的活动,充分利用国际舞台展示中国尊重和保障人权的现实,成为国际人权合作的重要成员。中国支持《联合国宪章》关于促进和保护人权的宗旨和原则,积极参与促成建立联合国人权理事会,高度重视与联合国人权事务高级专员办公室(OHCHR)开展人权技术合作,为完善国际人权保护机制做出了重要贡献;积极履行国际人权义务,重视国际人权文书对促进和保护人权的重要作用,积极参与国际人权文书及有关规则的制定工作,已经加入包括《经济、社会及文化权利国际公约》在内的 27 项国际

---

① "胡锦涛致信中国人权研究会",载《人权》2009 年第 1 期。

人权公约,并积极为批准《公民权利和政治权利国际公约》创造条件;①积极开展双边和多边人权对话,倡导开展平等的国际人权合作,与近二十个国家在平等和相互尊重的基础上开展了人权对话与交流。②通过加强国际人权交流与合作,中国与国际社会增强了相互了解和信任,促进了世界人权事业的健康发展。

第三节　中国特色社会主义人权思想的基本特征

中国特色社会主义人权思想既坚持以中国特色社会主义理论体系为指导,又坚持人权的普遍性原则。两者的有机结合,使得人权的内涵更加丰富,外延得到拓展。尤其是在人权的价值、人权的制度和人权的机制等方面既具有鲜明的中国特色,又具有某种普遍意义。

一、人权价值的多样性

作为一个哲学概念,价值主要是表达人类生活中一种普遍的关系,就是客体的存在、属性和变化对于主体人的意义。③价值同

① 国务院新闻办公室:《2012年中国人权事业的进展》白皮书,载《人民日报》2013年5月15日。
② 参见常健:"中国在国际人权领域的学习、交流与合作",载《人权》2013年第1期。
③ 参见李德顺:《价值论》,中国人民大学出版社2007年版,第8页。

人的需要有关,能满足人们的某种需要,成为人们的兴趣、目的追求的对象,所以价值这一概念在于揭示某种东西对于人的有用性。从这一意义上讲,人权能保障人的人格与尊严,能满足人们对于自由、安全与发展的需求,因此,人权是一种重要价值。实现广泛而充分的人权,是人类长期追求的美好愿望,也是中国人民共同的价值取向。新中国成立以来,特别是改革开放以来,中国发扬社会主义民主,完善社会主义法治,维护社会公平与正义,尊重和保障人权,在法律上确认、在政策上体现、在实践中遵循了这些价值。在当代中国,人们对人权价值的认识不断深化,呈现多样性的特征。

（一）人权与法治

人权和法治是相互依存、相辅相成的,法治发展的水平同权利保障和人权建设的水平是密切相关的。在当今世界,实现民主与法治乃是全球的主流趋势,而民主与法治归根结底便在于为实现人权提供一种政治制度上的保障。因此,在这个角度上,人权是国家权力的源泉,人权为具体的国家制度创新奠定了价值基础并指出了方向;法治与民主则为具体国家制度的创新提供了形式保障。改革开放以来,中国不断推进人权法治建设,取得了重大成果。中国已经形成了以宪法为核心,以基本法律为主体,以行政法规、地方性法规以及民族自治条例和单行条例为补充的一整套比较完备的保障人权的法律体系。

习近平指出:"公民的基本权利和义务是宪法的核心内容,宪法是每个公民享有权利、履行义务的根本保证。宪法的根基在于人民发自内心的拥护,宪法的威力在于人民出自真诚的信仰。只有保证公民在法律面前一律平等,尊重和保障人权,保证人民依法享有广泛的权利和自由,宪法才能深入人心,走入人民群众,宪法实施才能真正成为全体人民的自觉行动。我们要依法保障全体公民享有广泛的权利,保障公民的人身权、财产权、基本政治权利等各项权利不受侵犯,保证公民的经济、文化、社会等各方面权利得到落实,努力维护最广大人民根本利益,保障人民群众对美好生活的向往和追求。我们要依法公正对待人民群众的诉求,努力让人民群众在每一个司法案件中都能感受到公平正义,决不能让不公正的审判伤害人民群众感情、损害人民群众权益。"①他还强调,要"全面推进科学立法、严格执法、公正司法、全民守法,坚持依法治国、依法执政、依法行政共同推进,坚持法治国家、法治政府、法治社会一体建设,不断开创依法治国新局面"②。可以预见,只要认真贯彻宪法法律,坚持依法治国,中国人权将得到更好的保障。

(二) 人权与善治

在公共管理向公共治理转型的过程中,善治作为一种重要理念日渐凸显出来。善治通过构建和运用适当的法律和措施来有效地应对社会中出现的挑战,它以社会群体和个人为本,并建立在相辅相成的权利和义务基础之上。人权和善治具有内在的关联性。联合国人权事务高级专员办公室认为:"治理是一个过程,公共机构以此主持公共事务、管理公共资源以及确保人权实现。对善治的真正检验是在实现公民的文化、经济、政治和社会权利方面,为

---

① 习近平:"在首都各界纪念现行宪法公布实施 30 周年大会上的讲话",载《人民日报》2012 年 12 月 5 日。

② "依法治国依法执政依法行政共同推进,法治国家法治政府法治社会一体建设",载《人民日报》2013 年 2 月 25 日。

实现人权目标所做的努力程度如何。"①一方面,善治通过提高政府
能力增强政府保障人权的能力和水平。人是社会发展过程中的积
极参与者和受益者,保障人权是政府在治理过程中必须重点关注
的问题。政府的职责正是保证每个人都能获得并享有权利,尽可
能确保人们能够在物质和经济上满足其基本需求,努力实现基本
公共服务均等化。从主要市场经济国家的公共服务职能分担模式
来看,政府主要承担的是基本的、基础性的、广大民众最关心最迫
切需要的公共服务,是建立社会安全网、保障全体社会成员基本生
存权和发展权必须提供的公共服务。推进基本公共服务均等化,
就是全体社会成员不论其民族、性别、收入及社会地位差异如何,
都能公平地获得与经济社会发展水平相适应、结果大致均等的基
本公共服务。均等化的核心,是保障民众的平等权,体现机会均等
和效果均等。另一方面,善治还能推进公民对公共管理的参与,提
升人权的实现水平。它强调人与人之间相互尊重,提倡为所有人
提供均等的机会与选择,使每个人都能发挥自己独有的潜力,为社
会发展作贡献。

　　李克强在担任国务院总理后的首次记者会上,就加强政府建
设提出了三项任务:"一是建设创新政府,依靠改革开放使经济社
会充满活力;二是建设廉洁政府,增强政府的公信力、执行力和效
率;三是建设法治政府,这尤为根本,要把法律放在神圣的位置,任
何人、办任何事,都不能超越法律的权限,我们要用法治精神来建

①　参见国际行动援助中国办公室:《善治:以民众为中心的治理》,知识产权出
版社 2007 年版,第 10—12 页。

设现代经济、现代社会、现代政府。""我们将忠诚于宪法、忠实于人民、以民之所望为施政所向,把努力实现人民对未来生活的期盼作为神圣使命,以对法律的敬畏、对人民的敬重、敢于担当、勇于作为的政府,去造福全体人民,建设强盛国家。"①这些承诺是对善治精神的生动诠释。

(三) 人权与市场经济

明确的权利主体和利益边界,是市场经济和法治社会的内在要求。中国人权保障与社会主义市场经济发展相适应,增强人们的独立自主意识、竞争意识、效率意识、民主法制意识,推动经济发展。在当代中国,市场经济发展带来的自由平等意识、网络媒体勃兴提供的多元表达平台、民主政治进步造就的个体意识启蒙,这些都带动了中国社会权利关系和权利意识的全面发展,个人也就成为基本的权利主体。每个人也都存在着如何维护自己的权利、实现自己的权利的问题。市场经济是以等价交换原则建立起来的,只有平等的市场主体才能进行等价交换,市场经济要求各个市场主体之间在基本权利方面有一定程度的平等和自由。在市场经济的条件下,各个市场主体可以自由地进行竞争,获取最大利润。这些自由和平等的权利,正是在市场经济推动下发展起来的一些重要人权。② 另一方面也要看到,市场经济并不是社会生活的全部。市场经济免不了竞争,但竞争总要分出优劣,而且还会优胜劣汰。

---

① "李克强总理等会见采访两会的中外记者并回答提问",载《人民日报》2013年3月18日。
② 参见李云龙:"中国人权模式的价值选择",载《人权》2011年第2期。

从人权保障来看,不论优者劣者,都是人权的主体,都应同等对待;优者的发展权与劣者的生存权都是基本人权,都应予以切实保障。为此,应设立各种社会保障制度,克服市场经济带来的弊端。也就是说,一方面要追求市场经济的效率,充分发挥市场在资源配置中的基础性作用,保障市场主体的自由竞争权;另一方面要坚持社会主义的公平,建立统筹城乡的社会保障体系,保障弱势群体的基本生存权,实现社会公平与正义。

（四）人权与人类和谐

创造和谐,是人权的内在要求。和谐社会状态以安全和平为显著标志,人权的政治表现为民主、法律表现为法治。坚持民主法治,能够促进安全和平;和谐社会的首要条件是平等待人,通过平等原则来消除制度上和观念上对人的歧视和差别;和谐社会的另一重要条件是对个性的充分尊重,对自由的崇尚和鼓励,当每个人的自由成为其他人自由的充分条件的时候,社会就能达到高度和谐。"和谐社会"命题的提出,不仅包含了人类社会所追求的美好理想以及与社会主义本质的承继关系,体现了一种涵盖了自然、社会和人自身心理发展中趋于"一体化"的价值标准,它所强调的以人为本、社会公正、权利平等、科学发展、共同富裕等基本内容,正是社会主义人权保障体系建设的最终目的。徐显明认为,"和谐权"也是基本人权:"和谐权意欲将人类带入这样一个境界——在其中,人人沐浴在自由的甘露之中,凭其天性与自由意志充分展示自我,参与人类文明乐章的鸣奏,并能尽享这一和谐乐章的韵律之美。自由与平等、悲悯与宽容、博爱与人道共同构筑着和谐的基础。而公权充分且完美地善待私权是和谐权之政治真谛。""和谐权不独是达成一国内人与社会、人与自然和谐的基础,而且也是达成国际间文化与文化、宗教与宗教、民族与民族、国家与国家相互和谐的纽带。和谐权是 21 世纪人类消弭文化冲突,在'不同'中求'和',又能在'和'中存其'不同'的依靠与凭借。"①

(五)人权与风险社会

现代社会是风险社会。德国社会学家乌尔里希·贝克认为,"在风险社会中,不明的和无法预料的后果成为历史和社会的主宰力量。"②哈贝马斯也认为,生态失衡,福利和经济力量的不平等,武器交易特别是原子武器、生物武器和化学武器的扩散,恐怖主义,毒品犯罪,等等,所有这些带来的危害是显而易见的。"这些危险的全球化早就在客观上把整个世界联合成为一个不由自主的风险共同体。"③在风险社会的背景下,人类不仅仅受益于社会发展带来的益处,同时也承担着威胁其生存的由社会带来的风险。面对各种自然灾害、事故灾难、公共卫生事件和社会安全事件,中国充分发挥社会主义集中力量办大事的制度优越性,调动各种资源,行动迅速,妥善处置,切实保障人权。如四川汶川大地震发生后,中国最大程度地抢救了被困民众,最大限度地减轻了灾害损失,凸显了中国对人权的尊重和保障,得到了国际社会的普遍赞誉。可以说,这次抗震救灾进一步展现了中国人权事业发展的重大成就,进一

---

① 徐显明:"和谐权也是基本人权",载《北京日报》2009 年 8 月 3 日。
② 〔德〕乌尔里希·贝克:《风险社会》,何博闻译,译林出版社 2003 年版,第 20 页。
③ 〔德〕哈贝马斯:《包容他者》,曹卫东译,上海人民出版社 2002 年版,第 212—213 页。

步深化了我们对中国特色社会主义人权理论的认识和理解。

二、人权制度的广泛性

制度作为"一个社会的游戏规则,更规范地说,它们是为决定人们的相互关系而人为设定的一些制约。制度构造了人们在政治、社会或经济方面发生交换的激励结构,制度变迁则决定了社会演进的方式"①。制度具有根本性、稳定性、全局性和长期性,人权只有通过一系列规则制度才能得到切实保障。以宪法、法律的形式确认和保障人权,是近代民主、法治的显著特征。罗豪才认为,硬法(hard law)和软法(soft law)是现代法的两种基本表现形式。硬法是指由国家创制的、依靠国家强制力保障实施的法规范体系;软法是指不能运用国家强制力保障实施的法规范体系,包括国家立法中的柔性规则以及政治组织规则、社会组织规则等。② 概而言之,软法就是使法律制度从可诉性向实效性转变、从强制性向非强制性转变、从单一性向多样性转变。就此而言,人权法律制度不仅包括硬法制度,也包括软法制度,具有广泛性的特征。软法概念的提出,使人权理论的许多问题变得豁然开朗,使人权制度的具体内容变得丰富多彩。

---

① 〔美〕道格拉斯·诺斯:《制度、制度变迁与经济绩效》,刘守英译,上海三联书店1994年版,第3页。

② 参见罗豪才:"公共治理的崛起呼唤软法之治",载《法制日报·周末版》2008年12月14日。

（一）国家立法

建立中国特色社会主义法律体系，依法保障人权，是中国人权事业发展的重要基础。经过多年不懈努力，到 2010 年年底，一个立足中国国情和实际、适应改革开放和社会主义现代化建设需要、集中体现中国共产党和中国人民意志，以宪法为统帅，以宪法相关法、民法、商法、行政法、经济法、社会法、刑法、诉讼与非诉讼程序法等多个法律部门的法律为主干，包括行政法规、地方性法规等多个层次的法律法规构成的中国特色社会主义法律体系已经形成。截至 2012 年年底，中国已制定现行宪法和有效法律 243 部、行政法规 721 部、地方性法规 9 200 部，涵盖社会关系各个方面的法律部门已经齐全，各个法律部门中基本的、主要的法律已经制定，相应的行政法规和地方性法规比较完备，法律体系内部总体做到科学和谐统一。① 中国特色社会主义法律体系的形成，是中国人权事业发展的一个重要标志，实现了中国人权保障的法制化。

国家立法对人权的保障，不仅包括那些具有能够运用国家强制力保证实施的硬法；也包括那些旨在描述法律事实或者具有宣示性、号召性、鼓励性、促进性、协商性、指导性的，没有运用国家强制力保证实施的软法。比如，国家立法中有许多保障公民经济、社会、文化权利的法律，其是否具有可诉性一直是理论界和实务界热议的话题。一些西方学者拒绝承认经济、社会、文化权利为人权。如莫里斯·克莱斯顿认为，生命、自由和财产这些公民和政治权利

---

① 参见国务院新闻办公室：《2012 年中国人权事业的进展》白皮书，载《人民日报》2013 年 5 月 15 日。

是"普遍的、最高的和绝对的道德权利"。但是,经济和社会权利既没有普遍性和实践性,也没有最高的重要性,而"属于不同的逻辑范畴"——这就是说,它们不真正是人权。[①] 我们如果用软法的概念来解释经济、社会、文化权利,以这些权利是否在形式上和实质上得到保障为标准,便可以超越是否具有可诉性这一争议,也可促使这些权利在国际范围内的广泛认同。

（二）政治组织和社会组织规则

各类政治组织,比如政党、政协等,创制了大量旨在解决参政、议政问题的自律规范,这些规范也可称之为软法。这些软法之中,也有许多保障人权的条款。比如,中国共产党早在1922年的《党纲》中就已经有了"争取人权"的口号,1944年在延安时期就制定了保证人权和财权的条例,1997年在中共十五大报告中正式提出"尊重和保障人权",并作为治国理政的重要原则。2007年中共十七大首次将"尊重和保障人权"写入党章。2012年中共十八大报告把"人权得到切实尊重和保障"作为全面建成小康社会的奋斗目标之一。中国人民政治协商会议章程中也有很多保障人权的条款。中国也有很多民间团体和社会组织,通过自治、自励等新形式,维护成员利益,表达公众诉求。这些组织创制了大量的自治规范,以实现社会自治的制度化、规范化和程序化。这些规范作为软法中的重要组成部分,对人权保障产生了重大影响。

---

① 参见〔美〕杰克·唐纳利:《普遍人权的理论与实践》,王浦劬等译,中国社会科学出版社2001年版,第31页。

(三）国际组织规则

人权在进入规范与法律的领域之前首先是宣示性的。这一点不仅表现在国内法层面上,在国际法的层面上同样可以得到印证。比如,在全球人权治理领域,在联合国层面最早出现的都是一些促进人权的联合国大会宣言和决议(如《世界人权宣言》)。这种以联合国决议的形式通过的宣言,在理论上对成员并无约束力;但是,由于其宣示的是一些重要的原则,在国际社会中形成了较高的权威和影响力。正是这些宣言促成了规定人权标准和处理程序的国际条约的出台。可见,软法概念的提出,使原先仅限于国家立法人权法律的范围大大拓展了;人权的保障,不仅依赖硬法,还需要软法。

此外,中国特色社会主义制度是当代中国发展进步的根本制度保障,也是中国人权建设的制度归依。中国人权保障制度积极能动地反映人民代表大会制度这一根本政治制度,中国共产党领导的多党合作和政治协商制度、民族区域自治制度以及基层群众自治制度等构成的基本政治制度,公有制为主体、多种所有制经济共同发展的基本经济制度等,并为其巩固发展服务。

三、人权机制的互动性

人权只有通过一定的过程和方式才能得到真正实施,也就是说,只有通过合理的机制,人权才能得到切实保障。在论及人权保障机制时,一般从人权的国内保护机制和国际保护机制两方面进行论证。其中,国内保护机制包括立法、司法、行政等,国际保护机制包括根据《联合国宪章》建立的人权保护机制、根据国际人权公约建立的人权监督机制、区域性的人权保护机制等。坚持和完善这些机制,对于人权保护的具体实施具有重要意义。但这些还远远不够,我们还应当更加深入地从哲学和理论层面探讨人权的机制问题。

我们知道,人权在政治哲学中确立了三个界限,一是人与人之间的界限,二是人与国家之间的界限,三是随着人权国际化趋势的日益推进,人权还确立了一国与他国及国际组织之间的界限。仅就人权与国家之间的关系而言,在西方文化背景下,人的主体性、理性得到高扬,法治的精髓就在于控制公权、保障人权,人权与公权具有对抗性的特征。到了当代,这种理性和对抗性受到广泛的质疑和批评。一些学者认为,这种以"主体"(个体)为中心的理性势必造成世界观、价值观上的分裂与冲突,为社会整合和治理带来严重的负面影响,因此有必要对理性观念进行变革。比如,哈贝马斯认为:"以主体哲学形式而发生破裂的实践理性的内容,既不可能在历史目的论中找到,也不可能在人类构造中找到,也无法从那些成功传统之幸运资源中得到论证。……因此我用交往行动理论另辟途径,用交往理性来代替实践理性。这不仅仅是变换标签而已。"[①]这种理性观从"主体"的层面上升到"主体间"的层面,从"主体中心理性"转变为"交往理性",力图避免主体与客体之间的对抗状态。再如,为了建立和保持社会的统一和稳定,罗尔斯提出了

---

① 〔德〕哈贝马斯:《在事实与规范之间:关于法律和民主法治国的商谈理论》,童世骏译,生活·读书·新知三联书店2003年版,第3—4页。

"重叠共识"的理念,他说:"该理念与政治的正义理念相辅相成,它就是各种合乎理性的完备性学说达成重叠共识的理念。社会的统一建立在对该政治观念的共识基础之上;而只有在达成共识的各种学说得到政治上积极行动的公民的确认,而正义要求与公民的根本利益——他们的社会安排培育并鼓励他们追求这些根本利益——又没有太大冲突的时候,稳定才有可能。"[1]查尔斯·泰勒则提出就人权达成非强制性的共识,即"不同的群体、国家、宗教社群以及文明,尽管在神学、形而上学和人性等问题上持有互不相容的根本性观点,但仍然可以就应当制约人们行为的某些特定的规范形成一致意见。各方将以自己的方式、从自己深层的背景观念出发,提出对这个共识的合理性证明"[2]。

可见,西方学者也深知,坚持对抗性只会造成社会的分裂和治理的失败,不利于人权的真正实现。在中国特色社会主义的制度背景下,国家的公共利益与广大人民群众的根本利益是一致的,因此,中国不是通过对抗而是通过合作来促进和保障人权。发扬协商民主,坚持协商治理,成为中国特色人权实现和保障的重要途径。社会主义协商民主是中国人民民主的重要形式。近年来,中国不断完善协商民主制度和工作机制,推进协商民主广泛、多层次、制度化发展。通过国家政权机关、政协组织、党派团体、社会组织等渠道,就经济社会发展重大问题和涉及群众切身利益的实际

① 〔美〕约翰·罗尔斯:《政治自由主义》,万俊人译,译林出版社2000年版,第141—142页。

② 〔加〕查尔斯·泰勒:"关于人权非强制性共识的条件",刘擎译,载许纪霖主编:《全球正义与文明对话》,江苏人民出版社2004年版,第147页。

问题广泛协商,广纳群言、广集民智,增强共识、增强合力。协商治理是指在国家和社会治理过程中,采用协商和对话方式对于政治组织之间、政府与公民之间、公民与公民之间关系进行调适,形成共识,以实现国家和公共治理利益目标的特定政治机制。近些年来,"中国的协商治理逐步从宏观层面扩展到基层社会,从政治层面逐步发展到社会层面,成为执政党与参政党即各界合作共治、政府与公民协同共治、公民与公民协商共治的政治形式。"①这种基于协商民主与协商治理的协商机制,已成为在中国共产党领导下,扩大公民有序政治参与,实现当家作主的有效途径;也成为尊重和保障人权、维护社会公平与正义的重要形式。这里重点论述三个方面。

（一）加强政府和公民的互动合作

从发展的角度看,公民权利的增长并不意味着公共权力的萎缩,两者并不是互为消长的两个权域。无论是政府还是公民,都具有能动性,两者是相辅相成的。因此,对政府和公民既要加以制约,又要加以激励。"制约机制既制约行政权非理性膨胀、保护相对方合法权益,又制约相对方滥用权利、侵犯公益,以维护行政秩序。激励机制既激励行政主体积极行政、为公众谋求更多的公益,又激励相对方积极实践法定权利、参与行政,以增强私人的利益。"②既有效制约政府的自由裁量权,又鼓励公民有序的政治参

---

①　王浦劬:"中国的协商治理与人权实现",载《北京大学学报》2012 年第 6 期。

②　罗豪才:《行政法平衡理论讲演录》,北京大学出版社 2011 年版,第 8 页。

与;既发扬选举民主,保障人民的各项民主权利,又坚持协商民主,达成最广泛的共识。在涉及公共利益和人民群众的切身利益时,政府应广泛听取人民群众的意见,使公共政策的制定过程成为人民广泛参与的过程,成为协调关系、增进共识、形成合力的过程。这样,人民群众就会理解和支持政府的决策和行为,促进公共利益的最大化。基层民主是发扬民主、保障人权的一种有效形式,它通过以村民自治为核心的农村基层民主、以社区居民自治为核心的城市基层民主和以职工代表大会为核心的企事业单位的基层民主等形式,保障全体公民广泛和直接参与社会生活各项事务。近些年来,一些地区和部门通过采取民主恳谈会、协商会、听证会等各种方式,广泛听取意见,保障人民的知情权、参与权、表达权和监督权。实践证明,只有政府与公民理性沟通、平和对话,才能维护社会秩序,增进公共利益,才能真正实现人权的目标。

(二)促进国家与社会的互动协商

在市场经济和公共治理的环境下,人们从"单位人"变为"社会人",很多以前由政府承担的职能交由社会来治理。社会组织和民间团体不是抵制或对抗政府的异己力量,而是对政府职能的有效补充。人权的保障需要政府与社会各司其职、各尽其能。一方面,充分发挥国家机关的作用,通过立法、行政、司法等各项措施来尊重、保障和实现人权;另一方面,政府要转变职能,将市场能办的放给市场,将社会可以做好的交给社会,积极培育和规范各种民间团体和社会组织。通过这些团体,为成员提供各种服务,协调成员之间的利益关系,培养人们对社会事务的关心,并向社会表达自己的利益诉求。这有利于公众对公共事务的参与,也便于政府了解民情民意,推进决策的科学化、民主化,使其更符合公共利益。此外,政府与社会组织通过协商对话的方式和机制,协调公共权力与公民权利之间的关系,有利于完善公共管理与社会自治,提升国家和社会治理的绩效。近些年来,中国十分注重加强社会管理与创新,建立健全党委领导、政府负责、社会协同、公众参与、法治保障的社会管理格局,充分发挥社会组织在完善市场经济体制、发扬基层民主政治、维护社会和谐稳定中的重要作用。中国各类社会组织健康有序发展,在扶贫救助、捐赠公益、生态保护、赈济救灾、农村发展等方面的作用日益突出,维护和促进人权事业发展的积极作用进一步显现。实践证明,只有政府与社会加强合作,互相支持,才能维护社会公平正义,使人权得到切实尊重和保障。

（三）强调国际人权交流合作

当今世界正处在大变革大调整之中。和平与发展仍然是时代主题。世界多极化不可逆转,经济全球化深入发展,科技革命加速推进,全球和区域合作方兴未艾,国与国相互依存日益紧密,国际社会日益成为一个不可分割的共同体。共同分享发展机遇,共同应对各种挑战,推进人类和平与发展的崇高事业,事关各国人民的根本利益,也是各国人民的共同心愿。因此,中国在遵循主权平等和不干涉内政的原则基础上,坚持"和而不同"、"求同存异",通过国际合作促进和保护人权。中国积极开展国际人权交流与合作,在联合国人权机构中发挥建设性作用,推动各国以公正、客观和非选择性方式处理人权问题,努力推动国际人权事业健康发展。中国认真履行已参加的国际人权条约义务,并向有关机构提交履约报告;高度重视国家主权在人权发展中的地位和作用,坚决反对利用人权问题来干涉别国内政的做法,有效地捍卫了国家主权,从而为人权的全面发展创造了条件;积极参加各种形式的人权对话、磋商或交流活动。实践证明,只有加强国际人权交流与合作,才能在积极发展本国人权事业的同时,推动世界人权事业的健康发展。

结语　人权保障的"中国模式"

　　一百多年来,在中国文化发展的问题上一直存在着"古今中西"之争,也就是说,中国的知识界一直都十分关注中国社会如何走向现代化、中华文化如何重振辉煌、中华民族如何实现复兴。正如冯友兰在阐述"中西之辩"时所指出的,"中西之辩"的实质其实就是"古今之辩"。① 通过分析中国和西方、古代和现代的人权思想,我们可以看到,人权问题在一定程度上是具有普遍性的,这正是中西方进行人权交流对话的基础。但是世界各国历史的独特性、文化的多样性和国情的差异性,决定着人权理论和保障模式的丰富多彩。中国人权保障取得的成就,以及日益丰富的国际人权交流,都要求我们对中国人权保障的模式做出符合实际的理论总结和概括,从更高的层次、更广的范围来回应民众的要求,更好地指导中国人权保障实践。

一、关于"中国模式"

　　近些年来,对"中国模式"的研究,成为国际舆论界和学术界的

---

　　① 参见陈来编:《冯友兰语粹》,华夏出版社1993年版,第105页。

热门话题。一种观点认为,"中国模式"已经形成,"中国模式"的崛起可以说是 21 世纪国际关系上的一件大事情,不仅对中国未来的发展具有意义,对世界的发展尤其是发展中国家的发展也具有参考意义。[①] 另一种观点认为,"中国模式"还没有完全定型,"中国模式"的基本内涵和世界意义尚未清晰地提炼出来,远未达到自觉,从内在的原因来看,我们的理论研究还存在着局限性,有时在强调"中国特色"时忽略了全球视野。还有人否认"中国模式",认为中国的改革和建设还在探索中,我们从来不认为自己的发展是一种模式,也从来不试图输出自己的模式。

究竟是否存在"中国模式"呢?所谓"模式",是指某种事物的标准形式或范式,可供大家来研究和思考,并不表示类概念的意义,并不表示一定要被模仿。所谓"发展模式",是社会资源与价值要素的一种理想化的配置方案,也就是马克斯·韦伯所讲的"理想类型",是指一系列带有明显特征的发展战略、制度和理念。"中国模式",就是中国在全球化背景下实现社会主义现代化的一系列战略选择和治理模式,就是中国在经济社会并不发达的情况下,通过自身的努力取得辉煌业绩的一整套做法和经验。[②] 当今世界已经进入到多元发展模式竞争时代。任何国家,不论主观上是否愿意、是否承认,都无法回避发展模式、发展道路的竞争,都在千方百计地寻找符合自身实际的发展模式。正是根据以上的分析,本书认

---

① 参见郑永年:《中国模式——经验与困局》,浙江人民出版社 2010 年版,前言,第 1—4 页。

② 参见俞可平等主编:《中国模式与"北京共识"——超越"华盛顿共识"》,社会科学文献出版社 2006 年版,第 12 页。

为，随着中国的发展，我们已经初步形成了"中国模式"，当然这个模式还不健全，还需要进一步完善。当前，"中国模式"备受全球关注，主要有以下原因。

（一）中国发展成就让世界瞩目

经过三十多年的高速发展，中国经济总量已经跃居世界第二。中国经济奇迹的出现不是偶然的，不是单纯的经济现象。改革开放最深刻的意义在于对国家发展道路包括经济、政治和社会道路的探索。中国的成功证明了世界上不可能只有一种发展道路、一种模式，每一个国家、每一个民族都应该一方面借鉴世界的文明成果；另一方面脚踏实地地认清自己的国情，然后在国与国之间进行平等的对话，从而推动一种包容性的发展。"中国模式"带来的可能是一种全新的思维、一种深层次的范式变化、一种西方现存理论和话语还无法解释的新认知。曾提出"历史终结论"的美国学者福山2009年9月在日本政论杂志《中央公论》发表文章，认为"近三十年来，中国经济令人惊异的快速发展体现了'中国模式'的有效性，一般认为有望再保持30年的增长。客观事实证明，西方自由民主可能并非人类历史进化的终点。随着中国崛起，所谓'历史终结论'有待进一步推敲和完善，人类思想宝库需为中国传统留有一席之地。"[1]提出"软实力"概念的美国学者约瑟夫·奈这样评价："中国的经济增长不仅使发展中国家获益巨大，中国的特殊发展模式包括特殊的民主方式也被一些发达国家称为可效仿的模样，更重要的是将来，中国倡导的民主价值观、社会发展模式和对外政策

---

[1]　参见齐世泽：《论中国模式》，中国方正出版社2010年版，第3—4页。

做法,会进一步在世界公众中产生共鸣和影响力。"①

（二）"华盛顿共识"的失败和"中国奇迹"的出现形成鲜明对比

1990 年,在华盛顿召开了针对拉美经济调整和改革的研讨会,经过激烈讨论,提出了所谓的"华盛顿共识"。美国学者诺姆·乔姆斯基在《新自由主义和全球秩序》一书中明确指出:"新自由主义的华盛顿共识指的是以市场经济为导向的一系列理论,它们由美国政府及其控制的国际经济组织所制定,并由它们通过各种方式进行实施。"②"华盛顿共识"的核心思想实质就是自由化、市场化、私有化。它要求发展中国家不管条件成熟与否,都要推动资本市场自由化,结果引来 1997 年亚洲金融危机和后来的阿根廷金融危机,使不少国家的经济倒退了二十年。事实证明,"华盛顿共识"在拉美及其他国家没有收到预期的效果,而中国按照自己选择的道路却取得了举世瞩目的成绩。2004 年 5 月,时任美国《时代》周刊编辑的乔舒亚·库珀·雷默在英国著名的思想库"伦敦外交政策中心"发表《北京共识:提供新模式》。雷默看到了"华盛顿共识"的不足,认为中国正成为吸引其他国家的模式,正在全世界产生涟漪效应,向其他国家提供其自身发展的理念,这可称为中国特色的全球化。③

（三）国际金融危机对西方模式造成强烈冲击

2008 年肇始于美国的国际金融危机给全球经济带来严重影

---

① 参见何振华:"鲜明的特色 独创的优势",载《人民日报》2009 年 9 月 4 日。
② 〔美〕诺姆·乔姆斯基:《新自由主义和全球秩序》,徐海铭等译,江苏人民出版社 2008 年版,第 4 页。
③ 参见丁学良:《辩论"中国模式"》,社会科学文献出版社 2011 年版,第 2—4 页。

响。这次金融危机深刻告诉我们：世界上并不存在十全十美、一成不变的发展模式。英美倡导的新自由主义不是解决经济社会发展的灵丹妙药，反而使资本主义周期性经济危机更加频繁和剧烈；欧洲大陆上的莱茵模式使一些西方国家永远摆脱不了"滞胀"危机的影子；转型国家的"休克疗法"并不能引领剧变解体后的苏东国家走上坦途。中国成功应对了金融危机，而且率先走出困境。从很大程度上来说，国际金融危机考验了中国发展模式，而中国在应对这次金融危机中的表现又提升了中国模式的影响力。美国学者约翰·奈斯比特认为："当今世界有两种发展模式，西方的和中国的，但我认为中国的发展模式更好。中国是一辆跑得更快、性能更优的列车。"①德国社会学家哈拉尔德·韦尔策曾在法国《世界报》上撰文指出，中国模式甚至有可能成为比西方模式更具魅力的模式，而傲慢的西方模式现在给人的感觉是过时了。② 2009 年 11 月，美国总统奥巴马访华期间，中美双方发表了联合声明，声明称："双方强调各国及各国人民都有权选择自身发展道路。各国应相互尊重对方对于发展模式的选择。"③这是美国政府首次对"中国道路"、"中国模式"表示理解、承认，是尊重其合理与合法性的正式声明。

西方应如何看待中国的发展？对于这一问题，西方政界和学界的许多人士从历史和现实的角度出发进行了思考。德国前总理

---

① 〔美〕约翰·奈斯比特、〔中〕赵启正等：《对话中国模式》，新世界出版社 2010 年版。

② 参见齐世泽：《论中国模式》，中国方正出版社 2010 年版，第 3 页。

③ "中美联合声明"，载《人民日报》2009 年 11 月 18 日。

施密特认为，"作为欧洲人，我不愿放弃欧洲和北美的启蒙带来的成就，但是我看到，没有这一传统的其他民族和国家不仅有生存能力，而且也在经济领域取得了辉煌的进步，甚至还超越了我们的经济前进步伐"，因此，西方必须放弃优越感，而且要对中国这个世界上最古老的文明民族表示尊敬。① 有西方学者也认为，一个民主化的全球化形式的实现，其希望很大程度上存在于这样一种可能性："亚洲——主要是中国——将能够提供文化价值观和典章制度，而且这些价值观和典章制度足以对世界的其余部分产生吸引力，以弱化在全球化进程中西方的支配地位。"②从这一意义上讲，"中国模式"完全有条件在全球化和现代化进程中发挥更大作用。

二、人权保障的"中国模式"

"中国模式"的内涵十分丰富，包括政治建设、经济建设、文化建设、社会建设、对外交往等各个方面，国内外许多学者都就此进行了深入论述。③ 在人权保障方面，中国是否形成了具有一定的科

---

① 参见〔德〕施密特："西方应尊重并理解中国"，载《参考消息》2013年4月30日。
② 〔美〕郝大维、安乐哲：《先贤的民主——杜威、孔子与中国民主之希望》，何刚强译，江苏人民出版社2004年版，第7页。
③ 俞可平较早研究"中国模式"问题，他特别研究了"增量民主"、"善政"为目标的政府自身改革和治理改革。郑永年从政治和经济两个方面来认识中国模式，就政治模式而言，其内容主要是渐进的、有阶段性的政治改革；就经济模式而言，中国是混合所有制模式。北京大学潘维教授提出"中国模式"由民本政治、社稷体制、国民经济三位一体来构成。张维为在《中国震撼》一书中提出"中国模式"的八大特点，即实践理性、强势政府、稳定优先、民生为大、渐进改革、顺序差异、混合经济、对外开放。

学性、系统性、规范性、创造性的模式呢？2009 年 9 月，中国人权研究会会长罗豪才在国外的一次演讲中首次提出了人权保障"中国模式"的概念，并将其概括为"一二三四"，即：中国人权保障坚持一个基本理念，就是以人为本的科学发展观；人权法治着力理顺两个基本关系，即权利与义务关系和权利与权力关系；整体推进三代人权，即在实现第一代和第二代人权协调发展的同时，把保障生存权和发展权放在首要位置；人权保障力求四个统筹兼顾，包括统筹主权与人权、国际与国内、人权与社会、理论与实践等四个方面。[①] 在 2009 年 11 月第二届"北京人权论坛"上，人权保障"中国模式"获得与会代表的认同。本书认为，在当前语境下，人权保障的"中国模式"能否得以证成，至少应包括以下四个条件。

（一）在形成方式上，坚持阶段性与演进性的统一

中国人权保障模式，从根本上说是对当代中国在一个较长历史时期内人权发展实践与经验的提炼与升华，是与一个具体的发展阶段紧密相连的。改革开放以来，中国共产党和中国政府对人权问题进行了再认识，实现了从批判人权、讳言人权到将尊重和保障人权确立为治国理政重要原则的重大转变。特别是近年来，中国提出以人为本的科学发展观和构建社会主义和谐社会的重大战略思想，提出了实现中华民族伟大复兴"中国梦"的崇高理想，将尊重和保障人权的原则庄严地载入了国家宪法、经济社会发展规划纲要、执政党的党章和重要文件。1991 年，中国发表了《中国的人权状况》白皮书，明确向世界宣布了社会主义中国对人权概念的接

---

① 罗豪才："人权保障的'中国模式'"，载《人权》2009 年第 6 期。

纳和理解。2004年3月全国人大通过的《中华人民共和国宪法修正案》明确规定，"国家尊重和保障人权"。这是在宪法上对中国人权建设伟大成就的总结和肯定，进一步确立了保障人权在中国法律体系和国家发展战略中的突出地位，为中国人权事业的发展开辟了广阔的前景。2007年10月《物权法》的颁布实施，对于尊重和保障人权已经产生并将继续产生重大而深远的影响。2007年，中共十七大报告中明确提出，要"尊重和保障人权，依法保证全体社会成员平等参与、平等发展的权利"，努力使全体人民学有所教、劳有所得、病有所医、老有所养、住有所居，保障人民的知情权、参与权、表达权、监督权。2009年和2012年，中国政府还分别发布了《国家人权行动计划（2009—2010年）》和《国家人权行动计划（2012—2015年）》，对中国人权事业的发展做出了全面规划，使中国成为世界大国中率先制定《国家人权行动计划》的国家。2012年新修改的《刑事诉讼法》中增加了"尊重和保障人权"的内容，并在证据制度、辩护制度、强制措施、侦查措施、审查起诉、审判程序、执行程序的修改完善和增加规定特别程序中，贯彻了尊重和保障人权的精神。这是中国人权事业的重大进步，对于惩罚犯罪、保护人民、保障公民的诉讼权利和其他合法权利具有重大意义。2012年修改的《民事诉讼法》，进一步保障了当事人的诉讼权利，完善了起诉和受理程序、开庭前准备程序、简易程序、审判监督程序和执行程序，完善了保全制度、证据制度和裁判文书公开制度，增加了公益诉讼制度、对案外被侵害人的救济程序。2012年11月，中共十八大报告将"人权得到切实尊重和保障"作为全面建成小康社会的奋斗目标之一，进一步彰显了人权保障的重要地位和作用。可以说,中国人权事业的发展进入了有计划、持续稳健、全面推进的新阶段。

就形成过程来看,中国人权保障既有政府"自上而下"的推进,又有民众"自下而上"的推动,还有社会阶层连接上下的促进,特别是专家学者的作用,是中国社会上下结合、共同探索、互动创新的结果。这三个层次,通过理论创新、制度创新、价值重塑、不断完善,在吸收人类文明优秀成果的基础上,融合成具有独特气派、独特风格又具有某种普遍意义的"中国模式"。

（二）在路径选择上,坚持普遍性与特殊性的统一

人权是普遍性和特殊性的统一,自人权概念产生之始,普遍性就内涵于其中。在当今世界,人权的普遍性主要体现在联合国的人权文件和国际人权公约中。有学者认为,人权的普遍性这一范畴,一般认为包含了三个向度:主体的普遍性、内容的普遍性以及价值的普遍性。[1] 人权主体的普遍性正如《世界人权宣言》第 2 条所说:"人人有资格享受本宣言所载的一切权利和自由,不分种族、肤色、性别、语言、宗教、政治或其他见解、国籍或社会出身、财产、出生或其他身份等任何区别。"[2] 人权内容的普遍性是指以《世界人权宣言》《公民权利和政治权利国际公约》《经济、社会、文化权利国际公约》等为主要框架的国际人权文书表达了人权的具体内容,这些内容构成了共同的国际人权标准。

人权价值的普遍性主要有两种形式。一是在纯客观意义上,

---

[1]　参见齐延平:"论普遍人权",载《文史哲》2002 年第 3 期。

[2]　董云虎:《人权大宪章》,中共中央党校出版社 2010 年版,第 152 页。

在大致相同的历史阶段和大致相同的历史背景下,人权是一种应当被普遍尊重和遵行的价值。这种价值的存在和实现超越了民族、国家、阶级、宗教、行业等界限,因而它具有普遍的属性。这是因为人类属于共同的物种而有共同尺度,人权作为涉及普遍的生命条件、人类特有的生存基础和生命特征的价值,对任何意义上的人来说都是一样的。人类有共同的基本结构和生活方式,就意味着有共同的基本需要和基本价值。正如《维也纳宣言和行动纲领》所指出的,一切人权都源于人与生俱来的尊严和价值。人的普遍性之根源正是在于人权的价值,在于维护、巩固人之为人的基本尊严。[①] 二是在主观意义上,认为某一种人权理论和人权思想具有先天的优越性,并将其极力倡导为全球一致的基本理念和共同规范。关于这种普遍价值应该是什么,许多人提出了一些具体建议,但是对于这些价值从哪里来,人们是否能普遍接受,他们却缺少必要的反思。有学者认为,任何人的设计和愿望要能够得到全人类的普遍认同,都必然是有条件的,这就是:它必须不仅在理念上,而且在实际上都能适合人类绝大多数个体的生活方式和切身利益,并且为人们的经验和条件所认同。否则,任何组织和个人也不可能将自己所认可的价值模式强加给全人类。[②] 从这一意义上讲,人权价值的普遍性主要体现在纯客观意义上。

因此,强调人权的普遍性,并不否认人权的特殊性,毋宁说人权的普遍性恰好为人权的特殊性提供了证明,并通过特殊性表现

---

① 参见齐延平:《人权与法治》,山东人民出版社 2003 年版,第 34 页。

② 参见李德顺:《价值论》,中国人民大学出版社 2007 年版,第 472—474 页。

出来。人权的特殊性一般被理解为不同国家和地区由于历史传统、文化、宗教、价值观念、资源和经济等因素的差别,在追求人权的充分实现的过程中其具体的方法手段和模式的多样性。承认人权的特殊性并不意味着对于人权普遍性原则的否认,而是在人权普遍性的前提下,认为人权理论、人权观念与人权制度的多样性是必要的。[①] 人权的实现不仅与国际社会的现状相联系,而且与各国所处的一定的社会历史条件相联系,因而从其现实性而言总是不完全的和不完美的。世界上没有任何一个国家的人权状况可以自封完美无缺,国际社会和世界各国的人权都处于不断发展的过程之中。各个国家由于其社会历史条件的不同,同一个国家由于其所处的社会历史阶段的不同,在人权价值的排列以及人权实现的方式上势必呈现出不同的特点和个性。超越阶段和国情的人权理想不仅不能给人民带来福音,反而会带来国家和民族的灾难。原苏联领导人戈尔巴乔夫提倡"新思维",鼓吹"人类价值高于一切",结果造成了苏联解体,从世界强国沦为二流国家,人民生活水平一落千丈,教训十分深刻。

人权是人类在漫长的历史进程中共同追求的价值观和共同创造的文明成果,只是在不同的历史阶段、不同的国家,它的实现形式和途径各不相同,并没有统一的模式。一种发展模式所以不同于另外一种,其根本在于此种模式源出于对特定共同体的人权建设与人权发展相适应。美国学者R.J.文森特对"非西方世界即无

---

① 参见徐显明主编:《人权法原理》,中国政法大学出版社 2008 年版,第90 页。

人权"的观点提出质疑,他认为要提防"这样一种倾向,即把我们的权利称作天然的权利或人权,别人也应当从中得益或照搬。但别人在这方面也有他们自己的偏爱模式,而且毫无疑问也有他们将自己的偏爱模式普遍化的倾向"。① 因此,对国际人权价值的普遍认同,并不意味着任何时候、任何地方、任何国家、任何民族的人权观完全一致,也不意味着各国实现人权保障的模式必须完全相同。

中国承认人权的普遍性原则,但同时认为人权普遍性原则必须与各国国情相结合。任何一个社会的主流价值和基本观念都是普遍价值与核心价值的统一,都是普遍性与特殊性的统一,都是远大理想与具体现实的统一。中国在总结历史经验和教训的基础上,把普遍的人权理想与中国的具体情况相结合,认同和尊重《联合国宪章》《世界人权宣言》和国际人权公约所确认的人权基本原则,签署和加入了一系列国际人权公约,支持联合国采取行动制裁大规模践踏人权的行为,恪守国际人权标准,认真履行国际法义务;又从基本国情出发,积极采取立法、司法、行政等方面措施,努力实现人权普遍性原则与特殊性原则相统一,形成了与社会主义市场经济相适应、与社会主义法治相协调、与中华民族传统美德相承接、与社会主义和谐社会要求相吻合的人权发展道路。

(三) 在结构内容上,坚持稳定性与包容性的统一

发展模式不仅仅是对已经完成的过往历史的总结,还可以作为这种历史过程中的一种反思来作用于这个过程本身,并对今后

---

① 〔美〕R.J.文森特:《人权与国际关系》,凌迪等译,知识出版社 1998 年版,第20—21 页。本书参照原文进行了修改。

的发展趋势进行展望。因此,对发展模式的研究一定是宏观性、战略性、前瞻性的研究,一定是从理论到实践、从观念到制度、从思想到价值的整体研究。中国正处于转型时期,国家尊重和保障人权,有助于增强政治合法性,实现良法善治的目标,有助于增强中国特色社会主义道路自信、理论自信、制度自信,从而实现人权自觉与人权自信。对中国特色人权发展道路的认知和共识有助于对人权的发展做出战略决策。反过来,这种战略决策和人权自信对于现实中人权保障模式的形成与确认、巩固与发展具有重要意义。换言之,不具备相对稳定性的人权保障无法生成发展模式,而不具备包容性的发展模式不会有很强的生命力。一种模式一经形成,其核心内容要一以贯之,保持相对稳定性,但不能一成不变,要根据形势的发展而不断创新完善。

从总体上看,中国特色人权理论的形成应奠基于当代中国社会的历史需要,也就是说,它无法疏离现实存在;同时,又需要展示未来发展的可能前景,亦即提供理想的、应然的存在形态;此外,还应该具有包容性,融合中国传统的价值体系以及西方人权思想中合乎历史发展要求的方面,传承与升华中华民族优秀文化传统,借鉴和吸取人类社会文明发展的合理因素。这种开放与融合能够使人权保障的"中国模式"在更高层面上具有示范引导意义。由此,我们不仅要研究人权保障的实然状态,更要研究人权保障的应然状态,还要扬弃传统人权观念的局限,从理论上积极概括中国人权理论的内涵外延,从实践上认真探索中国人权理论的发展趋势。

（四）在评判标准上,坚持合规律性与合目的性的统一

世界上没有放之四海皆准的发展道路和发展模式。马克思主

义认为,人类社会的发展是合规律性与合目的性的统一。合规律性是指人类社会的发展尤其内在的自身的规律性。"历史进程是受内在的一般规律支配的。因为在这一领域内,尽管各个人都有自觉预期的目的,总的来说在表面上好像也是偶然性在支配着。"①"历史是这样创造的,最终的结果总是从许多单个的意志的相互冲突中产生出来,而其中每一个意志,又是由于许多特殊的生活条件,才成为它所成为的那样。这样就有无数相互交错的力量,有无数个力的平行四边形,由此产生出一个合力,即历史结果,而这个结果又可以看作一个作为整体的、不自觉地和不自主地起着作用的力量的产物。"②也就是说,人的意志相互作用的合力就表现为历史进程的一般规律。合目的性是指历史是由人创造的,人类社会发展趋势应该体现人的目的性和自觉性。"在社会历史领域内进行活动的,是具有意识的、经过思虑或凭激情行动的、追求某种目的人;任何事情的发生都不是没有自觉的意图、没有预期的目的。"③

评价一种发展道路是否正确,关键看两条:一是看这条发展道路是否适合自己,是否体现事物发展规律和趋势,即是否体现了合规律性;二是看这条发展道路是否体现了人民的利益和意志,即是否体现了合目的性。人权是一种政治合法性的标准,人权保障为政治合法性提供了依据。在一定的历史时期中,判断某种政治体

① 《马克思恩格斯选集》第4卷,人民出版社1995年版,第247页。
② 同上书,第697页。
③ 同上书,第247页。

制是否具有合法性，与该社会是否尊重、保障和实现人权具有内在关联。如同《世界人权宣言》所指出的那样，人权是"所有人民和所有国家努力实现的共同标准"。中国人权保障模式从中国国情出发，有着深厚的文化内涵和现实基础，它引领中国人权事业不断发展进步，体现了当代中国发展进步的客观规律和趋势。同时，人权保障体现了中国最广大人民的根本利益，体现了中国人民共同的价值追求。这就告诉我们，在中国人权保障的进程中，必须从客观实际出发，从中国国情出发；既要尊重客观规律，又要尊重人民的历史主体地位，坚持和完善适合自己的发展模式，实现合规律性与合目的性的有效统一。

正是坚持以上"四个统一"，经过长期的实践和探索，中国走出了一条适合本国国情的人权发展之路，人权保障的"中国模式"已经初步形成。这一模式的主要内容体现在第六章所论述的七个方面，即：个人人权与集体人权的结合、基本人权与首要人权的统筹、权利与义务的对等、公权与私权的平衡、法律与道德的兼顾、人权与主权的协调、国内保护与国际合作的并行，其基本特点体现在价值的多样性、制度的广泛性和机制的互动性。当然，我们也清醒地认识到，目前中国正处于社会转型时期，发展中不平衡、不协调、不可持续的问题比较突出，受自然、历史、文化、经济社会发展水平的影响和制约，中国人权理论和实践并非尽善尽美，实现享有充分人权的崇高目标仍然任重道远。比如，在增进集体利益的同时应当更加注重个人利益，在促进人们经济权利和社会权利的同时应当更加重视保障人的民主权利和政治权利，在加强人权制度建设的同时应当更加注重人权思想的普及教育，等等。总之，提高中国人权保障的质量和水平,仍然需要持续不断地努力。

三、中国人权理论的哲学基础

本书分析了西方自由主义、社群主义、国家主义、马克思主义人权理论,以及中国古代儒家学说中的人权思想,并阐述了中国特色社会主义人权思想,力图探索人权的哲学基础。有学者认为,作为一种"爱智"之学,哲学的终极目标固然是追求不受时空限制的普遍性真理,然而智慧之追求又必然与民族性密切相关,表现为民族性智慧。也就是说,哲学的普遍性离不开民族性。从这个意义上说,中国的哲学研究应理直气壮、旗帜鲜明地重视民族性,即"做自己的哲学"。[①]

中国人权理论是在当代中国政治建设、经济建设、文化建设、社会建设和生态文明建设的实践中形成和发展起来的,是中国特色社会主义理论的重要组成部分。它不同于西方历史上的人权理论,而是从本国历史文化和具体国情出发,具有鲜明的民族特色和时代特色。

(一)超越了西方人权思想

本书的论述充分说明,西方人权理论的哲学基础并不是同义于自由主义思想,而是分散于自由主义、社群主义、国家主义之中的,它们既在对立中分裂,又在比较中交融,是一个纷繁复杂的思想体系。我们反对"西方中心主义",但绝不排斥西方优秀哲学。

① 参见郭继民:"做自己的哲学",载《人民日报》2012年11月29日。

西方自由主义人权思想中对个人价值的肯定、对个人权利的尊重，社群主义人权思想中对社群的崇尚、对道德的重视，国家主义人权思想中对公共利益的维护、对实有权利的追求都值得我们学习借鉴。中国人权理论并不否认同西方人权观在传承上的直接联系，肯定其进步性、现实性，以开放包容的态度进行科学分析、大胆借鉴；同时又看到两者在本质上的根本不同，进行辩证对待、实践超越，构建一套站在人类文明和价值共识制高点的、具有先进性的人权哲学。

（二）继承了中国传统文化

中国人权理论立足于中国历史文化传统，从社会主义的实践需要和人类文明的发展趋势出发，把历史与时代、中国与世界连接起来，赋予其符合时代要求的新内涵、新诠释。比如，儒家思想中关于重视人类整体性的思想，关于仁者爱人、民贵君轻的思想，关于天人合一、道法自然的思想，关于格物致知、修身齐家的思想，关于和而不同、忠恕之道的思想，不仅对中国，而且对世界都有重大现实意义。这些思想与现代人权思想相结合，甚至超越了西方人权理论。正是在吸收中国优秀传统文化的基础上，构建既与中国优秀传统文化相传承，又与社会主义本质相一致、与人类文明发展趋势相承接的人权哲学，充分展现其中国特色、中国风格、中国气派的持久魅力和独特风貌。

（三）发展了马克思主义

马克思主义发展史充分说明，解放思想、实事求是，是引导社会前进的强大力量，也是保证马克思主义自身不断发展的基本条件。马克思主义人权理论是科学的体系，但是马克思主义经典作家只是在当时历史条件下对人权问题的原则性论述。中国人权理论坚持马克思主义人权理论的基本立场,但是又不囿于马克思主义经典作家的论述,而是基于中国正处于并将长期处于社会主义初级阶段的基本国情,基于人民日益增长的物质文化需要同落后的社会生产之间矛盾的主要矛盾,基于中国共产党由革命党转为建设党的基本实际,基于中国是世界上最大发展中国家的国际地位,坚持理论创新、实践创新、制度创新,丰富和发展了马克思主义人权理论。中国人权思想在融合中西、博采古今中实现创造性改造和转化,不断吐故纳新,保持其旺盛生命力和持续发展的势头,从而真正促进中国人权保障全面、协调、可持续发展。这种人权思想的融合并没有取代马克思主义人权思想的指导地位,相反,恰恰是坚持马克思主义人权思想中国化的集中体现。

以上可以看出,西方人权思想的有益成果、马克思主义人权思想的基本原理、中华传统文化的合理因素,共同构成了当今中国人权理论的哲学基础。它不同于以往西方的哲学观念,而是既坚持马克思主义的基本观点,又实现马克思主义人权思想的中国化,同时继承了儒家文化的人性伦理和德性伦理。中国人权哲学从根本上回答了人类与自然、个人与集体、权力与权利之间的关系问题,体现了广泛的包容性、有效的协商性、全面的均衡性和深刻的思辨性,既有鲜明的中国特色,又具有一定的普遍意义。

恩格斯指出:"全部哲学,特别是近代哲学的根本问题,是思维和存在的关系问题。"①哲学的基本问题源于人类的认识活动,而不

---

① 《马克思恩格斯选集》第 4 卷,人民出版社 1995 年版,第 223 页。

是纯粹的玄想和思辨。它既需要通过人的认识活动来正确地认识世界,也需要通过人的实践活动来能动地改造世界。实践发展永无止境,理论创新永无止境,制度完善永无止境。我们不仅要从中国人权实践中准确提炼其哲学内涵,而且要加强人权领域的顶层设计和宏观思考,建立健全各项人权保障制度,不断丰富中国特色社会主义人权思想的实践特色、理论特色、民族特色、时代特色,不断完善人权保障的"中国模式",增强人权领域的国际话语权,为人类文明的发展贡献新智慧。

主要参考文献

一、重要文献

1.《马克思恩格斯全集》第 1 卷,人民出版社 1956 年版。

2.《马克思恩格斯全集》第 2 卷,人民出版社 1957 年版。

3.《马克思恩格斯全集》第 3 卷,人民出版社 1960 年版。

4.《马克思恩格斯全集》第 16 卷,人民出版社 1964 年版。

5.《马克思恩格斯全集》第 21 卷,人民出版社 1965 年版。

6.《马克思恩格斯全集》第 23 卷,人民出版社 1972 年版。

7.《马克思恩格斯全集》第 42 卷,人民出版社 1979 年版。

8.《马克思恩格斯全集》第 46 卷上,人民出版社 1979 年版。

9.《马克思恩格斯选集》第 1—4 卷,人民出版社 1995 年版。

10.《列宁选集》第 3 卷,人民出版社 1995 年版。

11.《毛泽东选集》第 1—4 卷,人民出版社 1991 年版。

12.《邓小平文选》第 3 卷,人民出版社 1993 年版。

13.《江泽民文选》第 1—3 卷,人民出版社 2006 年版。

14.《江泽民论有中国特色社会主义(专题摘编)》,中央文献出版社 2002 年版。

15.《十五大以来重要文献选编》,人民出版社 2000 年版。

16.《中国共产党第十七次全国代表大会文件汇编》,人民出版社 2007 年版。

二、中文著作

1. 陈来编:《冯友兰语粹》,华夏出版社 1993 年版。

2. 陈小文:《行政法的哲学基础》,北京大学出版社 2009 年版。

3. 陈志尚主编:《人学原理》,北京出版社 2005 年版。

4. 储昭华:《明分之道——从荀子看儒家文化与民主政道融通的可能性》,商务印书馆 2005 年版。

5. 褚松燕:《权利发展与公民参与》,中国法制出版社 2007 年版。

6. 丁学良:《辩论"中国模式"》,社会科学文献出版社 2011 年版。

7. 董云虎:《人权大宪章》,中共中央党校出版社 2010 年版。

8. 董云虎、常健主编:《中国人权建设 60 年》,江西人民出版社 2009 年版。

9. 董云虎、刘武萍:《世界人权约法总览续编》,四川人民出版社 1993 年版。

10. 杜钢建:《外国人权思想论》,法律出版社 2008 年版。

11. 杜维明:《儒家传统与文明对话》,人民出版社 2010 年版。

12. 费孝通:《乡土中国 生育制度》,北京大学出版社 1998 年版。

13. 冯天瑜、谢贵安:《结构专制——明末清初"新民本"思想研究》,湖北人民出版社 2003 年版。

14. 冯友兰:《中国哲学简史》,北京大学出版社 1996 年版。

15. 付子堂、胡兴建等:《马克思主义人权理论与中国实践》,法律出版社 2012 年版。

16. 甘绍平:《人权伦理学》,中国发展出版社 2009 年版。

17. 龚群:《罗尔斯的政治哲学》,商务印书馆 2006 年版。

18. 郭道晖:《社会权力与公民社会》,译林出版社 2009 年版。

19. 郭沫若:《奴隶制时代》,人民出版社 1954 年版。

20. 何志鹏:《权利基本理论:反思与构建》,北京大学出版社 2012 年版。

21. 洪涛:《逻各斯与空间》,上海人民出版社 1998 年版。

22. 黄俊杰编:《传统中华文化与现代价值的激荡》,社会科学文献出版社 2002 年版。

23. 金耀基:《中国民本思想史》,法律出版社 2008 年版。

24. 李步云:《论人权》,社会科学文献出版社 2010 年版。

25. 李德顺:《价值论》,中国人民大学出版社 2007 年版。

26. 李君如主编:《中国人权事业发展报告(2011)》,社会科学文献出版社 2011 年版。

27. 李林:《走向人权的探索》,法律出版社 2010 年版。

28. 李明辉:《儒家视野下的政治思想》,北京大学出版社 2005 年版。

29. 李强:《自由主义》,吉林出版集团有限公司 2007 年版。

30. 李义天主编:《共同体与政治团结》,社会科学文献出版社 2011 年版。

31. 李泽厚:《中国古代思想史论》,人民出版社 1985 年版。

32. 梁漱溟:《中国文化要义》,上海人民出版社 2011 年版。

33. 刘海年、王家福主编:《中国人权百科全书》,中国大百科全书出版社 1998 年版。

34. 罗豪才:《行政法平衡理论讲演录》,北京大学出版社 2011 年版。

35. 罗豪才、宋功德:《软法亦法》,法律出版社 2009 年版。

36. 牟宗三:《道德的理想主义》,(台湾)学生书局 1982 年版。

37. 南怀瑾:《原本大学微言》,世界知识出版社 1998 年版。

38. 彭国翔:《儒家传统与中国哲学:新世纪的回顾与前瞻》,河北人民出版社 2009 年版。

39. 齐世泽:《论中国模式》,中国方正出版社 2010 年版。

40. 齐延平:《人权与法治》,山东人民出版社 2003 年版。

41. 钱穆:《世界局势与中国文化》,九州出版社 2011 年版。

42. 邵津主编:《国际法》,北京大学出版社 2000 年版。

43. 沈宗灵等主编:《西方人权学说》,四川人民出版社 1994 年版。

44. 孙力:《人的解放主题的中国化进程:中国共产党对人权的社会主义塑造和开拓》,东方出版中心 2011 年版。

45. 孙平华:《〈世界人权宣言〉研究》,北京大学出版社 2012 年版。

46. 汤一介:《和而不同》,辽宁人民出版社 2001 年版。

47. 唐健飞:《国际人权公约与和谐人权观》,社会科学文献出版社 2010 年版。

48. 唐凯麟、曹刚:《重释传统——儒家思想的现代价值评估》,华东师范大学出版社 2008 年版。

49. 汪习根:《法治社会的基本人权——发展权法律制度研究》,中国人民公安大学出版社 2002 版。

50. 王彩波主编:《个人权利与社会正义》,中国社会科学出版社 2007 年版。

51. 王立峰:《人权的政治哲学》,中国社会科学出版社 2012 年版。

52. 王启富等主编:《人权问题的法理学研究》,中国政法大学出版社 2003 年版。

53. 王养冲:《西方近代社会学思想的演进》,华东师范大学出版社 1996 年版。

54. 吴春晖、杨思斌:《论自由导读》,天津人民出版社 2010 年版。

55. 吴忠希:《社会主义与人权》,学林出版社 2007 年版。

56. 吴忠希:《中国人权思想史略——文化传统和当代实践》,学林出版社 2004 年版。

57. 夏勇:《人权概念起源——权利的历史哲学》,中国政法大学出版社 2001 年版。

58. 夏勇:《中国民权哲学》,生活·读书·新知三联书店 2004 年版。

59. 谢军:《儒家"仁"与人权的互动——基于伦理文化视角的分析》,中国政法大学出版社 2012 年版。

60. 徐显明主编:《人权法原理》,中国政法大学出版社 2008

年版。

61. 徐显明主编:《国际人权法》,法律出版社 2004 年版。

62. 徐友渔:《重读自由主义及其他》,河南大学出版社 2008 年版。

63. 严存生主编:《西方法律思想史》,法律出版社 2004 年版。

64. 杨宇冠:《人权法——公民权利和政治权利国际公约研究》,中国人民公安大学出版社 2003 年版。

65. 余英时:《现代儒学论》,上海人民出版社 2010 年版。

66. 余英时:《自由与平等之间》,(香港)自由出版社 1955 年版。

67. 俞可平:《权利政治与公益政治——当代西方政治哲学评析》,社会科学文献出版社 2000 年版。

68. 俞可平:《社群主义》,中国社会科学出版社 2005 年版。

69. 俞可平等主编:《中国模式与"北京共识"——超越"华盛顿共识"》,社会科学文献出版社 2006 年版。

70. 张千帆:《为了人的尊严——中国古典政治哲学批判与重构》,中国民主法制出版社 2012 年版。

71. 张文显:《二十世纪西方法哲学思潮研究》,法律出版社 2006 年版。

72. 张文显:《权利与人权》,法律出版社 2011 年版。

73. 赵敦华:《西方哲学简史》,北京大学出版社 2001 年版。

74. 郑永年:《中国模式——经验与困局》,浙江人民出版社 2010 年版。

75. 周辅成:《西方伦理学名著选辑》,商务印书馆 1987 年版。

76. 朱谦之:《中国哲学对欧洲的影响》,上海人民出版社 1999年版。

三、中文译作

1.〔英〕A.J.M.米尔恩:《人的权利与人的多样性——人权哲学》,夏勇、张志铭译,中国大百科全书出版社 1995 年版。

2.〔美〕A.麦金太尔:《追寻美德:道德理论研究》,宋继杰译,译林出版社 2011 年版。

3.〔美〕E.博登海默:《法理学:法律哲学与法律方法》,邓正来译,中国政法大学出版社 1999 年版。

4.〔美〕J.范伯格:《自由、权利和社会正义——现代社会哲学》,王守昌等译,贵州人民出版社 1998 年版。

5.〔美〕R.J.文森特:《人权与国际关系》,凌迪等译,知识出版社 1998 年版。

6.〔英〕阿诺德·汤因比:《历史研究》(上、下卷),郭小凌等译,上海出版社 2010 年版。

7.〔英〕安东尼·阿巴拉斯特:《西方自由主义的兴衰》(上、下册),曹海军等译,吉林人民出版社 2011 年版。

8.〔英〕安东尼·吉登斯:《现代性的后果》,译林出版社 2000年版。

9.〔英〕安东尼·吉登斯:《第三条道路——社会民主主义的复兴》,郑戈译,北京大学出版社、生活·读书·新知三联书店 2000年版。

10.〔英〕安东尼·吉登斯:《超越左与右——激进政治的未来》,李惠彬、杨雪冬译,社会科学文献出版社 2003 年版。

11.〔美〕安靖如:《人权与中国思想——一种跨文化的探索》,黄金荣等译,中国人民大学出版社 2012 年版。

12.〔古希腊〕柏拉图:《理想国》,郭斌和、张竹明译,商务印书馆 2012 年版。

13.〔英〕鲍桑葵:《关于国家的哲学理论》,汪淑钧译,商务印书馆 2010 年版。

14.〔英〕边沁:《道德与立法原理导论》,时殷弘译,商务印书馆 2009 年版。

15.〔英〕边沁:《政府片论》,沈叔平等译,商务印书馆 2010 年版。

16.〔加〕查尔斯·泰勒:《自我的根源:现代认同的形成》,韩震等译,译林出版社 2001 年版。

17.〔古罗马〕查士丁尼:《法学总论——法学阶梯》,张企泰译,商务印书馆 1989 年版。

18.〔美〕大卫·哈维:《新自由主义简史》,王钦译,上海译文出版社 2010 年版。

19.〔日〕大沼保昭:《人权、国家与文明》,王志安译,生活·读书·新知三联书店 2003 年版。

20.〔英〕戴维·M.沃克:《牛津法律大辞典》,李双元等译,法律出版社 2003 年版。

21.〔英〕戴维·米勒、韦农·波格丹诺:《布莱克维尔政治学百科全书》,邓正来等译,中国政法大学出版社 1992 年版。

22.〔美〕丹尼尔·贝尔:《社群主义及其批评者》,李琨译,生活·读书·新知三联书店 2002 年版。

23.〔美〕狄百瑞:《亚洲价值与人权——儒家社群主义的视角》,尹钛译,社会科学文献出版社 2012 年版。

24.〔法〕狄骥:《宪法论》,钱克新译,商务印书馆 1962 年版。

25.〔法〕狄骥:《公法的变迁·法律与国家》,郑戈等译,辽海出版社、春风文艺出版社 1999 年版。

26.〔德〕迪尔克·克斯勒:《马克斯·韦伯的生平、著述及影响》,郭锋译,法律出版社 2000 年版。

27.〔英〕厄奈斯特·巴克:《希腊政治理论——柏拉图及其前人》,卢华萍译,吉林人民出版社 2003 年版。

28.〔德〕恩斯特·卡西尔:《国家的神话》,范进等译,华夏出版社 1999 年版。

29.〔美〕菲利普·塞尔兹尼克:《社群主义的说服力》,马洪等译,上海世纪出版集团 2009 年版。

30.〔德〕费希特:《论学者的使命 人的使命》,梁治学、沈真译,商务印书馆 1980 年版。

31.〔德〕弗里德里希·迈内克:《马基雅维里主义》,时殷弘译,商务印书馆 2008 年版。

32.〔德〕格奥尔格·耶里内克:《〈人权与公民权利宣言〉:现代宪法史论》,李锦辉译,商务印书馆 2013 年版。

33.〔德〕哈贝马斯:《包容他者》,曹卫东译,上海人民出版社 2002 年版。

34.〔德〕哈贝马斯:《在事实与规范之间:关于法律和民主法

治国的商谈理论》,童世骏译,生活·读书·新知三联书店2003
年版。

35.〔美〕哈罗德·J.伯尔曼:《法律与革命——西方法律传统
的形成》,贺卫方等译,中国大百科全书出版社1993年版。

36.〔印〕哈斯·曼德、穆罕默德·阿斯夫:《善治:以民众为中
心的治理》,知识产权出版社2007年版。

37.〔英〕哈特:《法律的概念》(第二版),许家馨等译,法律出
版社2006年版。

38.〔英〕哈耶克:《个人主义与经济秩序》,邓正来译,复旦大
学出版社2012年版。

39.〔英〕哈耶克:《通向奴役之路》,王明毅、冯兴元等译,中国
社会科学出版社1997年版。

40.〔英〕哈耶克:《自由秩序原理》,邓正来译,生活·读书·
新知三联书店1997年版。

41.〔美〕汉娜·阿伦特:《极权主义的起源》,林骧华译,生
活·读书·新知三联书店2008年版。

42.〔美〕郝大维、安乐哲:《先贤的民主——杜威、孔子与中国
民主之希望》,何刚强译,江苏人民出版社2004年版。

43.〔美〕郝大维、安乐哲:《汉哲学思维的文化探源》,施忠连
译,江苏人民出版社1999年版。

44.〔美〕赫伯特·马尔库塞:《单向度的人》,上海译文出版社
2008年版。

45.〔德〕黑格尔:《法哲学原理》,范扬、张企泰译,商务印书馆
1996年版。

46.〔德〕黑格尔:《哲学史讲演录》(第一、二卷),贺麟、王太庆译,商务印书馆 1995 年版。

47.〔德〕黑格尔:《历史哲学》,王造时译,生活·读书·新知三联书店 1956 年版。

48.〔德〕黑格尔:《精神哲学——哲学全书·第三部分》,杨祖陶译,人民出版社 2006 年版。

49.〔英〕霍布豪斯:《自由主义》,朱曾汶译,商务印书馆 2005年版。

50.〔英〕霍布斯:《利维坦》,黎思复、黎廷弼译,商务印书馆 1996 年版。

51.〔美〕杰克·唐纳利:《普遍人权的理论与实践》,王浦劬等译,中国社会科学出版社 2001 年版。

52.〔英〕杰拉德·德兰蒂:《现代性与后现代性:知识、权力与自我》,李瑞华译,商务印书馆 2012 年版。

53.〔德〕康德:《法的形而上学原理》,沈叔平译,商务印书馆 2008 年版。

54.〔德〕康德:《道德形而上学原理》,沈叔平译,上海人民出版社 1980 年版。

55.〔美〕科斯塔斯·杜兹纳:《人权的终结》,郭春发译,江苏人民出版社 2002 年版。

56.〔英〕昆廷·斯金纳:《自由主义之前的自由》,李宏图译,上海三联书店 2003 年版。

57.〔美〕拉齐恩·萨丽等:《哈耶克与古典自由主义》,秋风译,贵州人民出版社 2003 年版。

58.〔法〕雷蒙·布东:《为何知识分子不热衷自由主义》,周辉译,生活·读书·新知三联书店 2012 年版。

59.〔英〕理查德·贝拉米:《重新思考自由主义》,王萍等译,江苏人民出版社 2008 年版。

60.〔美〕列奥·施特劳斯:《自然权利与历史》,彭刚译,生活·读书·新知三联书店 2006 年版。

61.〔美〕林·亨特:《人权的发明——一部历史》,沈占寿译,商务印书馆 2011 年版。

62.〔法〕卢梭:《社会契约论》,何兆武译,商务印书馆 2008 年版。

63.〔法〕卢梭:《论人类不平等的起源和基础》,李常山译,商务印书馆 1962 年版。

64.〔奥地利〕路德维希·冯·米瑟斯:《自由与繁荣的国度》,韩光明等译,中国社会科学出版社 1995 年版。

65.〔美〕路易斯·亨金:《权利的时代》,信春鹰等译,知识出版社 1997 年版。

66.〔美〕罗伯特·诺齐克:《无政府、国家与乌托邦》,何怀宏等译,中国社会科学出版社 1991 年版。

67.〔美〕罗蒂:《后形而上学希望》,张国清译,上海译文出版社 2003 年版。

68.〔美〕罗蒂:《哲学和自然之镜》,李幼燕译,生活·读书·新知三联书店 1987 年版。

69.〔美〕罗纳德·德沃金:《认真对待权利》,信春鹰、吴玉章译,上海三联书店 2008 年版。

70.〔美〕罗纳德·德沃金等:《认真对待人权》,朱伟一等译,广西师范大学出版社 2003 年版。

71.〔美〕罗斯科·庞德:《普通法的精神》,唐前宏等译,法律出版社 2001 年版。

72.〔英〕罗素:《西方哲学史》(上、下册),何兆武、李约瑟译,商务印书馆 1997 年版。

73.〔英〕洛克:《政府论》(下篇),叶启芳、瞿菊农译,商务印书馆 2007 年版。

74.〔英〕马丁·洛克林:《公法与政治理论》,郑戈译,商务印书馆 2002 年版。

75.〔英〕马克·尼奥克里尔斯:《管理市民社会——国家权力理论探讨》,陈小文译,商务印书馆 2008 年版。

76.〔德〕马克斯·韦伯:《社会科学方法论》,韩水法、莫茜译,中央编译出版社 1999 年版。

77.〔德〕马克斯·韦伯:《经济与社会》,林荣远译,商务印书馆 1997 年版。

78.〔德〕马克斯·韦伯:《新教伦理与资本主义精神》,康乐、简惠美译,广西师范大学出版社 2007 年版。

79.〔法〕马里旦:《人和国家》,沈宗灵译,中国法制出版社 2011 年版。

80.〔美〕迈克尔·J. 桑德尔:《自由主义与正义的局限》,万俊人等译,译林出版社 2001 年版。

81.〔美〕迈克尔·沃尔泽:《正义诸领域:为多元主义与平等一辩》,褚松燕译,译林出版社 2002 年版。

82.〔英〕梅因:《古代法》,沈景一译,商务印书馆 2011 年版。

83.〔法〕孟德斯鸠:《论法的精神》(上、下册),张雁深译,商务印书馆 2004 年版。

84.〔意〕尼科洛·马基雅维里:《君主论》,潘汉典译,商务印书馆 2005 年版。

85.〔法〕皮埃尔·勒鲁:《论平等》,王允道译,商务印书馆 1988 年版。

86.〔英〕齐格蒙特·鲍曼:《共同体》,欧阳景根译,江苏人民出版社 2007 年版。

87.〔美〕乔治·萨拜因:《政治学说史》(上、下册),邓正来译,上海人民出版社 2008 年版。

88.〔美〕塞缪尔·亨廷顿:《文明的冲突与世界秩序的重建》,周琪等译,新华出版社 2010 年版。

89.〔古希腊〕色诺芬:《回忆苏格拉底》,吴永泉译,商务印书馆 1984 年版。

90.〔英〕史蒂芬·缪哈尔、亚当·斯威夫特:《自由主义者与社群主义者》,孙晓春译,吉林人民出版社 2007 年版。

91.〔荷兰〕斯宾诺莎:《神学政治论》,温锡增译,商务印书馆 1963 年版。

92.〔英〕汤因比、〔日〕池田大作:《展望二十一世纪:汤因比与池田大作对话录》,荀春生等译,国际文化出版公司 1997 年版。

93.〔美〕梯利:《西方哲学史》(增补修订版),葛力译,商务印书馆 1995 年版。

94.〔法〕托克维尔:《旧制度与大革命》,冯棠译,商务印书馆

2012 年版。

95.〔英〕威廉·韦德:《行政法》,徐炳等译,中国大百科全书出版社 1997 年版。

96.〔德〕乌尔里希·贝克:《风险社会》,何博闻译,译林出版社 2003 年版。

97.〔古罗马〕西塞罗:《国家篇 法律篇》,沈叔平、苏力译,商务印书馆 1999 年版。

98.〔古罗马〕西塞罗:《老年·友谊·义务——西塞罗文集》,高地、张峰译,上海三联书店 1989 年版。

99.〔英〕休谟:《人性论》,关文运译、郑之骧校,商务印书馆 2012 年版。

100.〔古希腊〕亚里士多德:《政治学》,吴寿彭译,商务印书馆 2007 年版。

101.〔古希腊〕亚里士多德:《尼各马可伦理学》,廖申白译,商务印书馆 2005 年版。

102.〔英〕以赛亚·伯林:《自由论》,胡传胜译,译林出版社 2011 年版。

103.〔英〕约翰·格雷:《自由主义》,曹海军等译,吉林人民出版社 2005 年版。

104.〔美〕约翰·罗尔斯:《正义论》,何怀宏等译,中国社会科学出版社 1998 年版。

105.〔美〕约翰·罗尔斯:《作为公平的正义》,姚大志译,上海三联书店 2002 年版。

106.〔美〕约翰·罗尔斯:《政治自由主义》,万俊人译,译林出版社 2000 年版。

107.〔美〕约翰·麦克里兰:《西方政治思想史》,彭怀栋译,海南出版社 2003 年版。

108.〔英〕约翰·密尔:《论自由》,许宝骙译,商务印书馆 2008 年版。

109.〔爱尔兰〕约翰·莫里斯·凯利:《西方法律思想简史》,王笑红译,法律出版社 2002 年版。

110.〔美〕约翰·奈斯比特、〔中〕赵启正等:《对话中国模式》,新世界出版社 2010 年版。

四、中文论文

1.〔加〕查尔斯·泰勒:"关于人权非强制性共识的条件",刘擎译,载许纪霖主编:《全球正义与文明对话》,江苏人民出版社 2004 年版。

2. 常健:"中国在国际人权领域的学习、交流与合作",载《人权》2013 年第 1 期。

3.〔美〕成中英:"道德自我与民主自由:人权的哲学基础",载《东岳论丛》2000 年第 6 期。

4. 丛日云:"西方政治法律传统与人权学说",载《浙江学刊》2003 年第 2 期。

5. 冯务中:"提升国民幸福是社会发展的根本目标",载《中国特色社会主义研究》2012 年第 5 期。

6. 龚刃韧:"关于人权与国际法若干问题的几点初步思考",

载《中外法学》1997 年第 5 期。

7. 郭继民：“做自己的哲学”，载《人民日报》2012 年 11 月 29 日。

8. 黄楠森：“中国传统文化与人权发展”，载中国人权网。

9. 赖大仁：“中西文化精神论略”，载《江西财经大学学报》2003 年第 2 期。

10. 李存山：“儒家的民本与人权”，载《孔子研究》2001 年第 6 期。

11. 李宏图：“寻找‘自由’的另一种定义——昆廷·斯金纳对‘自由’的理解”，载《华东师范大学学报》(哲学社会科学版)2003 年第 6 期。

12. 李云龙：“中国人权模式的价值选择”，载《人权》2011 年第 2 期。

13. 罗豪才：“人权保障的‘中国模式’”，载《人权》2009 年第 6 期。

14. 罗豪才：“公共治理的崛起呼唤软法之治”，载《法制日报·周末版》2008 年 12 月 14 日。

15. 庞朴：“中国文化的人文精神(论纲)”，载《光明日报》1986 年 1 月 6 日。

16. 乔清举：“论儒家思想与人权的关系”，载《现代哲学》2010 年第 6 期。

17. 任剑涛：“思想的张力——当代西方自由主义与社群主义之争在中国”，载《中山大学学报》(社会科学版)2006 年第 4 期。

18. 沈宗灵：“二战后西方人权学说的演变”，载《中国社会科学》1992 年第 6 期。

19. 时显群:"邓小平对马克思恩格斯人权思想的继承和发展",载《毛泽东邓小平理论研究》2012 年第 6 期。

20. 汤一介:"关于复兴儒学的思考",载《天水师范学院学报》2008 年第 6 期。

21. 唐健飞:"论儒家人权观",载北大法律信息网。

22. 万俊人:"美国当代社会伦理学的新发展",载《中国社会科学》1995 年第 3 期。

23. 王浦劬:"中国的协商治理与人权实现",载《北京大学学报》2012 年第 6 期。

24. 鲜开林:"科学发展观与人权事业的全面发展",载《南京政治学院学报》2009 年第 4 期。

25. 熊万鹏:"西方人权观是一种普世价值观吗?",载《人权》2011 年第 5 期。

26. 熊万鹏:"论人权保障的'中国模式'",载《人权》2012 年第 6 期。

27. 徐显明:"人权观念在中国的百年历程",载《社会科学论坛》2005 年第 3 期。

28. 徐显明:"走进人权的制度化时代",载齐延平:《人权与法治》,山东人民出版社 2003 年版。

29. 徐显明:"和谐权也是基本人权",载《北京日报》2009 年 8 月 3 日。

30. 叶海烟:"孟子人权观的哲学意蕴",载《哲学与文化》2007 年第 398 期。

31. 郁建兴:"国家理论的复兴与马克思主义国家理论",载《东南学术》2001 年第 5 期。

32. 袁曙宏:"奋力建设法治中国",载《求是》2013 年第 6 期。

33. 郑佳贵:"中国社会转型与价值变迁",载《清华大学学报》2010 年第 1 期。

后　记

　　本书是在我的博士论文基础上修改完善而成的,也是我这些年来关于公法与人权理论研究的总结与汇报。

　　开展公法与人权理论研究,罗豪才教授是我的引路人。罗老师是我国公法学界的泰斗、中国人权研究会会长,在学术界享有崇高的声望。多年来,他总是引领学术潮流,提携学界后辈。从2000年起,我有幸旁听了罗老师在北京大学给博士生讲授行政法、公共治理和软法的课程。在课堂上,罗老师一般先做一个主题性的讲座,然后启发博士生讨论。这些博士生都非常优秀,他们在课下认真准备,在课堂上畅所欲言,并分领不同专题写成论文。后来这些论文结集出版为《现代行政法的发展趋势》、《软法与公共治理》、《软法与协商民主》等书。在旁听的过程中,我开始恶补宪法、行政法及公共治理的专业知识,认真记录大家的课堂讨论,逐渐参与到讨论中来,并开始写一些小文章。现在翻看当时的课堂记录,回想起讨论的情况,罗老师高屋建瓴、循循善诱的教导,同学们意气风发、侃侃而谈的神情,依然历历在目,宛若昨天。我觉得自己非常幸运,能够在北京大学这样一个学术的圣殿里接受教诲,能够亲身感受大师的学术思想和人格魅力,能够分享这么多青年才俊的学术智慧和人生经验。这些,无论对我研究学术,还是做事做人,都是弥足珍贵的。

2008 年,我在徐显明教授的指导下,开始攻读中国政法大学人权法专业的博士学位。徐老师是我国著名的法学家、教育家。我记得入学后,他同我第一次谈话,就给我开列了一系列必读书目,涵盖古今中外。现在看来,正是他的严格要求,才引起了我研究人权哲学的兴趣。中国政法大学人权研究院是我国最早成立的人权研究机构之一,这里师资力量雄厚,学术气氛民主。杨宇冠老师、齐延平老师、班文战老师等导师组的成员学养丰厚,待人诚恳。在他们的具体教导下,我系统地学习了人权理论,并在《人权》等刊物上发表了几篇学术论文,有些还被其他刊物转载。

2009 年,在罗豪才老师的推荐下,我被中国人权研究会聘为理事。我深知这不仅是一种荣誉,更是一种责任。我积极参加研究会的学术研讨和国际交流活动,先后两次在北京人权论坛上提交学术论文,随同中国人权研究会访问日本,并走访国内人权研究机构。在这一过程中,我对人权理论研究、人权事业发展、人权国际交流有了更深的理解。

2009 年年底,我随同中国人权研究会罗豪才会长、董云虎副会长到山东大学调研。当时,徐显明教授已经担任山东大学校长。借此机会,我就博士论文的选题征求了三位老师的意见。他们都提出,希望我对中国人权的基础理论进行研究,力图就中国特色人权理论体系进行总结和提炼。我深知这是学界前辈对我的殷切期待,唯恐不能完成这个艰巨的任务。只有广泛阅读,深入思考,刻苦钻研,才能不辜负他们的厚爱。

为此,我认真阅读了中西方一些思想家的经典著作。每当读到一位思想家的著作,我都从网上找到他的照片和简历,力图回到当时的历史语境,同他进行超越时空的对话,努力了解其思想的原意,以及文字背后的深刻内涵。历史的车轮滚滚向前,人类的思想滔滔不绝。每一个时代都有思想的灯塔,都有睿智的先哲。在同他们对话之中,我深感人类智慧的精深与玄妙,同时也激发了攀登学术高峰的勇气。在学习理解他们思想的同时,我也对这些大师表示深深的敬意。

由于白天还有工作,我只能在下班的途中思考,在晚上的时间写作。经过三年的积累与写作,论文初稿终于在 2012 年年底完成。罗豪才老师是我的第一位读者,他在今年春节期间通读了全文,要求我进一步修改完善,鼓励我将论文正式出版,并慨然应允为本书作序。徐显明老师在今年全国"两会"期间抽出宝贵的时间,就文中的一些观点同我深入探讨。齐延平老师也在今年春节休假期间,认真审读了全文,提出了详细的修改意见。在论文答辩和预答辩时,北京大学王浦劬教授,中央党校张晓玲教授,中国政法大学黄进教授、舒国滢教授、杨宇冠教授、班文战教授、张伟副教授也都提出了很好的建议。按照他们的建议,我进行了认真修改。我还要感谢北京大学的王瑞雪博士,中国政法大学的肖宝兴、张录荣、何儒龙、臧震、孙英翔等同学,没有他们的鼓励和帮助,就不会有这篇论文的如期完成。

在本书出版过程中,商务印书馆陈小文副总编辑、北京外国语大学万猛教授、北京大学包万超教授给予了很大的关心和帮助。就本书的提纲和具体内容,他们提出了富有建设性的意见。特别是陈小文副总编辑毫无保留地向我介绍了他写作博士论文的经验,并将其大作《行政法的哲学基础》及商务印书馆数本汉译世界名著送我参考,使我深受启发。在初稿完成后,陈小文副总编辑进行了认真修改。在他的推荐下,本书才得以正式出版。

最后,我还要特别感谢我的妻子。写作的过程是无比艰辛的,但我并不孤独,挑灯夜战时总有一人相伴。无论我写作到多晚,她总是默默陪伴,毫无怨言。不仅如此,她还陪我逛书店,帮我购买有价值的参考书籍,有时还会对我书中的一些观点提出建议。如果说,我在学术上有那么一点点成果,至少有一半要归功于她。

学术研究没有最好,只有更好。尽管我付出了最大的努力,但由于智识所限,本书不可避免地有一些缺憾和不足,恳请读者批评指正。我将以更加投入的态度、更加刻苦的精神,继续深入地加强研究和思考,努力为中国人权理论建设略尽绵薄之力。

2013 年 6 月写于北京